Jornalistas literários

Dados Internacionais de Catalogação na Publicação (CIP)
(Câmara Brasileira do Livro, SP, Brasil)

Jornalistas literários – narrativas da vida real por novos autores brasileiros /
Sergio Vilas Boas. (org.). – São Paulo : Summus, 2007.

ISBN 978-85-323-0468-1

1. Jornalismo 2. Reportagem em forma literária I. Vilas Boas, Sergio.

07-7612

CDD-070.4
-070.433

Índices para catálogo sistemático:

1. Jornalismo cultural 070.4
2. Jornalismo literário 070.4
3. Livro-reportagem : Jornalismo 070.433

Compre em lugar de fotocopiar.
Cada real que você dá por um livro recompensa seus autores
e os convida a produzir mais sobre o tema;
incentiva seus editores a encomendar, traduzir e publicar
outras obras sobre o assunto;
e paga aos livreiros por estocar e levar até você livros
para a sua informação e o seu entretenimento.
Cada real que você dá pela fotocópia não autorizada de um livro
financia um crime
e ajuda a matar a produção intelectual em todo o mundo.

Jornalistas literários

NARRATIVAS DA VIDA REAL
POR NOVOS AUTORES BRASILEIROS

SERGIO VILAS BOAS
(ORG.)

JORNALISTAS LITERÁRIOS
Narrativas da vida real por novos autores brasileiros
Copyright © 2007 by autores
Direitos desta edição reservados por Summus Editorial

Editora executiva: **Soraia Bini Cury**
Assistentes editoriais: **Bibiana Leme e Martha Lopes**
Capa: **Lais Dias**
Foto do organizador: **Patrícia Braga**
Diagramação: **Acqua Estúdio Gráfico**

Summus Editorial
Departamento editorial:
Rua Itapicuru, 613 – 7º andar
05006-000 – São Paulo – SP
Fone: (11) 3872-3322
Fax: (11) 3872-7476
http://www.summus.com.br
e-mail: summus@summus.com.br

Atendimento ao consumidor:
Summus Editorial
Fone: (11) 3865-9890

Vendas por atacado:
Fone: (11) 3873-8638
Fax: (11) 3873-7085
e-mail: vendas@summus.com.br

Impresso no Brasil

Sumário

Apresentações... 7

MARCOS FAERMAN, UM HUMANISTA RADICAL 17
  Isabel Vieira

PASTA & PASSIONE.. 45
  Lorena Tovil Schuchmann

NOS TRILHOS DO PASSADO 59
  1ª Parte – Márcio Seidenberg
  2ª Parte – Luciana Taddeo

O PESCADOR MARINO STRECK 89
  Manuela Martini Colla

VELHA NOVA ARMÊNIA... 103
  Julienne Gananian

AS ARTÉRIAS DO AGAR 117
  Patrícia Baptista

TEATRO DAS ESPERANÇAS 147
  Maria Lígia Pagenotto

O OUTONO DE FERNANDA... 163
  Felipe Modenese

FUTEBOL QUE SE JOGA NA RUA 177
  Luciana Noronha

DE ÁRVORES E PULMÕES 193
    Karina Müller

DINOSSAUROS IMORTAIS 209
    Zé Augusto de Aguiar

A CLARIVIDENTE NEIVA 223
    Isabel Fonseca

VIDAS EM CONCRETO 269
    Paloma Lopes

SIMPLESMENTE MULATA 275
    Agnaldo José

O MEDO EM MARCHA À RÉ... 289
    Bruno Pessa

Autores 313

Apresentações

Este livro...

...é uma coleção de dezesseis narrativas sobre pessoas reais e suas experiências. Todas foram produzidas por nossos alunos de pós-graduação *lato sensu* (especialização) em Jornalismo Literário, turmas de São Paulo, Campinas, Brasília e Porto Alegre, entre o final de 2005 e o início de 2007. Algumas histórias receberam minha orientação direta, outras se ergueram segundo as diretrizes ou do professor Edvaldo Pereira Lima ou do professor Celso Falaschi.

O talento dessa turma reunida aqui é indiscutível. O modo como trabalharam é nada menos do que JL na veia: intensivo trabalho de campo (em campo), movendo muito as pernas e conversando ativamente, acurado senso de detalhe, pesquisa constante, técnica de expressão depurada e uma mentalidade (uma maneira de ver a natureza e o ser humano) perfeitamente adequada aos desafios de hoje.

Do ponto de vista conceitual, temos aqui narrativas temáticas e biográficas. Explico: temáticas são aquelas em que há vários personagens cujas histórias pessoais ajudam a lançar luzes sobre um tema. As biográficas, em que se incluem os perfis (gênero conhecido da maioria dos leitores de jornais e revistas), são aquelas que enfocam um sujeito – e seus "coadjuvantes", claro. Basta ler para perceber. Não tem erro.

Entre as temáticas temos histórias sobre: um pastifício de Porto Alegre ("Pasta & passione"); Paranapiacaba (SP) e suas memórias ferroviárias ("Nos trilhos do passado"); a comunidade armênia paulistana ("Velha Nova Armênia"); um sítio para crianças portadoras do HIV ("As artérias do Agar"); casais sem-teto ("Teatro das esperanças"); jogadores de um time diferente ("Futebol que se joga na rua"); a influência cultural das árvores ("De árvores e pulmões"); uma homenagem ao *rock* genuíno ("Dinossauros imortais"); o edifício Copan ("Vidas em concreto"); e a superação do medo de dirigir automóveis ("O medo em marcha à ré").

Entre as biográficas, as pessoas em foco são: um jornalista literário insubordinado ("Marcos Faerman, um humanista radical"); um senhor do mar catarinense ("O pescador Marino Streck"); uma paciente às vésperas de uma neurocirurgia ("O outono de Fernanda"); uma senhora extraordinariamente espiritualizada ("A clarividente Neiva"); um certo Sr. Domingos, apaixonado para todo o sempre por sua Mulata ("Simplesmente Mulata").

São histórias encantadoras, honestas, corajosas, sem pieguices nem disfarces. Os autores realmente se atiraram no mundo individual-social que os intrigava, criando empatia conosco de várias maneiras: pela inspirada observação de padrões cotidianos; pela recuperação de memórias aparentemente perdidas; pelo contato com mundos diferentes dos seus; ou pela incursão certeira rumo ao entendimento de coisas que estavam bem debaixo de seu nariz. Tudo isso sem necessidade de re-re-inventar a roda. Tudo isso apenas resgatando o que o jornalismo mais sabe (ou deveria saber) fazer: reportar em profundidade.

Então... Fico pensando. Quantos debates – dentro e fora do âmbito universitário – se travam em torno das interseções possíveis e impossíveis entre o jornalismo e a literatura? O que geralmente se pergunta é se jornalismo é literatura. Pergunto eu: tal questão tem essa importância toda? Talvez sim, talvez não, quem sabe.

Há estudos acadêmicos relevantes e desideologizados que nos dizem que jornalismo e literatura são água e óleo, não se misturam; ou argumentam que são nutrientes da mesma porção de terra, ou algo como os dedos desiguais de uma mesma mão. Muitos giram ao redor de oposições periodísticas (o efêmero *versus* o duradouro); de dilemas profissionais-comportamentais (funcionário de jornal *versus* romancista/contista/poeta); de afãs classificatórios (gênero *versus* subgênero); e digressões filosófico-estéticas (a arte *versus* a indústria).

Leio, ouço, assisto a esses estudos com preocupação e tédio. Por que não "lincar" o sentido da vida com a vivência real? Aí é que está.

Eis a questão. Este livro é uma espécie de "certidão informal de casamento", prova de união genuinamente íntima do J com o L. Essa união estável se chama jornalismo literário, definido por Edvaldo Pereira Lima como "reportagem ou ensaio em profundidade nos quais se utilizam recursos de observação e redação originários da (ou inspirados pela) literatura". Ponto. Em comunhão de bens, e até que o mau senso os separe, os mais avançados métodos de reportar (jornalísticos) e as técnicas de expressão (literária) formam um par prolífico.

Numa coabitação saudável, que escapa à especulação hierarquizante e egocêntrica, podemos saber até o que o jornalismo literário não é, com a mesma naturalidade com que sabemos que o amor é infinito enquanto dura. Pois é, jornalismo literário não é a cobertura noticiosa de livros e autores; não é ficção, invenção ou história baseada (apenas baseada) em fatos; não é masturbação lingüística; nem válvula de escape para artistas frustrados. Nada disso.

Então, ganhemos tempo. Estamos numa era em que zilhões de opções parecem equivalentes a nenhuma opção. Há um excesso de tudo, em toda parte. Por isso procuramos transmitir a nossos alunos um foco. Primeiro o foco, depois a amplitude. Dizemos a eles que o importante é ser, considerar-se, sentir-se, assumir-se narrador da realidade, com o fim único de gerar sentidos. Diariamente, somos postos diante da sensação de que nada faz sentido. Aí entra o narrar. Narrar é isto: a busca de um sentido.

Notem que, além de métodos, técnicas e autoconhecimento, os autores aqui reunidos têm fome de entendimento. Sabem, sentem que não basta apenas identificar mazelas sociais. Sabem, sentem que é preciso dar voz àqueles que têm soluções viáveis a apresentar ou que já as experimentaram concretamente. O jornalismo de um país com iniqüidades gritantes como o Brasil não deveria dispensar os ferramentais da reportagem narrativa em profundidade, esta que ensinamos em nossos cursos de especialização.

Sim, claro, o dia-a-dia das mídias de massa ainda tem-se formulado majoritariamente dentro do quadrilátero estatística, efeméride, serviços e opiniões. Opiniões, então, quanta opinião! Cada vez mais. Mas esse jornalismo urgente, descarnado e opiniático – "periódico", para usar uma definição mais técnica – não é o único que existe.

Agora se pode internalizar com clareza profunda que o jornalismo literário, por exemplo, é uma entre as várias alternativas para a oxigenação dos textos às vezes herméticos (da academia), pernósticos (dos colunistas) ou banais (dos noticiários). As reportagens especiais de fôlego estão retornando ao cenário, aqui e ali. E então podemos reafirmar que a índole do jornalismo literário é exatamente fazer que conteúdo e forma sejam parceiros de uma mesma aventura. Essa turma aqui honrou essa aventura.

PS: Lamento informar-lhes que verdadeiras pérolas ficaram de fora desta coletânea simplesmente porque eram imensas (tanto na qualidade quanto no tamanho) e talvez mereçam se tornar livros por vida e conta própria, sem a mão deste organizador, que serviu de"pré-editor"e copidesque, ao mesmo tempo. Que ganhem o mundo.

Sergio Vilas Boas
ABJL/TextoVivo

Existe em todas...

...as épocas e em todas as gerações um anseio de se contarem histórias que tocam a alma de indivíduos da espécie. É um chamado a um tipo de auto-realização que às vezes mexe com as entranhas, impulsiona a pessoa para um desafio vital. Está ligado – também – a uma questão profunda de busca de auto-identidade, de descoberta do mundo. Só que, nessa outra face da mesma moeda, fermenta o desabrochar e a maturação de contadores de histórias. Isso ao longo das eras, por diversos caminhos e utilizando distintas estratégias e diferentes tecnologias narrativas, conforme a possibilidade histórica de cada contexto cultural.

Balzac escrevia à luz de vela, noite adentro, na sua impulsão criativa genial. Jorge Amado empregava com maestria a máquina de escrever, ao que parece disciplinada e metodicamente. Escribas de nossos dias utilizam o computador, a internet, todo um arsenal inimaginável de novas tecnologias eletrônicas para produzir novos conteúdos e novas formas de contar. Hipertexto, hipermídia, *graphic novels*.

Navegando entre os dois pólos há o jornalismo literário. Ou literatura da realidade, se preferir. Combinando a necessidade de se conhecer o mundo, o outro e a si mesmo através da escrita, de um lado, e o desejo tímido ou ardente de contar histórias, de outro. Com um único foco central: a narrativa da vida real.

A ABJL, com seu curso de pós-graduação em Jornalismo Literário, busca contribuir para o despertar de talentos que sintam – latente ou conhecido – o chamado para a auto-expressão no mundo por meio da escrita de histórias de pessoas de carne e osso. Porque o jornalismo literário é muito isso: narrativas centradas em pessoas. A primeira pessoa de todas é o próprio autor, que precisa mergulhar na realidade com alma, fé, força, lucidez, emoção e inteligência. Precisa vencer a barreira de si mesmo, estender a mão, o olhar, o coração e a mente para o outro, para o mundo desconhecido e estranho lá fora, e que mobiliza sua alma na jornada da descoberta.

O impulso espontâneo dos talentos potenciais é apenas o primeiro chamado. Para concretizar o potencial-semente que descobre existir em si, o autor futuro precisa lapidar habilidades, dissecar métodos, técnicas e procedimentos, fazer nascer a voz autoral que só surge com empenho e compromisso.

O jornalismo literário é um campo de tecnologias narrativas comprovadas ao longo de sua história. O novo autor que entra nesse fluxo de experiências acumuladas dá-se à tarefa de apreender a tradição da qual passa a ser herdeiro. Vê-se diante do árduo desafio de absorver as soluções já pavimentadas por inúmeros outros autores do passado e do presente, diante da missão inicialmente assustadora de se contar uma boa história real. Contar com fidelidade, com precisão, mas também com gosto, estilo, prazer. Tudo emoldurado por um modo pessoal de contar, aquele modo que nenhum outro ser humano dos bilhões que somos, fomos e seremos tem, teve ou terá. Sua assinatura única, sua voz singular de dizer por escrito.

Tradição e autenticidade. Razão e intuição. Lógica e emoção. Os ingredientes necessários à prática do jornalismo literário formam uma constelação criativa complexa.

Mas não basta só o contar. É fundamental também contar histórias com uma visão de mundo ampla, aberta, capaz de honrar a complexidade maravilhosa da vida vivida que se encontra à disposição de quem quer vê-la, senti-la, experimentá-la, expressá-la às vezes com humor e drama, noutras tantas com lágrimas e risos.

O desafio é ainda mais amplo, porém. A habilidade narrativa mescla-se à visão de mundo arejada, integra-se a outra vontade-diretriz, que é a de conscientizar o autor de seu papel co-transformador da realidade. Um papel disponível, se desejar contribuir para a expansão da consciência – a sua, a do leitor, a das pessoas –, para o direcionamento do mundo a um outro estado de mais vida e menos morte, de mais luz e menos sombra, de mais amor e de menos dor, de mais inteligência e menos ignorância disfarçada de sabedoria, de mais justiça e menos canalhice camuflada em nobreza, como vemos tristemente em muitos homens públicos de nossos dias no Planalto Central. Pois contar histórias genuínas é prazer. Mas também pode ser poder, amor, cura.

Todos esses elementos entram no processo alquímico de ensino e aprendizagem do jornalismo literário no curso de pós da ABJL. Parte do processo é consciente, planejado, didaticamente conduzido. Parte é criativo, inconsciente, quase mágico, gerando a atmosfera misteriosa da qual brotam talentos.

Para o deleite de todos nós, neste livro estão exemplos da nossa primeira safra, resultados dos autores que em 2005 e 2006 responderam ao chamado, investiram coragem, buscaram aprender e absorver, exercitar e atrever. Para chegar ao ponto em que se revelam, com toda honra, capazes de manter a chama de todos os tempos. Bem-vindo, caro leitor, a um novo mapa de contadores de histórias da vida verdadeira, versão século 21.

Edvaldo Pereira Lima
ABJL/TextoVivo

Se existem duas...

...palavras que podem definir a Academia Brasileira de Educação e Jornalismo Literário, a ABJL, estas palavras certamente são ousadia e inovação. Não vai aqui nenhum proselitismo em torno de teorias da criatividade, mas a representação prática do que vem acontecendo, nesse entorno, desde 2003.

Naquele ano, o público brasileiro foi brindado com o primeiro portal eletrônico destinado a abrigar teorias, fundamentos e práticas de narrativas de não-ficção. Nascia o portal TextoVivo – Narrativas da Vida Real – *textovivo.com.br*.

Desde então, o TextoVivo tem-se tornado uma forte marca no mercado editorial brasileiro em plataformas web. Mas não era intenção do grupo fundador – eu, Edvaldo Pereira Lima, Rodrigo Stucchi e Sergio Vilas Boas – que essa idéia ficasse apenas no plano de um portal "acadêmico". Se o produto já nascia sob a égide da criatividade, o que veio depois foi ainda maior, mais ousado e mais inovador: o primeiro curso brasileiro de pós-graduação *lato sensu* a dedicar-se com exclusividade à formação de especialistas em Jornalismo Literário.

A primeira turma reuniu 44 alunos de diversas cidades do interior de São Paulo, mas também de Goiânia, Curitiba e Florianópolis. Surgiu como um Curso de Especialização em Comunicação Criativa (com ênfase em Narrativas da Vida Real). A idéia foi encampada pelas Faculdades Metropolitanas da Região de Campinas, a Metrocamp, que acreditou desde a primeira hora nesse projeto. Juntar alunos de várias partes do país, em Campinas, em aulas quinzenais, foi um desafio e tanto, já caracterizando a ousadia e a inovação desse quarteto de concretizadores de novas idéias.

Novas idéias que continuaram germinando à medida que esse ideal se dissemina por outras praças. Surgiu então a necessidade de um primeiro parto, de um rompimento sadio e respeitoso com a Metrocamp, para que o projeto de formação em narradores da realidade deslanchasse de uma vez por todas e atingisse, naturalmente, um maior número de interessados.

Para tanto, a ABJL buscou parceria, para fins de organização acadêmica e certificação, com o Centro de Educação Superior de Blumenau, o Cesblu, uma instituição de ensino superior de Santa Catarina – nova, mas atuante, com foco na criatividade e valores humanos para todos os seus cursos. Como resultado, em 2006 formaram-se turmas em São Paulo (duas), Campinas, Brasília e Porto Alegre. Na capital paulista as aulas aconteceram semanalmente, às segundas e terças-feiras, uma turma no período matutino, outra no noturno; nas outras sedes, as aulas foram quinzenais, às sextas-feiras e sábados. Com isso, além de atender aos alunos das cidades-sede, o curso conseguiu, também, reunir interessados das cidades do interior dos respectivos Estados, assim como outros corajosos inovadores que venceram fronteiras em busca da sonhada especialização. Nesta nova investida, uma mudança de nomenclatura e a consagração do Curso de Especialização *Lato Sensu* em Jornalismo Literário, com uma grade curricular constituída por disciplinas de transformação pessoal e uma concentração de conteúdos nas várias possibilidades de aplicação dessa vertente jornalística. No início de 2007, aos 44 pioneiros juntaram-se outros 104 jornalistas transformadores, capazes de produzir reportagens e perfis de alta qualidade, como pode ser visto nesta primeira coletânea de textos de ex-alunos de nossos cursos.

Ainda acreditando em ousadia e inovação, o "quarteto mágico", como passou a ser chamado carinhosamente pelos alunos, arriscou abrir turmas para fevereiro de 2007 em São Paulo (três horários), Campinas, Goiânia e Curitiba. O curso consolida-se ano a ano, agora (neste 2007) em convênio com o Centro Universidade de Araras Dr. Edmundo Ullson.

Nas turmas de 2005 e 2006, houve uma espontânea mistura de recém-graduados e jornalistas experientes, além de escritores procedentes de diversas áreas do conhecimento, como psicólogos, historiadores, documentaristas e até físicos teóricos. Essa mescla fez nascer muitas idéias novas. Entre os nossos atuais 110 alunos (de 2007), há ainda jornalistas veteranos, alguns com mais de vinte anos de estrada e ocupando cargos importantes nos meios de comunicação do país.

Essa turma toda, tão heterogênea quanto as anteriores, já está produzindo reportagens, perfis, ensaios e memórias que em breve enriquecerão ainda mais o portal TextoVivo, e muitos de seus trabalhos finais ocuparão as páginas de nosso próximo volume de narrativas jornalístico-literárias.

É bom que se registre: narrativas jornalístico-literárias não são obras de ficção, nem comentários sobre romances, contos, novelas; na verdade, são calcadas em princípios, métodos e técnicas para um jornalismo ímpar, que prima pela qualidade e exatidão das informações, pela beleza da expressão, pelo estilo autoral e por devolver ao centro dos debates aquele que faz o mundo girar: o ser humano, em toda a sua complexidade, força e leveza. Com ousadia. Ah, e inovação. Agora e sempre.

Celso Falaschi
ABJL/TextoVivo

Marcos Faerman, um humanista radical

ISABEL VIEIRA

1

Um ataque cardíaco fulminante levou Marcos Faerman na contramão de uma sexta-feira, 12 de fevereiro de 1999, véspera de Carnaval. Em 5 de abril teria completado 56 anos (nasceu em 1943). Estava acima do peso, fragilizado, envelhecido, cego de um olho, abalado pela morte recente da mãe e da irmã, ambas de câncer de mama, mas trabalhando em vários projetos ao mesmo tempo, como de hábito, com o entusiasmo dos vinte anos. E aproveitando uma fase excepcionalmente tranqüila na sua conturbada vida pessoal.

Dias antes de morrer, havia trazido para a esposa Nina alguns vasinhos de xaxim, uma caixinha de música que tocava "Love story" e um pano de prato estampado com a frase "Aqui mora a felicidade". Esse quarto casamento, no final de 1997, com a historiadora Maria Aparecida (Nina) Lomônaco, tinha lhe proporcionado algo que havia muito não possuía: uma vida familiar.

Tudo indicava que as turbulências do vendaval Marcão haviam sossegado. Assistia ao seriado de televisão *Chiquinha Gonzaga* com a esposa, na cama, ou lia para ela trechos de Rimbaud ou Nietzsche antes de dormir. Gostava de tomar chá com a sogra, de 90 anos, que vivia no mesmo prédio, na região da Paulista, em São Paulo. E recuperara algo precioso: o convívio com os filhos Laura (nascida em 1975, do primeiro casamento, com Marilza) e Júlio (nascido em 1980, da segunda mulher, Maria Inês). "Venham jantar em casa", convidava. "Encontrei uma mulher que faz o bife da minha mãe."

"O cheiro do bife da mãe me acompanha pela Eternidade..." Marcão escrevera num texto que Nina acharia depois em gavetas, com o título de "Nunca mais", grito lancinante pela seqüência brutal de perdas na família. O primeiro a ir embora foi o pai, em 1988. Depois o irmão caçula, Marcel, em 1994. Dos quatro filhos de Henrique e Helena Faerman, só ele, Marcos, o mais velho, e o segundo, Mauro, psiquiatra em Porto Alegre, continuavam vivos.

"Cuidei dele como de um bebê", diz Nina. Ela, paulista da gema, trabalhava no bairro judeu do Bom Retiro. Estava sempre em busca de receitas de pratos de que ele sentia falta, como os vareniques, pasteizinhos de batata que a mãe e a avó faziam. Estabilidade e carinho amenizaram-lhe as dores. Ao cunhado e amigo Vitor Vieira, viúvo da irmã Marilena, por quem nutria uma irmandade de espírito, Marcão confessou que havia muito tempo não se sentia tão bem. Até o final manteve o hábito de ligar várias vezes por dia a Vitor, jornalista em Porto Alegre, para falar do Grêmio ou de qualquer outro assunto, importante ou banal.

O último Natal foi festejado à maneira cristã – "um sonho dele", segundo a esposa – na casa de Luciana, filha de Nina, na pequena cidade onde ela vive, Santa Isabel do Ivaí, no Paraná. Marcos e Nina tinham passado o final de 1998 lá e pretendiam voltar no Carnaval. Na última hora desistiram da viagem, pois Marcão, como sempre, estava atolado de compromissos. Editava com especial desvelo a revista *A Hebraica*, para o público judeu de São Paulo, fazia matérias como repórter especial para as revistas *Educação* e *Ensino Superior*, da Editora Segmento, do amigo Edmilson Cardial, e era responsável pelo jornal-laboratório *Esquinas de SP*, da Faculdade de Comunicação Cásper Líbero, onde lecionava.

Na sexta-feira, 12 de fevereiro, Marcão saiu ao meio-dia para fazer sua última entrevista, com Adriano Diogo, na época vereador petista. Ao terminar, ligou para a mulher avisando que ia fazer algumas compras. À noite, Laura viria jantar. Quando Nina chegou do trabalho, soube pelo porteiro que Marcos havia voltado às quatro da tarde e subido com a chave que ficava na portaria. Estranhou o silêncio no apartamento. Bateu, tocou a campainha, e nada. O telefone tocava e ninguém atendia. Nina foi buscar um chaveiro do bairro para abrir a fechadura. Só conseguiu entrar em casa depois de quarenta minutos de angústia. Encontrou na geladeira tudo que Laura mais gostava de comer e beber. Sobre a mesa da cozinha, um pacote aberto de suco de pêssego Del Valle, que o marido adorava. Marcão jazia sem vida no espaço entre a cama e a janela do quarto.

"Não sei qual o efeito da paixão no coração, se dilata ou sobrecarrega as coronárias", diria depois Luis Fernando Veríssimo em sua coluna no *Estadão*[1]. Em 1966, então colegas no jornal gaúcho *Zero Hora*, eles planejaram um caderno de cultura em condições precárias, na garagem da casa de Veríssimo em Porto Alegre. "Nunca conheci ninguém apaixonado pelo jornalismo como o Marcão. Lembrei dele em nossa garagem, há 30 anos, emocionado com a descoberta de um texto bem paginado. Emocionado com nada mais extraordinário que um texto bem paginado numa revista poeirenta."

"Morreu de tanto viver", resume a última companheira, Nina.

2

Conheci Marcão em setembro de 1977, na velha casa da Rua Capote Valente, no bairro de Pinheiros, em São Paulo, onde funcionava a redação do *Versus*. Naqueles tempos em que a imprensa estava sob censura e as publicações alternativas falavam por nós, a estudante do terceiro ano de jornalismo sentiu-se honrada por ser recebida pelo editor do tablóide que era o meu preferido na faculdade. *Versus*, "um jornal de aventuras, idéias, reportagens e cultura", como dizia o *slogan*, propunha a cultura como forma de ação política e tratava índios, negros e trabalhadores como os reais protagonistas da história latino-americana. Possuía colaboradores de peso, como o jornalista uruguaio Eduardo Galeano, autor de *As veias abertas da América Latina*, o escritor argentino Julio Cortazar, o mexicano Carlos Fuentes, o poeta cubano Ernesto Cardenal, os brasileiros Érico e Luis Fernando Veríssimo, Gianfrancesco Guarnieri, Augusto Boal, Rodolfo Konder, Cláudio Willer e outros.

Habituado a trabalhar com profissionais desse quilate, Marcão tinha ao mesmo tempo a rara delicadeza de tratar focas com respeito e entusiasmo. Ficava empolgado com textos bem escritos. Acolhia e arrumava emprego para quem precisasse. Fazia o jovem jornalista se sentir capaz. "Foi padrinho e tutor de uma geração que se formou em torno do seu inesquecível tablóide dos anos de imprensa nanica, o *Versus*", diz Alfredo Sirkis numa bela matéria no Observatório da Imprensa.[2] Muitos desses afilhados fariam sólidas carreiras na imprensa. Um deles é Caco Barcellos, conterrâneo do Rio Grande do Sul.

Tive a sorte de chegar na hora certa. Marcão me recebeu em 1977 como se já fosse profissional. Elogiou a matéria que eu trazia (sobre uma comunidade isolada de caiçaras no Litoral Norte de São Paulo) e a publicou.[3] Em seguida, me incumbiu de uma pauta ambiciosa: a vida dos mineiros numa mina de carvão. Mas não qualquer mina. Queria uma mina em que a extração fosse feita por meio de métodos primitivos, "como no *Germinal*, de Émile Zola", disse, me emprestando o romance que eu não conhecia. Mandou que lesse também um estudo sobre mineiros na Bolívia, *He agotado mi vida en la mina: una historia de vida,* de Juan Rojas e June Nash, numa edição argentina.

Deixei a redação com os volumes debaixo do braço e sem coragem de confessar que eu não tinha a menor idéia de onde havia minas de carvão no Brasil. Envergonhada, fui consultar enciclopédias e mapas. Assim encontrei a Mina do Leão, em Butiá (RS), a cem quilômetros de Porto Alegre, tema da primeira[4] de inúmeras matérias que eu faria sob orientação do Marcão.

E não só no *Versus*. Porque pelas mãos dele cheguei à revista *Quatro Rodas,* meu primeiro emprego como repórter. Fomos amigos próximos durante quinze anos, até o início de 1993. Convivemos no *Jornal da Tarde* e em revistas que ele criou e/ou editou, como *Singular & Plural* (1978-79) e *Ícaro Ponte Aérea* (1984-85), nas quais eu colaborava. E em "lições práticas" de reportagem. Apesar dos frilas brilhantes que costumava fazer para *Quatro Rodas,* Marcão nunca soube dirigir um automóvel. Sempre que podia, eu lhe dava carona e o acompanhava na apuração de suas matérias. Com ele aprendi mais sobre jornalismo e literatura do que em qualquer livro ou faculdade.

3

"Sou repórter, judeu, gaúcho, gremista e marxista." Assim Marcão costumava definir-se – em geral nesta ordem. Via-se como um ser de múltiplas facetas, com identidades fortemente coletivas, e viveu cada uma com paixão.

Todas as cinco identidades tiveram origem na pequena Rio Pardo, no interior do Rio Grande do Sul, onde ele veio ao mundo em 5 de abril de 1943. Os pais, Henrique e Helena Faerman, judeus de origem russa, eram comerciantes que tiravam o sustento da família de uma lojinha de aviamentos em cima da qual viviam com os quatro filhos. O incêndio que destruiu a loja e a casa é uma recordação marcante da infância de Marcos, um guri de cabelos encaracolados e olhos azuis, que gostava de ler gibis e tinha medo do escuro. À noite, escondido de todos, rezava pedindo perdão a Deus por ser judeu.

Em outro texto inédito encontrado por Nina, "Eu menino", ele relembra comentários dos garotos católicos da escola e diz: "E aí aprendi que era judeu, que matei Cristo Nosso Senhor, filho de Deus. Eu, um menino judeu em Rio Pardo. E fui correndo para casa, chorei como depois choraria de novo, na calçada da Rua João Pessoa, vendo nossa casa, a loja de meu pai queimar. Meu pai sentado na frente da nossa casa, tudo queimando, e as pessoas vendo o judeu chorar, o judeu que bem podia ter posto fogo na loja só para ganhar o seguro – estes estrangeiros são capazes de tudo, não é?"

A Rio Pardo que emerge das lembranças de Marcão é uma cidade triste, com ruas de pedras, casas com porões, porões habitados por ratos, um rio de águas escuras, as ruínas do Forte Jesus-Maria-José, ecos de antigas bravuras e batalhas. Ele na matinê de domingo, "arrumadinho pela mãe na primeira fila do cinema", e figuras queridas como *Seu* Biaggio, o bibliotecário do museu, e a cozinheira Odósia, "que contava histórias de fantasma e talvez seja a principal cúmplice da minha paixão por Allan Poe".[5]

"Onde nasce o fascínio pela leitura?", pergunta-se. "Posso pensar, por exemplo, na paixão de meu pai pelos livros. Na biblioteca de meu pai, em Rio Pardo, os livros eram misteriosos. Quando ele me dizia: menino, a capa de uma aventura de Tarzan!..."[6]

Seu Henrique Faerman gostava de ler histórias em voz alta para os filhos, à luz inspiradora e fantasmagórica do lampião, e de levar Marcos e Mauro para comprar maçãs argentinas nos trens que passavam pela estação a caminho da cidade gaúcha de Santa Maria. "Maçãs vermelhas e redondas, como só eram assim as maçãs dos reis, mas nós não parávamos de chorar, o irmão e eu, até o pai voltar. Morríamos de medo do trem ir embora com o pai; para sempre?"[7]

Em casa, ouviam a Rádio Belgrano de Buenos Aires e torciam pelo Grêmio, o time de futebol do coração do pai. Nunca esqueceriam a primeira vez em que o acompanharam ao estádio em Porto Alegre para assistir a um jogo do tricolor gaúcho na arquibancada. O guri Marcos amava jogar bola, ler revista, ver filme de pirata, caçar gafanhoto e imitar Nelson Gonçalves. Queria ser cantor e até cantou na rádio local. No final dos anos 1950, Rio Pardo tornou-se pequena para ele. Mudou para Porto Alegre e mergulhou na efervescência da política estudantil. Logo seria líder do grêmio do Colégio Júlio de Castilhos, o Julinho, tradicional escola pública da cidade.

Amigos dessa época, como João Batista Marçal e Júlio Mariani, recordam o adolescente Marcos como um agitador inflamado, vestido com um capote cinza, enfrentando direitistas em congressos estudantis. "Um guri explodindo em rebeldias, que se joga de cabeça em todas as lutas de seu tempo."[8] Foi assim que conseguiu o primeiro emprego.

Numa tarde de 1960, Marcão foi entregar um manifesto do grêmio ao jornal *Última Hora* (que depois se transformaria em *Zero Hora*). O chefe de reportagem, Flávio Tavares, achou o texto bom demais para ter sido escrito por estudantes e perguntou quem era o autor. Ao saber que estava diante dele, não perdeu tempo: "Quer trabalhar como repórter da geral?", convidou. "Pode ocupar aquela máquina de escrever lá no fundo e começar agora mesmo."

Aos 17 anos, sem cédula de identidade nem carteira profissional, Marcão teve de apresentar uma autorização do pai para ser contratado.

Os anos pré-1964 eram de esperanças e utopias. O jovem repórter e sua turma são seduzidos pelos ideais do PCB (Partido Comunista Brasileiro), o Partidão, e vivem o sonho revolucionário comunista. No Julinho e na Faculdade de Direito da UFRGS, a Universidade Federal do Rio Grande do Sul, que ele deixaria sem concluir, Marcão ganha fama de contestador, participante ativo das aulas de filosofia e história e uma pedra no caminho de professores burocratas. Os meninos comunistas sonham em ter armas para fazer a revolução. "A arma do Marcão era a palavra, que jorrava aos borbotões, nas esquinas, nos colégios, nas assembléias, nos bondes. Sempre com os jornais sob o sovaco, repetia a frase da Passionária: 'Não passarão'", lembra Luiz Pilla Vares.[9]

Com um curto intervalo em 1963, em que tenta ganhar dinheiro rápido vendendo enciclopédias – foi dissuadido pelo futuro editor de *O Pasquim*, Tarso de Castro –, Marcão sabe que o jornalismo é para ele o meio mais eficiente de subverter a ordem. E volta para *Zero Hora*, famosa escola de jornalistas na época. Júlio Mariani o recorda como "um vendaval permanente a atravessar a redação em todos os sentidos e direções, usina de idéias a expelir, sem cessar, novas propostas de trabalho, reportagens sensacionais que precisavam ser feitas com urgência, esquemas gráficos revolucionários, que botavam tontos os diagramadores, editores e até o dono do jornal"[10].

Depois do golpe de 1964, muitos militantes do PCB rompem com o partido e agrupam-se em diferentes tendências de esquerda. Marcão e seus amigos vão para o POC, Partido Operário Comunista, de orientação leninista, responsável pela vinda dele para São Paulo em 1968. O partido necessitava de um quadro gaúcho na executiva nacional. Marcão é destacado para a tarefa. Além disso, acenam-lhe com a possibilidade de integrar a equipe do *Jornal da Tarde*, onde companheiros do POC tinham trânsito. O vespertino do *Estadão* era o jornal mais inovador do país, um cobiçado campo de atuação para repórteres criativos e ousados. Marcão aceita a proposta.

A namorada, Marilza Taffarel, estudante de Medicina em Porto Alegre e também militante do POC, decide interromper o segundo ano da faculdade para acompanhá-lo na viagem. Tinham-se conhecido em reuniões políticas em 1967 e se apaixonado. Em São Paulo, casariam e nasceria a filha do casal, Laura.

A mudança para a capital paulista marca uma nova etapa na vida de Marcos Faerman. É o início de sua trajetória iluminada no *Jornal da Tarde*, em que desenvolveria um estilo único, recriando a grande reportagem em textos nos quais combinava técnicas literárias e humanização de personagens; e da edição de publicações de vanguarda que fariam história no jornalismo brasileiro, como *Ex-*, *Bondinho* e *Versus*. "Sem saber, começávamos a perder um militante, mas o jornalismo ganhava um de seus melhores repórteres", diz Luiz Pilla Vares.[11]

Luis Fernando Veríssimo tem outra versão para a saída do colega de Porto Alegre. Segundo conta, Marcão foi posto em ostracismo no

Zero Hora e acabou responsável pela página feminina patrocinada pela Margarina Primor. Uma de suas obrigações era editar receitas de cozinha, trocando "manteiga" por "margarina" sempre que a palavra aparecesse. Veríssimo acredita que Marcão forçou sua própria demissão, deixando de fazer a troca e provocando queixas sucessivas do patrocinador ao departamento comercial do jornal. Conclusão de Veríssimo: "A Margarina Primor foi responsável pela ida do Marcão para São Paulo. O jornalismo brasileiro deve muito à Margarina Primor"[12].

4

Nos 24 anos em que foi repórter especial do *Jornal da Tarde*, de abril de 1968 a setembro de 1992, Marcão assinou 806 matérias, boa parte no *Caderno de Leituras* publicado aos sábados, com textos de fôlego elaborados a partir de pesquisas apuradas. Fez reportagens especiais e do cotidiano de todo tipo e em todas as áreas, de polícia a política, de saúde a educação, de cultura a futebol. Viajou pelo Brasil e países vizinhos da América do Sul como enviado especial, escreveu matérias longas e curtas, cobriu assuntos relevantes e banais.

Viveu no *JT* o epicentro do *New Journalism* no Brasil. Criado em 1966, no mesmo ano da revista *Realidade*, esse jornal praticava a cultura do bom texto e assimilava as inovações do jornalismo literário: o jeito de fazer perfis de Gay Talese, a literatura da realidade de Truman Capote, as coberturas humanizadas de John Reed, o texto enxuto de Hemingway. Revolucionário também no visual, o *JT* tinha uma paginação ousada, com fotos estouradas nas páginas, soluções gráficas inusitadas, casamento entre ilustrações e textos. A equipe era jovem e talentosa, formada por nomes como Valdir Sanches, Fernando Portella, Percival de Souza, Moisés Rabinovich, Fernando Mitre, Elói Gertel etc.

Marcão mergulhou de cabeça na proposta. Fez matérias extraordinárias, como "O caso Bensadon"[13], em que investigou o desaparecimento de uma modesta mãe de família de Itaquera e descobriu que tinha sido assassinada por vizinhos ligados às forças de segurança da ditadura militar. Motivo: briga entre os filhos por um carrinho de rolimã. A matéria resultou na prisão dos culpados.

O trabalho no *JT* deu a Marcão o Prêmio Unicef, em 1986, por uma série sobre delinqüência juvenil, e dois prêmios Esso: um em

1974, por "Nasceu o primeiro brasileiro pelo método Leboyer" (categoria informação científica), e outro em 1975, por "Os habitantes da arquibancada" (menção honrosa na categoria informação esportiva), enfocando torcedores nos estádios de futebol. Sobre Leboyer, o médico francês que, nos anos 1970, pregou a idéia de "nascer sorrindo" – o parto humanizado, com procedimentos como música e luz suaves, entre outros, para receber o bebê sem pressa nem tapas nas costas –, Marcão declarou na época: "Gosto de escrever histórias a respeito de homens como Leboyer, que acreditam que o mundo pode ser melhor do que é".

Mas o *JT* era *apenas* um "emprego básico". Paralelamente, sua carreira contabiliza a participação e/ou a criação de inúmeros projetos de vanguarda. Recém-chegado a São Paulo, alinhou-se com a patota de *O Pasquim* (Tarso de Castro, Jaguar, Paulo Francis, Millôr, Ziraldo) e trabalhou na sucursal paulista do irreverente jornal carioca. Em 1972, fez parte da equipe da revista *Bondinho*, com jornalistas vindos da *Realidade*, como Sérgio de Souza, Narciso Kalili, Woile Guimarães e Hamiltinho de Almeida Filho. Segundo Marcão, *Bondinho* era "uma revista viajante, psicodélica, o equivalente na imprensa ao tropicalismo, ao *underground*, ao teatro do Zé Celso Martinez. De apreensão em apreensão, morreu em poucas edições"[14].

O nanico seguinte foi *Ex-*, em 1973, que Marcão dirigiu por um período. Combinava a loucura tropicalista de *Bondinho* com provocação política. A edição de estréia trazia na capa uma fotomontagem de Hitler tomando sol como um nudista. O número três mostrava o presidente americano Richard Nixon, envolvido no escândalo Watergate, com roupas de presidiário. *Ex-* foi fechado ao publicar um dossiê sobre o assassinato do jornalista Wladimir Herzog nos porões da Oban, a Operação Bandeirantes, em São Paulo. A edição de 50 mil exemplares esgotou e foram rodados mais 30 mil, que acabaram apreendidos.

Marcão deixou o *Ex-* para fazer *Versus*. O primeiro número saiu em novembro de 1975. No início vendido de mão em mão, chegou a ter distribuição nacional e tiragens de 35 mil exemplares. Era bimestral, passou a mensal e voltou a ser bimestral. Circulou sob a direção de Marcão até o número 24, em setembro de 1978. Após sua saída, sairia até o número 34, em outubro de 1979.

Para o jornalista Luís Carlos Eblak de Araújo, *Versus* fez basicamente dois tipos de ruptura: a primeira, com o estilo de texto curto e objetivo da grande imprensa, que começava a se consolidar e se intensificaria nas redações na década de 1980. A outra ruptura foi temática. "Seu fio condutor, que predomina da capa à última página, é a América Latina, tema pouco tratado pela imprensa na época. O que vai amarrar a estrutura do jornal com suas reportagens será um fato comum no 'continente': vários países da América Latina – Chile, Paraguai, Uruguai e, em 1976, também a Argentina – vivem regimes militares."[15]

Eblak de Araújo lembra ainda que *Versus* se propunha dar à cultura um *status* que ela não possuía na imprensa brasileira. "Faerman não aceitava que o jornal fosse caracterizado de 'cultural' ou 'literário'. Para ele, esses termos eram pejorativos. Segundo dizia, *Versus* tinha simplesmente de expor a cultura de uma região geográfica (América Latina), a cultura dos artistas, dos escritores e dos intelectuais latino-americanos."[16] Num editorial de aniversário de *Versus*, edição 6, outubro-novembro de 1976, Marcão o define como "um jornal sem vergonha de assumir a reflexão e a cultura, num momento em que na grande imprensa, letras, artes e pensamento são relegados à condição de 'variedades'".

No número 12, *Versus* acrescenta o selo "Afro-Latino-América". Nas edições seguintes, temas da política brasileira começam a ocupar o primeiro plano e o jornal vai perdendo sua identidade original. Na redação, militantes da Convergência Socialista – corrente de esquerda que se consolidou em 1978 – defendem uma adesão clara a essa tendência, que acabaria tomando conta de *Versus*. O número 24 publica a carta de despedida do editor Marcos Faerman (assinada também por alguns colaboradores, entre eles a que aqui escreve). O tablóide viverá por mais um ano, descaracterizado, dirigido por Jorge Pinheiro.

"Marcão perdeu *Versus* para a Convergência, o que marcou o começo do fim de sua militância", escreve Luiz Pilla Vares. "*Versus* foi o canto do cisne do Marcão político", crê o amigo, com uma certeza: "Marcão não era um político, movia-se mal nos aparelhos, só se sentia plenamente à vontade diante de uma máquina de escrever ou de seus livros e revistas invariavelmente amassados e sujos. Fim da política, mas não de seu radicalismo, que sobreviveu sempre na ousadia de seus textos subversivos"[17].

Lembro de uma manhã, nesses dias, em que fomos à sua casa, o editor Hélio Goldenstein e eu, para dar-lhe um abraço solidário. Separado de Marilza, Marcão havia mudado para um apartamento na Rua Oscar Freire, em Pinheiros, a poucas quadras da redação do *Versus*, onde a pequena Laura, uma fadinha loira, com os cabelos longos e cacheados, costumava muitas vezes visitar o pai.

Esperávamos encontrar o guerreiro abatido com a derrota no *Versus*. Marcão nos recebeu com olheiras, a barba por fazer, as roupas desleixadas, e nos levou ao escritório num dos quartos. Na vitrola – sim, o tempo era esse – estava tocando a mais recente composição de Caetano, "Sampa". Mas os olhos azuis do Marcão brilhavam. Não era tristeza. Empolgado, ele nos contou sobre seu novo projeto, a revista *Singular & Plural*. Já tinha um local onde instalar a futura redação e a garantia do patrocínio da Editora Global durante seis meses. Quem quisesse que o acompanhasse. Ele ia começar tudo outra vez...

5

Em 16 de janeiro de 1980, no bar Persona, no bairro do Bixiga, em São Paulo, os amigos foram cumprimentar Marcão pelo lançamento de *Com as mãos sujas de sangue*, antologia das melhores reportagens publicadas no *JT* e no *Versus* até aquela data. Marcão estava feliz com o nascimento do filho Júlio, de seu segundo casamento, com a mineira Maria Inês, e já havia assimilado o fato de *Singular & Plural* ter durado apenas os seis números garantidos pela Global. A revista, cuja primeira capa mostrava o renascimento do teatro nos palcos brasileiros – fruto dos ventos que sopravam com a abertura política –, não conseguiu anunciantes para ir adiante.

A Editora Global também editou o livro, o único que Marcão publicou em vida, reunindo suas reportagens. (Dois anos antes havia participado da coletânea *Violência e Repressão*, com os colegas Fernando Portela e Percival de Souza.) Foi esta amiga quem datilografou em laudas de imprensa – sim, na máquina de escrever, era esse o tempo – as matérias que ele escolheu como as mais significativas que havia feito. Muitas vezes, nos anos seguintes, me ofereci para auxiliá-lo a organizar outros volumes. Mas Marcão, de natureza dispersiva e agenda caótica, sempre adiava a tarefa de selecionar as matérias.

Em entrevista ao *JT* de 16 de janeiro de 1980, ele fala sobre sua obra:

Com as mãos sujas de sangue *é um livro com 14 histórias brasileiras. Eu poderia chamar estas reportagens de* Os Miseráveis, *se um certo Victor Hugo não tivesse um livro com esse título... São histórias de um Brasil silencioso e silenciado, que me fascina por sua pungente humanidade — e que há quase vinte anos percorro como repórter. Percorro o Brasil urbano e o Brasil rural, esses dois mundos, pelo* Jornal da Tarde, *onde tive um espaço aberto para escrever com a razão e o coração. Descobri as ruas sórdidas de São Paulo, onde as prostitutas se suicidam; percorri as delegacias; vi os corpos de bandidos e policiais atirados na porta de bancos; estive com posseiros expulsos de suas terras no litoral, em Trindade; vivi com os agoniados nordestinos, no sertão, em plena seca; e vi como um homem pode vender a última coisa que tem, seja uma bicicleta ou um disco de Agnaldo Timóteo; descobri que tribos de índios andam em busca da Terra sem Males e que jamais a encontrarão.*

Por isso, de certa maneira, meu livro é uma proposta de viagem por aqueles lugares que os turistas nunca visitam. Quem iria a Alagados? Quem se interessa por aqueles homens que vivem em palafitas? O repórter chega até eles — e descobre não só a miséria palpável, mas algo que se pode chamar de a arte ou o milagre de sobreviver nas mais duras condições. Sobre-viver. Viver apesar da vida. É isto que me comove nos "personagens" do meu livro.

Depois houve outras revistas. Muitas. *Shalom. Crisis* (só um número, em 1989). Uma revista para caminhoneiros cujo nome não recordo. *Ícaro Ponte Aérea*, para ser lida nos aviões da Varig que voavam entre São Paulo e Rio, e que nas mãos do Marcão se transformou numa publicação antenada e original, como tudo que ele fazia. Antecipava tendências. Tinha idéias malucas também. "Vamos colocar uma adolescente de 13 anos escrevendo sobre rebeldias juvenis?" (Isso foi na *Ícaro*). O navegador Amyr Klink, na volta da primeira travessia do Atlântico Sul num barco a remo, foi capa da *Ícaro* (Marcão achava-o o máximo). Em outra capa, uma chamada sobre automedicação: "O país dos 130 milhões de médicos" (era a população do Brasil). Título em *Singular & Plural*: "Cuidemos do corpo, que a alma está perdida". Pautava matérias sobre saúde preventiva e exercícios físicos quando ninguém ainda falava nisso; e sobre terceira idade duas décadas antes de isto ser assunto na mídia.

Marcão não vivia só a política, estava ligado em tudo o que acontecia no mundo. Era um editor cuidadoso, respeitador do texto alheio – aquele com que todo repórter sonha para editar suas matérias. Podia sugerir como melhorá-las, mas jamais o ouvi fazer uma crítica que não fosse construtiva.

Alfredo Sirkis diz que Marcão foi uma das figuras humanas mais decentes e dignas que ele conheceu. Alguém generoso, "despojado do veneno da inveja, que gostava de auxiliar nos projetos literários dos colegas. Sua maior diferença com certa cultura de redação que se firmou ao longo dos anos era o espírito de colaboração, o gosto pelo bom trabalho dos outros", escreve o jornalista.[18]

Certa vez, eu conversava com um editor do *JT* sobre os novos rumos que o jornalismo vinha tomando e ele lamentou que eu tivesse chegado àquela redação "dez anos atrasada" (em 1982). Quando repeti para Marcão o que ouvi, ele ficou indignado com o colega. "Não é coisa que se diga! Tu não vê o quanto a frase é destrutiva, guria?", explodiu, com o sotaque gaúcho que nunca perdeu. Para ele, o jornalismo podia mudar o quanto fosse, mas sempre haveria espaço para as gerações que estavam chegando.

Em depoimento a alunos da Universidade Santa Cecília (Unisanta), de Santos (SP), o jornalista Rivaldo Chinem conta que, certa vez, Marcão lhe disse que fora elogiado "por um figurão, não sei se Alberto Dines ou outro, como editor e não como repórter, o que para ele era a glória, e isso pelo trabalho na *Ícaro*".

Como repórter ou como editor, a carreira do Marcão foi sempre norteada pelo que J. Luiz Marques chama de "uma reserva ética de rebeldia" – na visão desse colega gaúcho, Marcos Faerman era "um rebelde contra", "militante do humanismo socialista", que "honrava as melhores tradições do jornalismo"[19].

Mais adiante na entrevista ao *JT*, Marcão conclui a apresentação do livro:

"Meu coração se abre para os oprimidos. Meu livro é um testemunho do Brasil dos nossos tempos e de todos os tempos. Acredito na palavra e não posso ligar meu destino a nenhum sistema em que os homens e as palavras sejam escravizados pelo ditador de plantão. [...] O jornalismo humanista humaniza quem o escreve e quem o lê."

6

Não era à toa que Marcão admirava Amyr Klink. O espírito de aventura é, dizia ele, o alimento da alma do repórter. Quando falava "repórter" referia-se ao que chamamos, seguramente, de jornalista-literário ou jornalista-narrativo, mas que ele definia como "um ser em disponibilidade", aquele que sai em busca de histórias "do outro" e consegue colocar-se na pele dele, ouvi-lo e emprestar-lhe sua própria voz. Aquele que "ouve com o coração" e "conta a história que precisa ser contada".

Marcão atribuía vocação documental e literária à reportagem. Via-a como uma forma de conhecimento e um método de investigação da realidade. "Um método que difere da historiografia, da sociologia e da antropologia, e tem como centro a arte de investigar os fatos e saber descrevê-los. Isso se faz com melhor ou pior qualidade, dependendo da formação cultural de quem escreve."[20]

Pregou incansavelmente a busca dessa qualidade. Repetia, invocando Roland Barthes, que a reportagem deve operar com o fascínio que só é gerado pelo "prazer do texto". Leitor voraz, Marcão se considerava um "rato de sebos e bibliotecas". Comprava livros e revistas em espanhol, francês, inglês e italiano – idiomas que aprendeu lendo. Não admitia um jornalista que não tivesse devorado uma lista básica de uns quarenta títulos, a começar dos clássicos de literatura juvenil, passando por Dostoievski, Camus e John Reed, até autores do *New Journalism*, como Truman Capote, Tom Wolfe e Gay Talese.

Era fascinado por aventureiros de todas as épocas, tanto autores como personagens. Amava Melville e a baleia Moby Dick. O garoto Jim Hawkins, de *A Ilha do Tesouro*, de Stevenson, escondido num barril de maçãs no convés do navio pirata. Daniel Defoe e o seu *Robinson Crusoé*. O jovem Jack London pendurado num vagão de trem, correndo atrás de histórias. E Sherlock Holmes, Júlio Verne, James Bond, Ernest Hemingway, correspondentes de guerra e...

E, séculos antes deles, Heródoto, que ele dizia ser o pai da reportagem e não da História. Esse grego nascido em 484 a.c., que "se dedicou a percorrer, sem preguiça ou tédio, os limites do mundo da época", era para Marcão o exemplo ideal do repórter. Viajando pela Babilônia, Assíria, Pérsia, Egito, África, navegando pelo Mar Negro e pelo rio Nilo, Heródoto teria explorado seu tempo, na interpretação dele, como o enviado especial de uma publicação faz agora.

Outro de seus ídolos era o jornalista francês Albert Londres, que "tinha de seu apenas um quarto, uma filha chamada Florence e uma mala sempre pronta para viajar". Nos anos 1920, escrevia histórias reais em série, como folhetins. "Dramas que traziam para as páginas dos jornais a vida num presídio de Caiena, o tráfico de prostitutas de Marselha a Buenos Aires, as proezas dos pescadores de pérola em Java ou a fuga de judeus da Europa para a Palestina."[21]

Londres morreu como viveu: o navio em que viajava para o Oriente, na década de 1930, foi a pique após um incêndio a bordo. Marcão gostava de uma passagem atribuída ao lendário repórter. Certa vez, ele teria ouvido do diretor de um jornal no qual iria trabalhar: "A linha do nosso jornal é...". Indignado, recolheu o chapéu e a bengala e foi embora, dizendo: "Quem tem linha é trem".

Marcão também detestava trilhos. Trabalhar numa reportagem era um exercício de liberdade. Vivia cada matéria como uma viagem extraordinária, uma aventura que começava com a pauta (várias ao mesmo tempo) e era saboreada em cada etapa: leituras, muitas; entendimento do tema, busca de personagens. Envolvia-se sinceramente com as histórias que ouvia e aprendia sobre todos os assuntos nesse processo. Não sossegava enquanto não tivesse clareza sobre o "abre" da matéria. Pensava em voz alta sobre o tema. Todo mundo sabia no que estava trabalhando, pois falava no assunto sem parar, sempre empolgado.

Nos bons tempos do *JT*, repórteres especiais podiam ficar semanas com a mesma matéria, mas sua prática em campo era igual se tivesse de entregar o texto no dia. Beatriz Marques Dias, foca no *Estadão* no final dos anos 1980, foi certa vez cobrir um incêndio numa favela. Era costume que cada jornal do Grupo Estado enviasse uma equipe própria. "Pelo *Estadão* éramos vários repórteres, pelo *JT* só o Mar-

cão", conta Bia. "Sozinho, ele nos deu um banho. Descobriu histórias incríveis. Não sei como nem onde. Eu estava lá e não vi o que ele viu."
Na hora de escrever, Marcão era rápido. Passava por uma espécie de surto, muitas vezes de madrugada, pois sofria de insônia. "Ele tinha um poder de concentração instantâneo: sentava a bunda na cadeira, atacava furiosamente as teclas e só parava com o texto prontinho e, pasmem, sem necessidade de muita mexida ou revisão. Esse virtuosismo noturno sempre encheu de admiração escritores espasmódicos e matinais como eu", lembra Sirkis.[22]

Mas às vezes as idéias não fluíam. Marcão chegava da rua e ficava horas agoniado diante da máquina de escrever. "Escrevia três ou quatro linhas, não gostava, rasgava o papel e começava tudo de novo. Dava um tapa na cabeça e reclamava: 'Estou bloqueado!' O bloqueio poderia durar minutos, horas ou dias, mas, uma vez superado, surgia a euforia do repórter, um crítico rigoroso de seu próprio trabalho", lembra o colega Luiz Carlos Ramos.[23]

Uma das últimas matérias em que Marcão trabalhou foi sobre "Água", para a revista *Educação*. Juliana Monachesi, aluna da Faculdade Cásper Líbero na época, relata que, dias antes do infarto que o matou, Marcão havia ligado ao editor para dizer, eufórico: "Já tenho o lide! Vou descrever um cenário futurista em que as pessoas se digladiam pelo produto mais valioso da Terra: a água".

Entre os pertences que o jornalista João Marcos Rainho recolheria mais tarde da cabeceira do amigo morto estavam uns óculos quebrados, muitos papéis e uma quantidade de livros com anotações feitas à caneta, como era hábito de Marcão. Entre eles, o volume *Morte social dos rios*, de Mauro Leonel, recém-chegado pelo correio, certamente para auxiliar na matéria.

7

E Marcão tinha também, infelizmente, aquele lado escuro, sombrio, que "acabou abreviando o tempo dele", diz Vitor Vieira, numa tristeza tão funda que, oito anos depois, ainda não pôde abrir os originais do livro sobre *skinheads* em que Marcão vinha trabalhando e que o sobrinho Júlio Faerman lhe enviou.

Quando, exatamente, começou? A família e os amigos são unânimes em situar o envolvimento de Marcos com as drogas no contexto dos anos 1970, em que substâncias alucinógenas significavam novas experiências, criação, loucura. Muitas das melhores cabeças usavam drogas naqueles anos. Já nos tempos da redação de *O Pasquim*, Marcão havia se irmanado a Hamiltinho de Almeida Filho, que morreria em 1993 em decorrência do uso de seringas contaminadas.

"Marcão não se iniciou nas drogas por ingenuidade", revela a psiquiatra Marilza Taffarel, ex-mulher de Marcão, a alunos de jornalismo da Unisanta. "A busca pela quebra do cotidiano fez parte do processo criativo da época. As figuras ideais dele, como o escritor americano Ernest Hemingway, eram do tipo que, ao se deparar com a angústia da criação, se autodestruíam. Mas drogas e álcool são traiçoeiros, viciam. Ele foi se arriscar. E ele arriscava muito."[24]

Na época da separação tumultuada da segunda mulher, Maria Inês, por volta de 1985, o cunhado Vitor Vieira era chamado freqüentemente para mediar conflitos entre o casal. Ele e Marilena ainda viviam em São Paulo, com as filhas Lisa e Lívia. A casa onde Marcão morava com a família, no bairro do Sumaré – e na qual permaneceria por muitos anos depois que Maria Inês e Júlio mudaram para Uberlândia (MG) – era cenário das loucuras mencionadas por Alfredo Sirkis. "Eram tempos boêmios, de esbórnia. Marcão pegava pesado na busca frenética de experiências, vivências, prazer e angústia. A casa do Sumaré passou a ser minha guarida em Sampa City. Ali rolava de tudo".[25]

Vitor Vieira também acredita que "a descida do Marcão no fosso das drogas foi sintomática e emblemática de uma época. Fazia parte da concepção de vida dele. Achava-se forte, poderoso. Era de uma onipotência fantástica. Não aceitava tratamento. Dizia que tinha controle sobre tudo".

Ouvi isso muitas vezes do próprio Marcão: "Na hora em que eu quiser, eu paro". Embora eu só tivesse pinceladas dessa outra vida dele "fora" do jornalismo. "Tu é meu lado saudável", ele dizia. Mas, de vez em quando, deixava escapar uma história sobre traficantes que o perseguiam ou ligava deprimido, com ressaca da vida. Tinha depressões homéricas nos anos 1980. Alternava estados de euforia com prostração. Nesses momentos de baixa, queixava-se de que seu trabalho não era reconhecido. "Por que a Editora Abril não me convida para dirigir uma de suas revistas?", lamentava-se. Achava-se injustiçado. Sentia-se um marginal tanto no ambiente jornalístico como no meio acadêmico. "Os outros jornalistas me vêem como intelectual, e os intelectuais me vêem como jornalista", dizia.

Acredito que a queda tenha acontecido aos poucos, degrau por degrau. No final da década de 1980 e início da de 1990, sucederam-se acontecimentos infaustos em sua vida. Numa manhã de 1988, *seu* Henrique Faerman pegou o lotação para ir trabalhar em Porto Alegre, como de hábito, e foi fulminado por um infarto na calçada do escritório. Poucos anos depois foi o caçula Marcel, "que fazia poesias e jogava uma bola finíssima", segundo Vitor, e fora diagnosticado com esquizofrenia aos 16 anos. Numa véspera de Natal, despencou do quinto andar do apartamento em frente ao Parque da Redenção, na capital gaúcha, e se esborrachou numa marquise – não se soube se foi acidente ou suicídio.

Álcool, maconha e cocaína arruinaram a saúde de Marcão. A artrose e a psoríase nas mãos, doenças com que vinha convivendo havia anos, agravaram-se e dificultavam-lhe a escrita. Uma infecção no pós-operatório de uma cirurgia de catarata resultou na perda total daquela vista. A visão do outro olho também estava ruim, mas ele relutava em operar, com medo de repetir o insucesso da primeira cirurgia. Para ler, precisava do auxílio de uma lupa.

A esses infortúnios veio se somar a demissão do *Jornal da Tarde*, no final de 1992. Segundo o escritor e professor Adelto Gonçalves, amigo de longa data, Marcão havia ficado dispendioso para o *JT*. "Ele era de outra época, passava dias atrás de uma matéria. Por questões econômicas e por causa de uma visão imediatista, mesquinha, a grande reportagem morria nos jornais brasileiros."[26]

Outro amigo do peito, o ex-editor do *Jornal da Tarde* Moisés Rabinovitch, que foi correspondente internacional no Oriente Médio e com quem Marcão dividia as angústias pelas crises do povo judeu, aponta, além disso, as drogas como vilãs da demissão. "Ele misturava álcool, picos na veia, maconha e cocaína. Começou a perder os prazos de entrega das matérias e a ser visto como um fardo na redação. A ligação do estar drogado com o estado criativo matou o Marcão. Era um sujeito brilhante, não precisava disso", lamenta Rabino aos alunos da Unisanta.[27] "Eu tinha autoridade, ele me ouvia. Dei muitas broncas nele, mas não tive poder suficiente para fazê-lo abandonar o vício."

Rodolfo Konder, que ocupava o cargo de secretário municipal de Cultura na ocasião, estendeu o braço ao amigo, levando-o para dirigir o Departamento do Patrimônio Histórico, subordinado àquela secretaria da prefeitura de São Paulo. Marcão esteve à frente do departamento de 1993 a 1995. Foi lá que encontrou Nina, funcionária da casa, iniciando com ela a relação redentora que teve no final da vida. Tinha chegado ao fundo do poço com a terceira mulher, uma certa Vânia, viciada em *crack*, que conheceu no submundo. Os rompantes tenebrosos da moça afastaram a família e muitos amigos do seu convívio.

"Laura ficou um ano brigada com o pai", conta Vitor. Marilza e a filha tiveram de trocar várias vezes o número do telefone para não serem incomodadas. O mesmo precisou fazer Nina, a quem Vânia intimidava com ameaças tanto em casa como no trabalho. Inconformada com a separação de Marcão, Vânia um dia deu um escândalo de tal proporção na frente do edifício público que tiveram de interromper o expediente.

Adelto Gonçalves recorda que esteve com Marcão em 1997, na redação da revista *Educação*, e ficou triste ao vê-lo "um pouco gordo, com artrose e cego de um olho". Deprimido, sofria com a morte da mãe e da irmã e com as dívidas pendentes da casa do Sumaré. Vitor conta que Edmilson Cardial, dono da Editora Segmento, foi quem quitou os débitos. "Edmilson era nosso companheiro no *Estadão* e apoiou muito o Marcão naquela fase difícil", confirma Adelto.

No encontro em 1997, Marcão mostrou-se arrasado com outra loucura de Vânia. "Ela havia jogado água em seus livros", conta Adelto. "A biblioteca era o que ele mais queria. Portanto, aquilo havia sido uma ofensa muito grande, a mulher havia atacado exatamente em seu ponto mais vulnerável."[28]

Eu não cheguei a ver Marcão nesse estado. Sabia dele pelos amigos e sentia um grande desânimo. Não nos falávamos desde 1993, quando ele me anunciou seu desejo de se atirar de uma ponte sobre a Avenida Sumaré e perdi a paciência. Discutimos. Ele ficou furioso. Vi-o pela última vez um ano e meio depois, na Bienal do Livro de 1994, no pavilhão do Parque do Ibirapuera onde estava acontecendo a entrega do Prêmio Jabuti. Reconheci de longe sua figura alta e desengonçada. Estava mais gordo, parecia cansado. Os cabelos tinham ficado completamente brancos. Senti vontade de abraçá-lo. Saí do meu lugar e fui abrindo caminho na multidão, mas havia gente demais e demorei um pouco. Quando cheguei à frente do auditório, ele já tinha sumido no meio do povo.

8

Só depois da morte de Marcão pude saber que – ao menos quanto ao desejo dele de ser respeitado na academia – suas mágoas não procediam. Em 1996, a paraibana Sandra Regina Moura defendeu dissertação de mestrado no Programa de Pós-graduação em Comunicação e Cultura Contemporâneas da Universidade Federal da Bahia, UFBA, sobre a narrativa de Marcos Faerman, abordando a relação entre jornalismo e literatura em duas grandes reportagens publicadas no *JT* nos anos 1970: "O caso Bensadon" e "Ah, esse Rio de Janeiro nos tempos de D. Pedro"[29].

"Entrevistei longamente o Faerman para o meu trabalho", conta Sandra. "Conversamos durante uma semana inteira, em São Paulo, no final de 1994." Os encontros foram no Departamento do Patrimônio Histórico. Sandra recorda que Júlio, o filho adolescente, estava presente e que Marcão usava uma grande lupa para localizar textos nos dois volumes encadernados que trouxera de casa, com cópias de suas reportagens preferidas no *JT*. "Foi ele quem sugeriu as matérias para análise. Depois da defesa, mandei um exemplar da dissertação para ele. Aí vieram os desencontros, ele saiu da direção do Patrimônio Histórico e perdi o contato. Mas o Igor Fuser me disse que ele leu e gostou do trabalho."

Mais tarde, em setembro de 2002, quem fez parte da banca de doutorado de Sandra Regina Moura na Pontifícia Universidade Católica de São Paulo (PUC), quando defendeu tese sobre o trabalho de Caco Barcellos, foi a professora Terezinha Tagé, do Departamento de Jornalismo da Escola de Comunicações e Artes da Universidade de São Paulo, ela também uma admiradora de Marcos Faerman. Terezinha brinca que Marcão foi o real "orientador" dela no doutorado, pois lhe forneceu um rico e farto material sobre seu objeto de estudo, a obra jornalística do teatrólogo Jorge Andrade.[30]

"A prática de Marcos era fruto das leituras que ele incorporou", acredita Terezinha Tagé. "Antes do Novo Jornalismo, a idéia corrente era a de que quem tivesse talento faria literatura, quem não tivesse faria jornalismo." Terezinha ressalta a importância da presença de Marcão na banca que aprovou a tese de doutorado de seu colega Edvaldo Pereira Lima, *Páginas Ampliadas: o livro-reportagem como extensão do jornalismo e da literatura*, em 1990, na USP. "Marcos ficou feliz por Edvaldo ter trazido para a universidade a História da Reportagem, algo que ele queria fazer", ela conta.

O professor Edvaldo Pereira Lima explica que foi possível indicar Marcão como examinador – um autodidata sem diploma universitário – porque, quando se trata de doutorado, permite-se que um dos cinco membros da banca seja pessoa de "Notório Saber", desde que aprovada pelo orientador. Edvaldo sabia que seu orientador, Francisco Gaudêncio Torquato do Rego, gostava do trabalho de Marcos Faerman.

Edvaldo também era velho admirador dos textos de Marcão. Conheceu-o primeiro como leitor quando, em 1971, com 20 anos de idade, fazia bicos no jornalismo para custear a faculdade de turismo. "Lia muito o *Jornal da Tarde*, era meu favorito. E acompanhava também a produção da imprensa nanica."

Em 1976, na função de assessor de imprensa de uma universidade, Edvaldo organizou o 1º. Campeonato de Pipa de São Paulo no autódromo de Interlagos. E o *JT* destacou Marcão para fazer a matéria. Então pôde observar, em campo, como o repórter trabalhava. "Marcos era um homem grande. Eu o vi sentado no gramado, curvado, consolando com delicadeza uma criança que chorava. O menino havia perdido a pipa por deslealdade de um concorrente, que cortara seu barbante com cerol. Da conversa de Marcão com esse garoto surgiu a matéria de capa do *Jornal da Tarde* no dia seguinte", lembra.

Para Edvaldo, ter Marcos Faerman em sua banca de doutorado foi uma forma de homenagear aqueles que mantiveram vivo o espírito do jornalismo literário, na prática, dentro das redações. "Uma homenagem da academia não só a ele, mas a toda uma estirpe de grandes repórteres", diz.

Também em 2002, o jornalista Luís Carlos Eblak de Araújo, que havia escolhido *Versus* como objeto de pesquisa, defendeu a dissertação de mestrado em História Social na Faculdade de Filosofia, Letras e Ciências Humanas da USP, sob orientação da professora Maria Aparecida Aquino, com o título *O Versus e a imprensa alternativa: em busca da identidade latino-americana (1975-1979)*.

9

O clima era de turbulência na Faculdade Cásper Líbero em meados de 1996. Alunos sem aula havia semanas discutiam nos corredores, enfrentavam diretores no grito, faziam manifestações na Paulista. A turma rebelde custou a reparar na figura exótica que esperava para iniciar a aula. O novo professor era um velho de cabelos brancos e encaracolados, a barba por fazer, óculos tortos, roupa desleixada, uma pilha de papéis na mão e uma bolsa a tiracolo encardida e pesada, da qual – souberam depois – nunca se separava. Estava cheia de livros. Ele a jogou na mesa e, do alto de seu 1,90 metro de estatura, anunciou: "Com essa gritaria vocês pensam que vão fazer a revolução? *Eu* sou a revolução!" E, diante do espanto da classe, completou: "Minha aula só assiste quem quiser. Quem não estiver a fim, foda-se, pode sair que eu dou presença e passo de ano. Aqui só ficam os futuros jornalistas!".

Como outras histórias na vida do Marcão, é provável que sua estréia como professor tenha outras versões – que, de tanto ser repetidas, adquirem vida própria e *status* de definitivas. Como sua distração ontológica, por exemplo (entortou os óculos de Rivaldo Chinem num abraço) ou o caso do livro que teria devolvido ao dono com uma fatia de mortadela marcando as páginas. (Alguns dizem que a vítima foi Rabinovitch e que o embutido não era mortadela e sim salaminho. Já Veríssimo acha que Marco Aurélio Garcia, colega de *Zero Hora,* é quem teria inventado a história, ao ver o Marcão atrapalhado tendo de abrir uma porta e sem saber o que fazer com um livro e um sanduíche.) Mas neste caso posso jurar que nenhuma versão passa longe da que é contada por alunos e professores da Cásper em artigos de jornais, revistas, *sites* na internet e na comunidade criada por fãs do "Mestre Faerman" no Orkut.

Posso jurar porque esse é o Marcão que eu conheci.

Posso reconhecê-lo na reunião de pauta narrada por Juliana Monachesi Ribeiro, saltando de uma idéia a outra com rapidez difícil de acompanhar, emendando o assunto ao de um livro de Camus, um conto do Borges, uma matéria da *Realidade*, um evento da história da Birmânia ou à Teoria do Caos. "Queria que seus repórteres enxergassem mais longe e fossem mais ousados do que a faculdade e a vida exigiam", diz a aluna.[31]

Ou no fechamento do *Esquinas de S. P.*, jornal-laboratório que ele revolucionou, tanto editorialmente, publicando poesias, quadrinhos e matérias apuradas em profundidade, como ignorando prazos da gráfica até a edição atingir a perfeição buscada. Gustavo Vieira fala da caótica redação chefiada pelo mestre. "Originais manchados de gordura entre pizzas noturnas, fotos espalhadas pelas mesas das salas de aula, momentos mágicos. Criação era sua disciplina como professor voluntariamente indisciplinado. Paixão era seu saber, de que precisávamos para fugir do trágico destino de assessorias de imprensa."

Juliana Monachesi traz de volta uma noite em que editaram o *Esquinas* até tarde. "Já era madrugada e queríamos terminar tudo. Pois, quase de manhã, o Faerman não resolveu deitar no chão e dormir em vez de ir para casa? 'Não vou abandonar minha equipe! Vou fazer como certos repórteres de antigamente que dormiam na redação, sentindo o trepidar das prensas'", conta ela.

O Marcão atrapalhado, desligado, hiperativo. Comprando pilhas de jornais e revistas. Ensinando Fabio Diaz Camarneiro (como, vinte anos antes, havia ensinado a mim) a não usar gravador em entrevistas. "Escreva o que a pessoa disser... Se precisar, peça para ela repetir certos trechos... Não tenha vergonha de pedir para ela soletrar nomes ou títulos de obras..."

Sou capaz de *vê-lo* atravessar a Paulista entre os carros, sacudindo os ombros: "Eles que parem!!!". E escapando de ser atropelado por um ônibus, não fosse o puxão com que o aluno João Cassino o reconduziu à calçada. "O buzu passou arregaçando, e o Marcão disse: 'O filho-da-puta não parou!'"

E posso enxergá-lo nos corredores com seus passos pesados, "elegantes como os de um guerreiro", como diz o diretor de jornalismo da Cásper na época, Marco Antonio Araújo, seguido pelos devotos, esparramando papeizinhos pelo chão. "A voz forte tonitruava citações eruditas, lembranças incríveis, histórias inventadas, projetos insanos, ternuras despejadas", recorda ele. "Tinha defeitos maravilhosos, como não preencher diários de classe, dar notas ou organizar agendas. O cabelo despenteado, o sorriso e o abraço largos e grandalhões. Ele dava beijos em ponta de faca. E murros em máquina de escrever. Viveu como poucos suportariam – e morreu, o que parecia impossível."

Às vezes ainda acho difícil conceber o mundo sem o Marcão.

Mas é reconfortante saber que, no fim da vida, ele renasceu das cinzas e reencontrou seu brilho fazendo algo que tanto sabia: ensinar. "O contato com os estudantes rejuvenesceu seus ideais de lutar por uma causa justa, de deixar sua marca em uma nova geração, de editar um jornal-laboratório inovador. 'Quero fazer um puta jornal, essa garotada vai aprender como ser um repórter de verdade!' Tinha orgulho de enumerar uma dezena de alunos que já estavam trabalhando na profissão", lembra João Marcos Rainho.[32]

Recuperou o senso de humor. Ao mencionar fatos de sua vida, exagerava na dose e contribuía para perpetuar mitologias que alimentavam certo folclore em torno dele. A operação de catarata malsucedida, que resultou na perda de um olho, transformou-o no "bardo caolho", que os alunos julgavam vitimado pela tortura no regime militar. Também teriam sido atingidas "aquelas mãos sofridas" de que fala Luciana Oncken, perguntando-se: "E as mãos castigadas, calos em todos os dedos... Seriam de tanto bater a máquina? Seriam marcas de tortura?".

Gustavo Vieira responde no Orkut: "Os dedos tortos traziam sua história. 'Este foi quebrado pelos militares, nos porões da tortura, quando eu militava no POC – Partido Operário Comunista. POC era o som dos martelos dos proletários nas fábricas', contava entre gargalhadas". Vitor Vieira garante que, embora Marcão tenha sido detido durante dois meses, entre 1971-72, em razão dos vínculos com o POC, não deixou a prisão com ferimentos nem seqüelas.

Divertia-se com suas próprias histórias. Periodicamente, conta Fabio Diaz Camarneiro, brindava os alunos com uma pergunta feita em tom dionisíaco: "Alguém sabe o que é encher a cara de uísque e deitar nu no chão da cozinha, lendo Ernest Hemingway?"[33]. Segundo Fabio, o final comportava variações: "lendo Jorge Mautner", "lendo Rimbaud em voz alta" etc.

Cobrava leitura dos alunos. Ensinava-os a criticar a tendência das notas curtas, publicadas sob a desculpa de que o leitor não tem tempo para ler. "O que o Faerman não atinava era com a idéia de que alguém não tivesse tempo para ler. Para ele, era como dizer que fulano não tem tempo para respirar, ou que outro não come há seis meses porque não deu tempo", diz Fabio Camarneiro.

E foram esses estudantes que formaram a maior parte do cortejo que, na manhã de 13 de fevereiro de 1999, foi velar o Mestre Faerman na sede do Sindicato dos Jornalistas do Estado de São Paulo, na Rua Rego Freitas, região central de São Paulo. Era Carnaval, havia muita gente viajando. O jornalista Audálio Dantas e o poeta Cláudio Willer fizeram discursos emocionados. A certa altura, alguém lembrou de colocar sobre o corpo uma camisa do Grêmio.

Na noite anterior, a notícia havia atropelado Vitor Vieira na chegada ao litoral gaúcho, com as filhas e a neta, onde iam passar os feriados. Voltou a Porto Alegre para buscar Mauro – agora o único irmão sobrevivente. Não havia mais vôos disponíveis. Os dois viajaram para São Paulo de carro, na contramão do trânsito, durante 18 horas seguidas. Chegaram quando o caixão já estava baixando no crematório de Vila Alpina, para dar-lhe o último adeus.

Marcão havia pedido para ser cremado. Os judeus não enterram mortos aos sábados nem permitem a cremação. Mas o amigo e rabino Henri Sobel compareceu ao velório no Sindicato dos Jornalistas. "Estou aqui não porque morreu um judeu, mas porque morreu um homem", disse no discurso fúnebre. Também conforme o desejo de Marcão, as cinzas foram divididas ao meio e jogadas nos dois rios de sua vida: o Tietê, em São Paulo, e o Guaíba, em Porto Alegre. "Enterrem meu coração na curva do rio", ele costumava dizer, brincando. Nina se emociona quando lembra a cena. "Eram as cinzas de um vulcão..."

Notas e referências

1. VERÍSSIMO, Luis Fernando. "Paixão diagramada e jornalismo em receita". *O Estado de S. Paulo*, 28 fev. 1999. In: MARÇAL, João Batista (org.). *Marcos Faerman: profissão repórter*. Porto Alegre: Corag, 1999.
2. SIRKIS, Alfredo. "Marcos Faerman: obsessão repórter". Disponível em: www.observatoriodaimprensa.com.br. Acesso em 5 mar. 1999.

3. VIEIRA RODRIGUEZ, Isabel. "Memória de Búzios". *Versus*, São Paulo, n. 16, nov. 1977.
4. VIEIRA RODRIGUEZ, Isabel. "O povo das minas". *Versus*, São Paulo, n. 19, mar./abr. 1978.
5. FAERMAN, Marcos. "Leituras". *Shalon*, São Paulo, jul. 1980, p. 34.
6. FAERMAN, Marcos, *op. cit.*, p. 34.
7. FAERMAN, Marcos. "Os meninos de Rio Pardo". *Paralelo*, Porto Alegre, dez. 1976. In: MARÇAL, João Batista (org.). *Marcos Faerman: profissão repórter*. Porto Alegre: Corag, 1999.
8. MARÇAL, João Batista. "Fatias vitais desse inquieto caminhante". In: MARÇAL, João Batista (org.). *Marcos Faerman: profissão repórter*. Porto Alegre: Corag, 1999.
9. PILLA VARES, Luiz. "Com sangue pintou Gauguin". In: MARÇAL, João Batista (org.). *Marcos Faerman: profissão repórter*. Porto Alegre: Corag, 1999.
10. MARÇAL, João Batista. "Fatias vitais desse inquieto caminhante". In: MARÇAL, João Batista (org.). *Marcos Faerman: profissão repórter*. Porto Alegre: Corag, 1999, p. 92.
11. PILLA VARES, Luiz, *op. cit.*, p. 32.
12. VERÍSSIMO, Luis Fernando, *op. cit.*, p. 27.
13. FAERMAN, Marcos. "O caso Bensadon". In: FAERMAN, Marcos; PORTELA, Fernando; SOUZA, Percival de. *Violência e repressão*. São Paulo: Símbolo, 1978.
14. FAERMAN, Marcos. "Imprensa alternativa: nanica, pero no mucho". In: MARÇAL, João Batista (org.). *Marcos Faerman: profissão repórter*. Porto Alegre: Corag, 1999.
15. ARAÚJO, Luis Carlos Eblak. *O Versus e a imprensa alternativa: em busca da identidade latino-americana (1975-1979)*. 2002. Dissertação de mestrado. Faculdade de Filosofia, Letras e Ciências Humanas, Universidade de São Paulo, São Paulo. p. 50.
16. ARAÚJO, Luis Carlos Eblak, *op. cit.*, p. 50.
17. PILLA VARES, Luiz, *op. cit.*, p. 32.
18. SIRKS, Alfredo, *op. cit.*
19. MARQUES, J. Luiz. "O rebelde contra". In: MARÇAL, João Batista (org.). *Marcos Faerman: profissão repórter*. Porto Alegre: Corag, 1999.
20. FAERMAN, Marcos, "A grande aventura da reportagem". In: DANTAS, Audálio (org.). *Repórteres*. São Paulo: Senac, 1998, p.162.
21. Ibidem, p. 152.
22. SIRKIS, Alfredo, *op. cit.*

23. RAMOS, Luiz Carlos. "Marcos Faerman: a morte de quem dava vida ao texto". *Jornal Unidade*, São Paulo, mar. 1999, p. 10.
24. OLIVA, Alexandre Teixeira; MENEZES DOS ANJOS, Aline. "Marcos Faerman: o último dos bitiniques". Trabalho de Conclusão de Curso (TCC). Unisanta, Santos, 2003 (mimeo).
25. SIRKIS, Alfredo, *op. cit.*
26. GONÇALVES, Adelto. "Para que nada se perca (III): Marcos Faerman". Disponível em: www.blog.comunidades.net/adelto/index. Acesso em 18 jul. 2005. (Entrevista.)
27. OLIVA, Alexandre Teixeira; MENEZES DOS ANJOS, Aline. "Marcos Faerman: o último dos bitiniques". Trabalho de Conclusão de Curso (TCC). Unisanta, Santos, 2003 (mimeo).
28. GONÇALVES, Adelto, *op. cit.*
29. MOURA, Sandra Regina. *Narrativa jornalística: uma leitura das reportagens de Marcos Faerman no Jornal da Tarde*. 1995. Dissertação de mestrado. Universidade Federal da Bahia, Salvador.
30. FERNANDES, Terezinha Fátima Tagé Dias. *Jorge Andrade, repórter Asmodeu: leitura da obra jornalística do autor para a revista Realidade de 1969 a 1972*. 1989. Tese de doutorado. Escola de Comunicação e Artes, Universidade de São Paulo, São Paulo.
31. REVISTA ALEPH. "Homenagem a nosso mestre Marcos Faerman". Disponível em: www.revistaaleph.com.br/old. Acesso em: fev. 1999. CAMAENEIRO, Fabio Diaz. "Abelhas, paixão e jornalismo". RIBEIRO, Juliana Monachesi. "Que tempos idiotas!". BARENBEIN, Daniel Benjamin. "Trinta minutos com Faerman".
32. RAINHO, João Marcos. "Marcos Faerman, Repórter". *Anuário da Faculdade Cásper Líbero*. Disponível em: www.facasper.com.br/jo/anuario/1999.
33. REVISTA ALEPH. "Homenagem a nosso mestre Marcos Faerman". Disponível em: www.revistaaleph.com.br/old. Acesso em: fev. 1999.

Pasta & passione

LORENA TOVIL SCHUCHMANN

Talvez porque percorria o trajeto até o parque para me converter (de uma santa vez) de sedentária em caminhadora contumaz e saudável, eu não havia prestado atenção naquele estabelecimento. Posso dizer que tinha um aspecto industrial um tanto em desacordo com o tamanho exíguo do prédio. Àquelas horas do dia, ao entardecer, as vitrines mais refletiam a imagem do pedestre, motivo de sobra para seguir em frente com a maior determinação.

Quando vi a embalagem na cozinha de casa, reconheci o nome: Pastifício Italiano – Produzione di Paste Artigianali/Fábrica de Massas. Espiei. *Tortelloni* coloridos, tão lindos que davam pena de comer. Só um pouquinho. Depois da refeição sensorial, fui dar destino ao saco de papel pardo que pedia: "Colabore com a Natureza: REUTILIZE ESTE SACO". Ao dobrá-lo pela parte de trás, deparei com a seguinte mensagem impressa:

Declaração do Pastifício Italiano

Nós acreditamos que é possível produzir alimentos sem aditivos químicos, e que as nossas famílias merecem este esforço.
Nós acreditamos que podemos fazer massas frescas artesanalmente, imprimir nossos próprios rótulos e promover nossas próprias idéias.
Nós acreditamos em fornecedores ecológicos e nos produtos que comercializamos.
Nós acreditamos no direito de cometer erros, perder tudo e começar de novo.
Nós acreditamos em almoçar em casa com a família, nos jantares românticos à luz de velas, e no gnocchi *do dia 29.*

Nós acreditamos em ter um preço justo para nossos produtos.
Nós acreditamos que as palavras fresco, artesanal e saudável têm um significado verdadeiro e que vão além de estratégias de marketing.

Eu nunca tinha visto nada parecido em nenhuma embalagem de nenhum produto. Amor, esforço, erro, perda, recomeços, fé, idéias próprias "além do *marketing*"? Além do produto, havia alguma coisa especial ali. Com a licença para aprender que o jornalismo nos dá, fui olhar mais de perto aquela *fabbrica*.

A *produzione* pode ser vista de fora – da Avenida Goethe, 300, no bairro Rio Branco, em Porto Alegre. Um vidro deixa à mostra a fabricação das massas. Neste momento, um volume indefinido de massa sovada passa por um cilindro que a achata e transforma em uma lâmina consistente de cor verde-escura. O masseiro a recolhe em um rolo para depois colocá-la em outra máquina que recheia e faz o corte em um molde. Saem dali esteiras inteiriças, mas já picotadas. Outra lâmina, desta vez amarela, é preparada no cilindro. É recheada e picotada no mesmo molde. Parece um tabuleiro de xadrez cor-de-abóbora, salpicada do branco da farinha. Logo depois, a massa é vermelha. O masseiro começa a separar os quadradinhos e o resultado é um *ravioli tricolori* divertido.

Em uma bancada, ao lado, porções de pêra, ricota e nozes são trituradas e misturadas. A sala de pé-direito duplo é branca com bancadas metálicas e suportes para moldes e utensílios. Pôsteres nas paredes mostram os variados formatos de pasta. As máquinas vermelhas contrastam com o amarelo dos aventais dos masseiros e um vaivém de toucas brancas dá a dinâmica da sala. Pode-se ficar horas aqui a notar as formas, as cores, as dobraduras que lembram as massinhas de brincar e evocam sensações táteis da infância. Os passantes acham curioso e há, inclusive, quem fotografe. O inusitado espetáculo leva as pessoas a abrir a porta ao lado e entrar na loja.

No balcão há massas recheadas como *sorrentinos* de presunto e queijos com fios de ovos, *caneloni* de *mozzarela* de búfala, tomates secos e manjericão fresco ou *ravioloni* de salmão. Massas de fios como *tagliatelle* feito com *semolina di grano duro* com sabor de licores ou *fettucine* com sabor de *funghi* ou ainda *spaghetti nero di sepia*, frescas e secas para presente. Há também antepasto de berinjela do Tio Carmelo – receita de família. E sugestões de molhos para quem não quer nada com as panelas: *pomodoro, puttanesca, scarparo*: com tomate, vinho branco e cubinhos de provolone. Na lista, consta que o molho é receita da Laura, que é mulher do Octavio, que é sobrinho do dono e de quem veio a receita de molho Caruso, em que é especialista. Tudo depende do dia ou da encomenda.

O espaço é pequeno, porém charmoso. Uma balança, uma máquina de fazer pasta, um barril de chope e outras peças antigas ajudam a compor um ambiente artesanal. A loja também vende produtos orgânicos de outras marcas como doces em pasta, biscoitos, *aceto balsamico*, molho de tomates, espumantes, chás e sucos. A diversidade de produtos mostra que a produção de alimentos orgânicos vai crescendo e se tornando mais criativa. Sucos varietais, que distinguem os sabores dos sumos, estão entre os exemplos. O de uva Niágara, uma variedade branca, é uma deliciosa invenção. Esses sucos são elaborados pela Cooperativa Aecia de Agricultores Ecologistas, de Ipê e de Antonio Prado, cidades da Serra Gaúcha.

A estante que abriga os produtos, feita de madeiras de demolição, foi construída e montada por Ivan Sanchez Bornes, um dos sócios do pastifício, e seu pai, Vladimir. Dois grandes bonecos de madeira e sucata, que recebem o cliente na entrada, também são obra do pai. A boneca com óculos de lentes azuis avisa: "Aqui, retire sua senha. E lembre, em caso de naufrágio, mulheres e crianças primeiro".

— Ele diz que essa é a minha mãe, diz Ivan.

A família de uruguaios veio morar em Porto Alegre em 1979, quando o caçula tinha nove anos. O sotaque foi embora nos duros rituais de adaptação aos novos colegas de escola. A paixão pela cozinha ficou.

— A abertura do pastifício significou uma profissionalização do que eu já fazia em casa, eu tenho maquininha de fazer massa em casa, meus pais faziam massa em casa. Minha avó fazia massa em casa maravilhosamente bem. Eu lembro dela na cozinha, aquela luz da manhã, os aromas da farinha, dos ovos. Ela fazia massa com a mão, já bem velhinha, os ossos magrinhos, sovava aquela massa a manhã toda. Domingo, sagrado, pasta! Ela enrolava a massa em cima da mesinha de fórmica e cortava com uma faquinha destinada só para isso, que meu avô se dava ao trabalho de afiar toda semana. Anos antes, meu pai ti-

nha trazido uma maquininha da Europa, mas ela não gostava da tal maquininha, cortava à mão.
— Você ajudava?
— Ajudava ou atrapalhava, não sei. Mas sempre foi uma prazer para mim. Lembro de grandes momentos da família na cozinha, momentos bons, momentos ruins.
— Almoçavam na cozinha?
— Cozinha e *comedor* (a sala de jantar, em gauchês) sempre meio integrados. Não lembro exatamente, mas terminava todo mundo na cozinha, por algum motivo. Lembro que meus pais, que sempre trabalharam muito, dispendiam muitas horas na cozinha, nos fins de semana ou à noite, cozinhando. Pensando na minha própria vida, me pergunto como eles tinham tempo de fazer embutidos, queijo, iogurte. Até 1985, 1986, meu pai fez vinhos em casa e eu e meus primos ajudávamos a cuidar das uvas. As crianças cresceram, queriam viajar e ele ficou sozinho. Concluiu que era mais barato comprar vinho do que fazer vinho.

Como duas distintas senhoras que viveram tempos de glória, duas barricas de carvalho francês, aposentadas, repousam na frente do Pastifício Italiano.

— Não sou novo no jogo, sou competitivo e gosto quando ganho com minhas próprias regras, diz Ivan, com um sorriso largo e grandes olhos castanhos que já viram o vento virar muitas vezes. Aos 16 anos, morou nas montanhas de Mendoza, na Argentina. Aos 17 viajou pela Europa lavando pratos, fazendo pizza, ganhando conhecimento e algumas queimaduras nos fogões de restaurantes simples. Foi gerente de gráfica, abandonou a faculdade de publicidade, casou com Dulce Lemos Dornelles. Os dois vendiam antiguidades trazidas do Uruguai nas feiras da cidade e, juntos, reativaram uma agência de viagens que havia sido dos pais de Ivan, a Kittour Viagens e Turismo. Com ela viajaram e descobriram novos negócios. Montaram uma empresa especializada em eventos médicos, a Central de Congressos Médicos. A empresa de turismo foi vendida há apenas dois meses para uma funcionária e seu noivo. Já a dissolução da sociedade na empresa de eventos marcou um momento de virada na vida do casal.

— Chegamos a um impasse entre nossas ambições e nossas crenças, nossa ética. Aí paramos. Os relacionamentos se desfizeram, foi um divisor de águas, definitivo, conta Dulce, tomando água sem gás.

Há três anos, abandonou os refrigerantes, um vício daqueles! Uma água tônica de vez em quando ajuda a manter a distância do mais temido – a Coca-Cola ou suas similares. Dulce é porto-alegrense, tem expressão segura e fala tranqüila, mas seu coração perguntador conhece as facetas menos serenas de sua personalidade. Os gêmeos de seu signo têm lá seus humores. Não tiveram paciência, por exemplo, para concluir a faculdade de jornalismo ou a de publicidade.

O sucesso cobra um preço alto. A sociedade exerce uma forte pressão para que ele seja pago. É guardiã de um tesouro compensatório, uma promessa de felicidade, juventude e beleza. Há quem pague e se sinta um vencedor. O mais incrível é que se você não quer a mercadoria tem que pagar também.

– O fracasso está em tentar se enquadrar em uma regra geral que não funciona para todo mundo, diz Dulce. Pagamos o preço para aprender que somos diferentes. Às vezes, parece que não vamos ter força, mas ela vem de algum lugar e a gente levanta outra vez. Isso me impressiona e emociona. Depois da dissolução da empresa de eventos havia chegado a hora de assumir nossas diferenças e apostar no nosso estilo.

– Ainda na empresa de viagens, enviamos postais para os clientes com frases de fé, esperança e luta, depois de um ano muito duro. Esse foi o início da Declaração do Pastifício Italiano, conta Ivan. Após a desavença com os sócios na empresa de eventos, acreditamos ainda mais no pastifício e aperfeiçoamos a Declaração.

O Pastifício Italiano existe há um ano e meio. Para isso, Ivan e Dulce venderam um pequeno apartamento, um carro do ano e rasparam o tacho de moedas. Compraram um fusca amarelo 1973. Nunca mais foram molestados pelos mendigos nas sinaleiras da capital gaúcha. Em uma dessas ocasiões, na Rua Ramiro Barcelos, Ivan quer dar dinheiro a um homem. O pedinte chega em todos os carros menos no fusca amarelinho. Ivan insiste, chama o homem, que ficou deveras surpreso.

– Onde já se viu pobre ajudar pobre?

Quando já estavam encarinhados com o fusca amarelinho tiveram que passá-lo adiante. O motor não agüentou.

Para abrir a fábrica de pastas com conhecimento de causa, Ivan lavou chão, carregou sacos de farinha e limpou as máquinas do pasti-

fício de um amigo durante duas semanas. Leu muito, pesquisou intensamente, recolheu receitas da família e acionou amigos cozinheiros pelo mundo. Definiu quatro linhas originais de *pasteria:*
1) do Rio da Prata – desenvolvida com a chegada de imigrantes italianos ao Uruguai e à Argentina no final do século XIX. O grande contingente de comerciantes, profissionais liberais e artistas trouxe tradição e sofisticação em matéria de *pasta*. A Argentina é a segunda maior coletividade italiana do mundo, depois da Alemanha. No Uruguai, as fábricas de massas são como padarias de bairro. A característica é grande tradição, porém pouca inovação.
2) da Serra Gaúcha, mais rústica, conservada pelo isolamento do campo. O *Tortéi*, feito com abóbora cabutiá adocicada com canela e noz moscada, é uma invenção da serra, não existe na Itália ou em qualquer parte do mundo. A *zucca* italiana é uma abóbora de outro tipo e seu preparo é salgado. Outra criação da serra é o *agnolini* para a sopa, que foi diminuído e usado nos caldos. Na Itália, o formato é maior e é servido com molho.
3) ítalo-paulista – na mesma época que Buenos Aires, São Paulo recebeu intensa migração de artistas, intelectuais e exilados políticos que trouxeram refinamento gastronômico. A *pasteria* paulista é comparada à dos Estados Unidos e Europa.
4) da Itália – caracterizada por grande diversidade. Uma massa tem suas características regionais reconhecidas desde o cultivo do grão, à moagem da farinha, à geografia, aos costumes locais. A capacidade de harmonizar massas e molhos é um verdadeiro patrimônio da Itália. Fala-se na existência de quinhentos tipos de massas, mas não é possível precisar.
– A pasta é produto de muito orgulho na Itália – relembra Ivan. Cada família chega a ter seus próprios dobrados, é uma manifestação. A pasta é uma comida de dentro de casa, diferente da pizza, que é uma comida de fora de casa. Os turistas, infelizmente, consomem a pior pasta na Itália porque comem em lugares que não têm comprometimento nacional e cultural.
Na lista de massas de fios do pastifício está escrito: "100% semolina di grano duro importada (massa *al dente* e respeito à lei italiana n. 580)". A chamada lei sobre massas alimentícias, de 1967, determina que se use exclusivamente trigo duro nas massas produzidas no

país ou importadas. A determinação italiana provocou querelas jurídicas depois da unificação européia. Chamados a decidir, os tribunais entenderam que a lei italiana feria o tratado de livre circulação de mercadorias e que não poderia valer para os demais Estados membros. Não vale, portanto, para as massas importadas.

A culinária ganhou novos contextos, significações e sentidos no mundo contemporâneo. Pode ser um passaporte para a sociabilidade, um atestado de refinamento intelectual, terapia antiestresse, alquimia, poesia, objeto de estudos acadêmicos nas mais variadas áreas, arte, ciência, manifestação política, estilo de vida e arsenal de sedução. A culinária é transdisciplinar. É a reunião dos saberes como pouquíssimas áreas do interesse humano podem jactar-se de produzir. E sem disputas explícitas. Novos e antigos conhecimentos de todos os povos são entendidos, celebrados e repassados de maneira horizontal. Também servem ao grande mercado "novidadeiro" que movimenta editoras, emissoras de tevê, websites, restaurantes, serviços de bufê, cozinheiros alçados a celebridade e uma infinidade de profissionais e serviços.

Já dos hábitos alimentares não se pode falar com a mesma candura. Eles representam as profundas contradições do mundo: excesso e escassez. A obesidade alarma nos países ricos e convive com a fome nos países pobres. É doença e é saúde. *Junk food, fast-food, slow food, finger food* designam atitudes filosóficas em relação à comida e tentam definir valores onde as referências se diluem.

São temas espinhosos que os sócios fazem questão de enfrentar.

— A obesidade e a hipertensão são problemas mundiais — diz Ivan. — Temos isto claro. Não botamos sal na massa. É farinha, água e ovos. É comum se colocar sal para a conservação da massa. Nossa sociedade está viciada em sal. Nossos molhos têm baixo índice de gordura. Nossos ovos são de galinhas felizes, criadas soltas e alimentadas com ração vegetal. Ovos vermelhos, por tradição. Não usamos caldos industrializados, molhos pré-prontos. Busco tomates orgânicos na Ceasa e faço o molho aqui. Não uso aromatizantes ou conservantes. Usamos óleo de oliva ou girassol em pouca quantidade. Não fazemos uma porcaria rentável, fazemos uma coisa gostosa que nos dá orgulho.

Sebastião Heidemann, amigo da família e sócio entusiasmado há seis meses, diz que a experiência do pastifício é ainda mais radical do que a descrita na Declaração.

— Nós existimos para promover a saúde, a beleza e a vitalidade da população através da alimentação consciente, produzindo e fornecendo alimentos saudáveis e saborosos. Ambicioso, não? Queremos ser reconhecidos no segmento de pastas artesanais e pelo comprometimento com a alimentação consciente e a vida saudável.

Sebastião trouxe a amizade de muito tempo e o conhecimento de administrador profissional especialista em Gestão Empresarial. Foram trinta anos como bancário e executivo do Banco da Amazônia, em Porto Alegre. Também é licenciado em Filosofia e freqüentou o seminário. Aposentou-se, depois de um intenso ano em que contornou crises de todo tipo ("ia do céu ao inferno em meia hora") e tratou de reformular as relações do banco com as comunidades do Amazonas e Roraima. Chegou para azeitar a máquina de controles de custos, processos, fluxos, métodos. Trouxe também sua sensibilidade e seu senso de disciplina, qualidades que poderiam tê-lo tornado um bom padre, caso tivesse seguido os caminhos de São João Maria Wianney, o patrono dos párocos. O chamado Cura D'Ars recebia fiéis de toda a França em sua paróquia por causa de sua generosidade e fé. O legado do santo ele pratica na ajuda a quatrocentas crianças de quatro creches comunitárias da Vila Cruzeiro do Sul, na Zona Sul de Porto Alegre, junto com a mulher, Rita de Cássia, e os três filhos.

Nos documentos que preparou para o pastifício, Sebastião buscou inspiração em um dos papas do *marketing* atual, Philip Kotler.

— Buscamos a saudabilidade. Saúde é não ter problemas hoje. Saudabilidade é não tê-los amanhã. Não adianta ter saúde e ter boas atitudes alimentares se você não tem vitalidade, não tem tesão pela vida. Para quê? Tudo isso é para ter vitalidade! Com vitalidade você batalha, você busca suas metas... Idade? Sim, quanto mais, melhor, mas com vitalidade. Por isso falamos em alimentação consciente. O que é consciência? É fazer a coisa certa, de maneira certa (acentua a última). Por exemplo, temos a empresa e seus interessados: os clientes, os funcionários e seus familiares diretos e indiretos, tem os impostos, tem de remunerar seu capital, além do trabalho. Isso é a coisa certa. O que é a maneira certa? É fazer isso sem causar prejuízos concretos ou potenciais para seus clientes, para a sociedade, para o meio ambiente, para a equipe. Todas as empresas buscam essa coisa certa, mas de que maneira? Acho que 99% é da maneira que dá mais dinheiro.

No ano passado, foram a uma feira de alimentação em São Paulo buscar novos fornecedores. Puderam constatar o quanto ainda são uma exceção à regra.

— O que tinha de porcaria para fazer a comida mais gostosa... Pozinhos com sabor disso, cheiro daquilo — conta Ivan. As porcarias são até muito gostosas, mas não servem. Saímos de lá mais convencidos de que a nossa proposta é como a luta dos gauleses contra os romanos — como o personagem de quadrinhos Asterix.

— Ouvimos de certos fornecedores que "se o cliente não quer gordura trans, bota no rótulo: sem gordura trans" — conta Sebastião, indignado. — Na maior cara dura. "Se ele quer baixa caloria, bota lá: baixa caloria." Na maior cara dura! Na maior cara dura! E queria estabelecer uma parceria com a gente. Seria uma contradição. Nem pensar.

Apesar do crescimento da produção de orgânicos, ainda há dificuldades para encontrar fornecedores de produtos naturais. Até o momento não foi possível garantir queijos e requeijão, ingredientes muito utilizados nos recheios e molhos, livres de produtos químicos. Ivan argumenta que o sistema de distribuição dos produtos obriga o uso de conservantes.

— Produtos que saem de uma cidade vizinha, viajam longe e voltam para nós precisam de muito conservante para chegar bem. Você não tem para quem reclamar. O europeu não te recebe com *cheetos* porque tem a padaria no bairro, a charcutaria, o vinho que é de um conhecido da família, sabe de onde vêm as coisas. Por isso a regionalização é importante. Se você conhece quem faz, ele não vai fazer porcaria, tem um nome a zelar.

A certificação de produtos orgânicos é outra fonte de frustração. A legislação brasileira permite 25% de não-orgânicos.

— O que são esses 25%? Podem ser o pior do pior — questiona Ivan.

A *mozzarela* de búfala também pode conter uma proporção de queijo de outra origem. Há ainda desafios como encontrar alternativas às panelas de alumínio, que espalham melhor o calor mas desprendem substâncias tóxicas. As panelas de aço inox são muito caras, não são fabricadas em tamanhos industriais e, além disso, grudam o alimento no fundo.

– Hoje não há alternativa para as embalagens de plástico – diz Sebastião (há indicações de que se produzem substâncias tóxicas na fabricação e na incineração). – Temos endocrinologistas e pessoas com outros saberes que nos ajudam na avaliação e no esforço de produzir alimentos mais saudáveis.

Lili, funcionária da equipe de produção, está de aniversário. Os colegas dão um jeito para que ela não perceba os balões e o bolo antes da hora. Deu certo. No *Parabéns*, os olhos lacrimejam. Nos abraços, a emoção e a timidez se confundem.

– O primeiro pedaço de bolo vou dar metade para o Ivan e metade para o Ceará – diz Lili.

Lilia Santos Ferreira tem agora 27 anos de idade e oito meses de casa. Faz os recheios como se fosse para ela, ainda que não goste de comer ricota com nozes e pêra. Prefere o clássico presunto e queijo. Antes, trabalhou em casas de família e empresa de limpeza.

– A equipe aqui é muito boa, todos são amigos. A gente se interessa mais, tem vontade de trabalhar.

O mesmo diz o Ceará, que há doze anos é um ceaúcho. Chegou, encontrou a catarinense Bia e casou. Desde então vivem e trabalham juntos. Já dominaram a técnica.

– A gente tem vontade de levantar e vir trabalhar aqui. Eles conduzem bem as coisas e a equipe colabora. A não ser no futebol das terças-feiras. O meu time ganhou duas e perdeu umas vinte, eu acho.

– Passamos o dia rindo, falando besteira, mas temos responsabilidade. Falamos tudo que não gostamos nas reuniões e aí vamos conversar, ver qual é a melhor solução, aqui não tem fofoca, somos todos amigos – diz Bia, Belotriz Mariano de Oliveira, que faz os molhos e recheios quentes e também o almoço da galera.

Everton Dornelles, que veio de São Borja para trabalhar na capital, concorda com tudo e sorri. Falar não é o seu forte. Evaneça Souza, que fica na loja, cita o mesão, os almoços onde todos comem juntos contando histórias e tirando sarro uns dos outros. Com um sorriso sempre presente no rosto, ela lembra que quando criança fazia massa em casa, *rascatelli*, junto com o pai e a mãe, em Caxias do Sul, na região serrana. A mãe gosta do *fetuccini* de pimenta negra e do *spaguetti* de salsinha que ela leva de presente.

– Eles nos perguntaram sobre o novo uniforme, de verão, se a gente gostava de usar bermudinhas ou se preferia outra coisa. E os tênis All Star vermelhos foram uma iniciativa minha – conta Evaneça.

— Claro que há momentos ruins no trabalho, mas o legal é que logo tudo volta ao normal e estamos rindo de novo — diz Flávia Ferreira, que divide o balcão com Evaneça e um apartamento com mais seis amigas.

— Foi uma longa caminhada até aqui e isso une as pessoas — avalia Ruscyane Scheeren das Chagas, a gerente de apenas 21 anos que teve seu primeiro emprego com Dulce e Ivan na empresa de eventos.

Foram muitas as frustrações e horas extras até conseguir que a massa recheada não se abrisse na máquina ou na panela. Até entender que a farinha é diferente a cada dia porque os moinhos processam grãos de procedências e safras diferentes ou que a umidade do ar exige ajustes constantes.

Um dos segredos mais bem guardados do Pastifício Italiano é a técnica de "pintar" as massas, com listras, por exemplo. Foram muitos experimentos e trocas de informação até se conseguir que o pigmento natural não saísse na água. Foi uma conquista tão suada que Ivan não reclama da solidão do pódio.

— É muito trabalho. Não há mágica — diz Dulce. — Tenho o maior prazer de ter essa minha equipe. Digo minha equipe, meu pessoal. Os amigos já ouviram falar da minha equipe. Tirei férias, voltei com saudades. Abracei todo mundo. Isso me emociona. Aprendemos muito e ainda temos muito a percorrer como pessoas e como equipe.

A busca pessoal nunca termina e, por vezes, surpreende.

Praia dos Açores, 20 km de Florianópolis. 31 de dezembro de 2006. Meia-noite. Praia lotada. Um mar de gente vestida de branco. Pulam sete ondas. Comem sete uvas. Comem lentilhas. Me arrepio. Esse é o povo brasileiro. Festeiro. Ingênuo. Bonito. Uma mistura de religiosidades. Todos se entendem. Todos cumprem os mesmos rituais da sorte. Amarro no pulso fitas com as cores dos orixás do ano: vermelho de Bará, verde de Ogum, o que sempre faço. Todos querem. Todos riem. Estar aqui, participar, tomar parte, pertencer. Brincar. Há quanto tempo. Já tinha esquecido desta energia que sacode e revira a força que tá dentro. Estes amigos que me acolhem. Nada a reclamar. Só a agradecer. Sorte, Ivan.
Dulce

Andes Argentinos. Monte Aconcágua. 6.962 metros de altitude, o ponto mais alto das Américas, o mais alto fora da Ásia. Um sonho antigo. Um brinde ao Ano Novo. Depois de comer as piores massas da minha vida, estamos na expectativa

do ataque final ao cume, com tempestade de neve lá fora. As últimas três expedições tiveram de voltar sem conseguir cume. Estamos exaustos. A cabeça lateja, o frio é absurdo — 20 dentro da tenda, estamos inapetentes. Somos 9: Johann, Thorston, Nadine, Franz, Cassidy, Grayson, Dee-Dee, Vladimir e eu. Sebastian desceu com sibilo no pulmão. Pode ser edema. Mantemos o objetivo, o coração tranqüilo, a mente alerta. Espero poder dormir.
Ivan

Ivan e mais quatro montanhistas chegaram ao cume do Aconcágua no dia 4 de janeiro de 2007. Empenhavam-se arduamente em manter o cérebro funcionando. Esperaram algum tipo de revelação. Fizeram fotos. Comemoraram e iniciaram uma descida quase mais difícil que a subida. No *blog* Expedição Aconcágua 2007 www.aconcagua2007.blogspot.com, ficou escrito: "Apenas larguei minha mochila, fui chorar feito criança. Muito. E rezei agradecendo pela chance que a montanha me deu em tantos sentidos. Agradeci pela sorte que sempre me acompanha".

No *site* do Grêmio Foot-ball Porto Alegrense há uma foto do cume e a seguinte mensagem:

Enviado por: Ivan Sanchez Bornes
Local do Mundo: Aconcágua, montanha mais alta das Américas — Argentina
Data da Foto: 4 / 1 / 2007

Sobre a bandeira no topo: foi um presente de meu pai por ocasião da conquista do Campeonato Mundial pelo Grêmio em 1983, é uma bandeira muito especial, já amarelada pelo tempo. Também deixei no refúgio do campo base uma camiseta do Grêmio (minha camiseta da sorte) autografada por todos os membros da expedição, mesmo os que não conseguiram alcançar o cume. Éramos 10, mas apenas cinco conseguimos chegar lá. Os integrantes da expedição eram do Canadá, Rússia e Dinamarca, e apenas eu do Brasil. Valeu a pena, a aventura foi radical.
Abraço
Ivan

Os aromas do pastifício receberam o viajante na volta para casa. O diploma da conquista do Sentinela de Pedra enfeita a bancada do escritório, improvisado no mezanino da loja. O certificado, em nome do Pastifício Italiano, indica o quanto do coração do aventureiro pertence a este projeto e onde ele deseja levá-lo.

No horizonte, perguntas se formam e se vão, como nuvens: até onde queremos crescer? Se crescermos, perderemos a identidade? O sabor da brincadeira? A alma no caminho?

– Crescer faz parte da vida – diz Sebastião. – Se é bom para nós e para a sociedade temos de ampliar. Podemos ser uma "instituição aprendente". Além disso, quem não cresce é engolido pela concorrência, que nem sempre é leal.

– Sinto que mais gente pode entender e gostar da nossa proposta – diz Ivan. A medida talvez seja a resposta positiva à pergunta: continuamos nos divertindo?

– Sou muita emoção. Não sei o que aconteceria se tivesse que ser uma megaempresária. Sou dona hoje e ainda há muito para trabalhar, tem de ter isso na cabeça.

Depois de muitas viagens, todo caminhante aprende que mais vale o caminho do que o lugar de chegada.

Antes de terminar, uma historinha: participei, em uma ocasião, no passado, de um jantar em que os amigos pediram a um locutor, dono de uma voz quente e aveludada, que recitasse os pratos do menu do restaurante. Suprema luxúria, deleite dos sentidos, cruel provocação das papilas gustativas que fizeram a maravilha daquele grupo.

Ao conhecer o Pastifício e suas delícias logo imaginei a cena em que aquele locutor articularia sons agradáveis aos ouvidos dos comensais. Sons que começariam a ganhar sentido e a formar imagens em suas mentes. Aos poucos, combinariam-se, harmoniosamente, em toda a rede neuronal daqueles indivíduos, os sabores do azeite d'oliva, das nozes, do manjericão fresco, do alho e do queijo parmesão: estaria composta então, a Sonata Sensorial do Molho Pesto. A ópera poderia se chamar Pasta e Passione. Por que não? Desde que venha acompanhando um poderoso *pappardelle al dente*.

Nos trilhos do passado
1ª Parte

MÁRCIO SEIDENBERG

Os anos lá se vão
E eu na solidão
Saudades da mocidade
Dos meus passeios
Na estação

Andava de lá para cá
Sem saber o que olhar
O homem servindo café
O pipoqueiro a falar
O trem a apitar
A moça formosa
A conquistar, a andar

O trem vai embora
Eu na estação
Não conquistei ninguém
Nem um amor
Nem um bem

Os anos se passaram
Fiquei sem estação
A moça formosa
Não tem
Nem o trem

Meus cabelos brancos chegaram
A velhice também
Eu vi o trem
Ouvi o badalar do Big Ben
Vi a destruição
Também

FRANCISCA CAVALCANTE DE ARAÚJO, MORADORA DE
PARANAPIACABA HÁ 78 ANOS

É o trem das quatro, o último do domingo e da jornada iniciada na manhã do dia anterior, por isso o apito da locomotiva n.10 – a maria-fumaça mais antiga em operação no Brasil –, grave e mais prolongado, clama por passageiros, anuncia a partida em instantes. Na entrada da estação desativada, uma placa enferrujada informa a direção do extinto subúrbio para São Paulo, mas o acesso à plataforma permanece há anos trancado, protegido por grades. A área, restrita e pouco preservada, abriga o cartão-postal da vila, um relógio construído em 1898 com materiais e estilo arquitetônico ingleses, cujos ponteiros avisam: faltam cinco minutos. Cida está na bilheteria do museu, Roberto vende os últimos bilhetes e, ao conferir o total de embarques, faz sinal para os pequenos Richard e Gustavo, que o aguardavam com ansiedade e euforia, pois sabiam eles: o próximo trem só no sábado seguinte.

– Primeira classe, hein! – exigem eles, e abrem um largo sorriso ao receberem duas cortesias. Sem hesitar, correm para dentro do carro de passageiros da extinta SPR (São Paulo Railway Company) tomado de turistas e se acomodam nos conservados assentos vermelhos e estofados dos bancos de madeira.

– Queria dirigir aqueles ali do lado, olha lá – disse Richard ao observar, da janela, as locomotivas elétricas que transportam vagões carregados de minério.

Na maria-fumaça, o nível de pressão apontado pelo manômetro analógico autoriza a saída imediata; a água, incandescente dentro da caldeira, dissipa pela chaminé uma fumaça constante e disciplinada, garantia de viagem sossegada, com pouco reabastecimento de lenha durante o trajeto. Pois até o tempo ajudou! Numa rara contribuição, afastou, parcialmente, a densa névoa trazida pelas montanhas, que encobre as casas, as pessoas e a paisagem.

Da janela do trem, o avistar das cores e do encanto da vila esculpida no ponto mais alto da serra; à frente, o horizonte verde da Mata Atlântica; à direita da passarela, o público à espera da saída da locomotiva; por todos os lados, o respirar tranqüilo de ar puro, mistura de cheiro de mato úmido e de ferrugem dos trens abandonados, "perfume nativo", segundo Laércio, o foguista. Ouve-se o som do primeiro apito do chefe de cabine, ao qual Caçapa, o maquinista, responde, acionando, por uma corda, o apito da maria-fumaça.

Na seqüência, o segundo apito do chefe; em contrapartida, a máquina grita, num grave crescente, para depois emendar dois agudos sons, correspondendo ao desejo de seu condutor, que engata a marcha e movimenta, no sentido anti-horário, o acelerador, que libera vapor para o pistão. Então, preguiçosamente, as seis rodas começam a trabalhar num ritmo cadenciado, sincronizado, como se marchassem, e empurram a locomotiva para um lento e simbólico desfile pelos trilhos de Paranapiacaba, uma vila ferroviária que nasceu e se construiu por causa do trem e que, hoje, por mais um desses descasos históricos, (sobre)vive sem ele. O apito, intenso, chama as pessoas que, de longe, acenam, assistem, acompanham. Começa a última viagem!

Exceto pelo passeio da maria-fumaça aos finais de semana e feriados, que executa um pequeno percurso, não há mais serviço de trem de passageiros em Paranapiacaba, e o que se ouve e vê, incessantemente, dia e noite, pela estrada de ferro, são composições de carga subindo e descendo a Serra do Mar, que transformaram a estação da vila num solitário pátio de manobras.

Ah! Bem diferente era a vida antes, quando, lá nos primórdios do café, na década de 1860, os ingleses inauguraram a ferrovia que ligava o interior do Estado ao porto de Santos. Para vencer os 800 metros de desnível, os oito quilômetros de declive da serra foram divididos em quatro patamares, onde, em cada um deles, imensas máquinas fixas acionavam cabos de tração que eram engatados nos vagões. A necessidade de escoar a produção cafeeira, no início do século XX, demandou a duplicação desse engenhoso sistema, o funicular. O segundo, mais extenso, tem cinco patamares.

A vila inglesa multiplicava-se com a construção de casas pela SPR, que abrigava a mão-de-obra crescente de funcionários dedicados aos trens e aos patamares na serra. E assim, por décadas durante e depois do ciclo do café, a ferrovia foi para Paranapiacaba o trabalho, o transporte e a moradia, e Paranapiacaba, para o desenvolvimento de São Paulo, a locomotiva. "Quem viveu viveu, quem não viveu não vive mais", lamenta Márcia de Jesus Correia, conhecida na vila como Bruxinha, em homenagem ao seu trabalho de cartomante, bem entendido. Miss Paranapiacaba em 1969, ingressou na ferrovia aos 14 anos como datilógrafa, e sua história, assim como a de seu pai, do sogro e

do irmão, começou pelos trilhos. "Eu, como muitos, nasci num vagão de socorro, que acudia os ferroviários na serra", orgulha-se.
— E o trem hoje? — pergunto.
— Sem as cartas eu já falo: não volta mais!
— E a maria-fumaça, o passeio pela vila?
— É um sonho, um passado que a gente viveu e que esse trem devolve pra gente, por uns minutinhos — conclui, e sorri em agradecimento enquanto observa a maria-fumaça estacionada no museu e finalmente pronta, depois de dois dias sendo preparada.

O trabalho começa

É quinta-feira, dia da coleta dos dormentes, madeiras grossas que assentam e fixam os trilhos da estrada de ferro. Há uma porção deles retirados da linha, e que agora serão o combustível para a locomotiva. Trazê-los para o museu é esforço braçal mesmo, muito facilitado por um antigo e enferrujado trole, pequeno e eficiente carro descoberto que anda sobre os trilhos movido manualmente por Laércio e Washington, ajudante-geral.

Transformar em pedaços os dormentes de dois metros de comprimento é trabalho árduo para os dentes desgastados da serra elétrica. Por vezes, as toras resistem ao corte da correia dentada e é preciso muita concentração e força para dividi-las em, ao menos, quatro partes, enquanto inspiram-se, na sala fechada com a porta entreaberta, o cheiro de lenha misturado com a fumaça e as partículas que vão se esvaindo em pó.

Washington ganhou um ajudante. Comecei o serviço privilegiando as madeiras umedecidas que, embora degeneradas por fora, mantinham-se brutas e encorpadas por dentro. Paciência.

— Bem que a locomotiva podia ser elétrica, não é? — brinco.

— Se ela fosse elétrica não ia ter graça para os turistas — responde, rindo, Washington. Eles gostam de ver queimar a lenha, querem uma máquina a vapor — completa ele, há quinze anos em Paranapiacaba, filho de ferroviário.

— É muita mão-de-obra, Márcio! Você só se livra da madeira quando a gente joga a cinza fora — avisa Laércio, sinalizando que o trabalho só estava no início.

A maria-fumaça é mais um dos afazeres desse baiano de 51 anos. Laércio de Oliveira Soares já foi caminhoneiro, capataz de fazenda no Mato Grosso e, em sua terra natal, "dentista prático". Nunca estudou para mexer na boca dos outros e garante não ter feito nada errado; porém, vinte anos longe da profissão e de Elisângela, Núbia e Laércio, seus filhos, abandonou o ofício e hoje, solteiro, dedica-se aos trens. "Com a criação do passeio na vila, fui encaminhado para trabalhar como foguista. No início, pouco sabia do funcionamento das locomotivas. Hoje, graças à convivência com o Caçapa, faço desde o preparo da lenha até manobras com a máquina", orgulha-se ele, que também é o guardião do museu funicular.

Há um ano em Paranapiacaba, Laércio logo se acostumou com o clima de serra e com a umidade. "É parecido com o da Chapada Diamantina, onde eu nasci", compara. Mas com a cerração da vila, ah, sim, ele se surpreendeu. Como não se impressionar? Olhar para onde? No entorno, o quê? Apenas o *fog*, como batizaram os moradores esse imensurável túnel de ar cinza e confuso, que vem chegando e, em minutos, faz desaparecer o limite entre o céu e a terra. Não se enxerga muito à frente; os humanos que se aproximam são como vultos, os cães são lobos na paisagem que vai se compondo aos poucos, na lenta e cuidadosa velocidade do caminhar. Tempo que dilui o horizonte, assombra a imaginação. Toque de recolher, de trancar-se em casa e esperar resignado, para alguns; para outros, charme, disposição; para as crianças, esconde-esconde. "A gente já nasceu nessa neblina que, quando vem, espanta o povo", diz Cida, monitora do museu, acostumada com a escuridão às avessas, fenômeno "mágico" segundo Dona Francisca, uma das moradoras mais antigas de Paranapiacaba, e que transformou o *fog* em poesia.

Vila Mágica

Aqui a vila é mágica
A vila aparece
E desaparece
Tem horas que você vê o morro
Tem dia que você não vê nada
Parece o grande caldeirão
Que você põe para esquentar

E a fumaça vem
Para a vila apagar

Tem bruxa no pedaço
Com sua vara de condão
E põe fogo no fogão
A fumaça aparece
A vila desaparece
Como num passe de mágica

O morro a sumir
A fumaça a perseguir
O dia não passa
Nem as horas
Só fica a fumaça
Na cidade mágica

"Mas, quando sai o sol, é uma recompensa linda", reconhece uma turista. Então se pode ver a vila que parou no tempo para preservar sua arquitetura: na Parte Baixa, à esquerda da estrada de ferro, o conjunto de 350 casas centenárias de madeira cinza ocupadas, inicialmente, pelos funcionários que trabalhavam na ferrovia; a diversidade de cores nas fachadas das residências na Parte Alta, onde a influência portuguesa prevaleceu. A única ligação entre as duas pontas é por uma passarela erguida sobre o leito do trem. No centro dela está a rampa de acesso à plataforma para a maria-fumaça e para o complexo do museu, que mantém as instalações originais e o engenhoso maquinário do sistema funicular, além das primeiras locomotivas, objetos de manutenção, documentos, fotos e imagens do esquecido patrimônio ferroviário. É de lá, do limite do museu, bem na borda da serra, bem na ponta do planalto que, quando a neblina permite, Paranapiacaba faz jus ao seu significado em tupi-guarani: "o lugar de onde se vê o mar". Sempre atarefado, Laércio diz que não tem tempo para sair do museu, nem para contemplar o azul sem-fim. "Quem toma conta tem de dar conta. Fico preocupado", afirma. Verdade. Ainda nos restava muito que fazer.

Agora é a vez de Edna. Além de preparar as refeições para os monitores, ela cuida da limpeza e dedica atenção especial à "operação maria-fumaça". Apoiada numa escada, aplica generosas pinceladas de tíner na estrutura de madeira do antigo carro de passageiros P112, construído em 1914, e que o tempo deve ter poupado da degeneração de tão novo que parece, tanto por fora quanto internamente, depois da cuidadosa faxina dos seis lustres de bronze, dos 28 bancos de madeira, impecavelmente conservados, e do piso de tábua, que brilha. A acomodação de primeira classe estava garantida para os turistas; era preciso cuidar da maria-fumaça, que contava com mais de sessenta toras separadas para a fornalha, quantidade suficiente para as viagens do final de semana.

No começo é como acender um fogão à lenha. Estopas encharcadas de diesel, em contato com a madeira cortada ainda úmida, produzem, lentamente, as primeiras chamas que irão transformar a água acumulada na caldeira, acima da fornalha, em vapor. A fumaça ardida vai tomando conta do ambiente; o fogo, vencendo com dificuldade os dormentes molhados, chama a atenção de Caçapa. Cuidadoso, o maquinista pegou mais uns tocos para alimentar a maria-fumaça durante a noite, pois, na manhã seguinte, se eles não tiverem se transformado em brasa, não tem passeio, não.

— Vem, vamos embora. Agora não apaga mais — atesta Caçapa.

— E a fumaça vai tomando conta da vila — anuncio.

— É, mas essa tem cheiro, não é cerração — diz Laércio, diante do céu estrelado, sem nuvens, prenúncio de um sábado ensolarado, talvez. Mas não em Paranapiacaba, onde o tempo é imprevisível.

— A locomotiva está bem cuidada?

— Cuidar bem é andar devagar, manusear direitinho. Hoje tá tudo lubrificadinho, ela não estraga, fica guardada — responde Caçapa, que se despede.

A casa de Laércio, onde Caçapa e eu nos hospedamos, é um carro-dormitório de 1958 da Fepasa, utilizado nas longas viagens e configurado com nove cabines individuais. Primeira classe! Mas o "luxo" a que estivemos submetidos é bem diferente do oferecido por aqueles trens suntuosos que aparecem nos filmes estrangeiros. A única lâmpada que funcionava, instalada no corredor — a ligação é externa —, dava conta, parcialmente, dos três primeiros quartos. Sem água. Toalete desativado. Ventilação? Só se for a da janela. Mas é melhor mantê-la fechada à noite. Clima de serra é frio. É muito pequeno o quarto, mas até aconchegante para quem dá duro o dia todo e precisa de um abrigo contra a cerração.

A velha senhora

— Você não serve para ser maquinista! — alfineta Laércio, ao verificar o relógio: 6h40.
Estava bem atrasado. Mas o problema era o fuso horário do guardião do museu. Antes das nove da noite, Laércio está dormindo. Aí fica fácil levantar às 5 horas.
— Aqui não tem despertadores — argumentei.
— Ferroviário acorda cedo, moço! Estamos querendo almoçar — ironizou ele, divertindo-se.
Já tinham começado a trabalhar, sim. Na maria-fumaça, o reservatório havia sido abastecido; o silêncio interrompido pela água borbulhando dentro da caldeira; a brasa consumada na fornalha; o vapor, tranqüilo, saindo pela chaminé. "Olha aí, a fumacinha branda da brasa, tá só na cinza, tá sereninha", mostrou Caçapa, em tom sempre equilibrado, a voz calma, segura. No manômetro, a pressão do vapor permitia acionar o apito, avisar a vila de que é sábado, dia de trem. Mas ainda não era suficiente para sair pelos trilhos. "Essa aqui precisa de 70 libras. Ela é mais manhosa, mais pesada, entendeu? Tem de ter uma pressão maior, aí você faz dela o que quiser."

Robusta e corpulenta por conta do generoso reservatório de 5 mil litros, essa senhora inglesa fabricada em 1867 ostenta, na dianteira, em vermelho, o brasão da Sharp Stewart e a inscrição número 10. Abaixo da chaminé, do lado direito, a bandeira britânica; do outro, a do Brasil. Foi operada pela SPR, depois por um frigorífico e viraria sucata se, em 1978, não tivesse sido doada para a então recém-criada ABPF — Associação Brasileira de Preservação Ferroviária —, entidade que busca resgatar a memória do trem por meio da preservação de locomotivas, vagões e carros de passageiros, que mantém o passeio de trem em Paranapiacaba e administra o museu funicular. "Nossa primeira locomotiva! Nosso primeiro sucesso!" — é o que consta num dos documentos da associação, em comemoração à conquista da maria-fumaça. O trabalho de restauração levou décadas. Maria Inês — assim batizada recentemente – chegou a ser desmontada e reconstruída até finalmente transformar-se num patrimônio.

São 11 horas. Não se avista o relógio, nem a passarela; o vapor dissipado pela chaminé se mistura ao *fog*, essa capa branca e úmida que encobre Paranapiacaba, e a maria-fumaça seria imperceptível não fossem os agudos de seu apito, que Caçapa acionava constantemente no trajeto do galpão à plataforma de embarque, esforço que atraiu, para a primeira viagem do dia, apenas seis passageiros. Laércio ajuda o companheiro nos últimos detalhes antes da partida.

– Está engatado para a frente – observo a haste de aceleração.

– E a gente nem precisa pôr lenha. A pressão tá em 85 – completa Laércio.

O calor é escaldante nesse pequeno espaço que ocupamos, entre a fornalha e a madeira ainda não consumida; a fumaça liberada pela brasa, ardida, incomoda os olhos. Caçapa manda o vapor para o pistão, que gera força motriz para as seis rodas. O barulho no interior da locomotiva parada parece o de uma bomba de água; agora que a máquina inicia os primeiros movimentos, lembra uma lava-roupa ruidosa em operação. E ainda há os apitos.

– A gente senta aqui e fica quieto. A moça vai embora sozinha – assegura o maquinista, que se acomoda no montante de lenha e acompanha a viagem cadenciada, no lento contato com os trilhos.

– Deixa a máquina trabalhar! – provoco. – Interessante! A gente nem enxerga o que está na frente – observo. Nossa visão, dentro da cabine, é do painel analógico da maria-fumaça, das válvulas de segurança, da fornalha, da caldeira; há pequenos orifícios em sua estrutura metálica, certamente não projetados para se observar o horizonte, de tão pequenos.

– O que ficar na frente vai embora. Aqui vale o ditado mais certo que tem: mulher na linha o trem pega – diverte-se Laércio, enquanto Caçapa, rindo, volta-se aos instrumentos e põe a marcha em ponto morto.

– Pra andar mais devagarzinho – explica.

– Mas a gente não deve estar nem a 10 km por hora.

– O passeio é curto, tem que dar tempo para o chefe de cabine falar com os passageiros, fazer a divulgação.

O maquinista corta o vapor, movimentando a haste no sentido horário. A máquina, aproximando-se do ponto de descida da serra, vai freando. Laércio reabastece a fornalha com alguns tocos secos. O retorno para a plataforma é pela mesma linha, de marcha à ré. Na chegada, crianças, adultos e idosos aguardam a próxima partida. São assim os agitados dias de trem na vila.

– Vai ter mais viagem? – questiono.
– Mais três. Com fé em Deus, mais dez. Mais duas tem de ter – informa Laércio, referindo-se às "saídas oficiais": uma de manhã, uma na hora do almoço e a última, no final da tarde. Com ou sem passageiros.

– Amanhã vai ter mais público – arrisco.
– Depende do tempo – condiciona Laércio.
– Se depender do tempo aqui em Paranapiacaba...

A névoa, firme, resistente e a chuva espessa e contínua transformaram o final de tarde num cinza turvo, triste – a cerração invadindo o carro de passageiros através das janelas, onde dez pessoas estão sentadas à espera de uma viagem de trem pela vila tomada pelo céu. Ouve-se a seqüência de apitos do chefe de cabine, que a maria-fumaça responde, e então o tranco! O andar para trás. O freio é acionado de supetão. Pára! De novo, vamos, vamos! Pá! Parou. Não adianta insistir.

– A pressão tá baixa, baixou muito – diagnosticou o foguista.
– Mais lenha! Mais lenha no fogão, Laércio. E aguardar até o ponteiro do manômetro consentir a saída.
– Não tem chororô, nega! É devagar e paciência – atestou, sorrindo, Caçapa, com a sabedoria e a maturidade de mais de 35 anos dedicados à ferrovia.

Alma e preservação

Desde os 15 anos, quando ingressou no curso de mecânica de trens do Senai no interior de São Paulo, numa época em que os caminhões ainda eram paus-de-arara, José Ferreira de Paula Sobrinho, 60, vem edificando, nos desgastados trilhos das estradas de ferro, esse prazer genuíno pelo ofício, esse orgulho sincero pela profissão que a gente sente pulsar quando o vê conduzindo, feliz e apitando, a senhora inglesa pelo pequeno percurso do museu funicular; a máquina correspondendo em sons agudos e com alegria. Cabelos grisalhos sempre penteados, sobrancelhas grossas, olhos castanhos, a aliança na mão esquerda, a experiência da ferrovia na direita, Caçapa, chamado assim pelos amigos em homenagem à performance nos jogos de bilhar, extraiu do convívio com os trens a sabedoria para conduzir a vida; com eles, lapidou sua alma de ferroviário. "Tem de andar na linha, certinho, não ultrapassar a velocidade."

Abraçado por todos quando chega de Cachoeira Paulista, onde mora, a 240 quilômetros da capital, o maquinista de 59 anos, depois de trabalhar na maria-fumaça, passa horas acompanhando a subida e a descida dos trens para a Serra do Mar, relembrando as viagens nos tempos da RFFSA – Rede Ferroviária Federal –, mais longas e solitárias. "Só tem comunicação quando você pára para cruzar com outro trem. Aí cê desce, vai lá fora, toma um café, volta. No [sinal] verde, fecha a porta, vai embora de novo." Ainda assim, Caçapa preferia transportar minério, boiada, feijão e arroz. "Dava hora extra." Por isso, quando a chefia o transferia para a linha de passageiros, contrariava a filosofia que aprendeu com as máquinas. "A gente aprontava [risos], passava de 70 km/h para voltar para a carga", confessa. "Saía de Santos, passava por Paranapiacaba e ia subindo, até Salvador."

– Ah, a ferrovia já foi muito boa – diz, comprimindo os olhos, o funcionário aposentado da RFFSA há 13 anos, e hoje na linha de revitalização do trem.

A preservação do patrimônio é uma alternativa para a rede ferroviária que, desde a década de 1970 e principalmente nos últimos quinze anos, vem sendo sucateada em detrimento da expansão e modernização das rodovias. Paranapiacaba sofreu as conseqüências do descaso público e, ao longo desse período, foi perdendo, um a um, seus trens. Começou com a implantação da cremalheira-aderência no trecho da serra – tipo de linha na qual existe um trilho dentado que engrena as rodas, também dentadas, das locomotivas – em substituição ao primeiro sistema funicular.

Depois do misterioso incêndio da antiga estação, no início dos anos 1980, o segundo funicular foi extinto e as centenas de ferroviários que operavam as máquinas fixas dos patamares na serra ficaram sem trabalho, num período marcado ainda pela desativação da maioria das linhas de trem de passageiros do país. Paranapiacaba deixou de ter a ligação com o litoral. Restaram apenas os cargueiros e o subúrbio para São Paulo, este mantido até 2001, quando a CPTM – Companhia Paulista de Trens Metropolitanos – passou a atender a vila somente aos sábados e domingos, em horários determinados. No ano seguinte, o serviço foi suspenso. "Aqui era um barulho, agora é um silêncio", lamenta Maria Aparecida Carillo, a Cida, monitora da ABPF, há 35 anos em Paranapiacaba.

Mas o transporte ferroviário, no Brasil, ainda dá dinheiro, sobretudo para as concessionárias que passaram a administrar as linhas da RFFSA, em cujos trilhos trafegam trens cargueiros com velocidade reduzida devido à má condição da ferrovia. Por isso, os trens vão receber um aporte de R$ 7,8 bilhões entre 2007 e 2010, dentro do conjunto de medidas do PAC – Programa de Aceleração do Crescimento, apresentado pelo governo no final de janeiro. No total, 2.518 quilômetros de estradas de ferro serão recuperados. Entre as poucas novas obras previstas estão a construção de um ferroanel que circundará a Grande São Paulo e a retomada das linhas Transnordestina e Norte-Sul. Os investimentos serão, sobretudo, para impulsionar o transporte ferroviário de carga.

Já a Ad-Trem (Agência de Desenvolvimento de Trens Rápidos entre Municípios), entidade independente e sem fins lucrativos, pretende fazer ressurgir o transporte de passageiros nos trens. Existem pelo menos trinta trechos que, considerando as pesquisas de demanda e a condição da malha ferroviária, poderiam ser reativados. Há também projetos eficientes e modernos, como o Expresso Bandeirantes, que, num percurso de 92 quilômetros, ligaria São Paulo a Campinas e Jundiaí em apenas cinqüenta minutos, com velocidade de 160 km/h, e o Trem de Prata do século XXI, entre Rio de Janeiro e São Paulo em menos de uma hora e meia. Os projetos dependem de aprovação dos Estados e de financiamento. Atualmente, a linha Belo Horizonte – Vitória é uma das únicas de longo percurso no país. O que sobra são as redes metropolitanas e os trens turísticos e de preservação e memória, como o de Paranapiacaba.

Trem das quatro

— Zero? Zero libra! Zero bala! Ela acordou zerada — surpreende-se Laércio, ao se deparar, pela manhã, com o ponteiro do manômetro "atolado".

– A fumaça tá meio braba – observa Caçapa.

É domingo, são 9 horas e a locomotiva tinha de funcionar como uma panela de pressão: Laércio abre o reservatório, repõe a água; Caçapa e eu cuidamos de acender e manter o fogo; conseguimos 20 libras e precisávamos de muito mais. Vestindo uniformes da época em que os trens eram o principal meio de transporte, os colaboradores da ABPF vão tomando suas posições: Edna verifica a limpeza dos vagões, Roberto segue em direção à plataforma de embarque, Cida para a bilheteria. Na cabine, a fornalha ia aquecendo a caldeira; a pressão subia sem pressa e constantemente.

Pois atingimos as 70 libras pouco antes das 11 horas! Caçapa aciona o dispositivo que destrava as rodas do carro de passageiros; depois, bota a marcha para trás e acelera. A máquina sai do galpão e inicia, em marcha à ré, o pequeno percurso em direção à plataforma. Quando se aproxima do ponto de parada, o maquinista empurra a marcha para a frente, para ela ir parando devagar e sem usar os freios. A fumaça da locomotiva misturava-se ao *fog*, não tão intenso quanto no dia anterior e, embora encobrisse as casas da Parte Alta, ainda permitia avistar o relógio e a passarela, de onde chegava muita gente.

Durante o dia todo foi assim: a cerração ia e vinha; o sol, oculto, apresentava-se de vez em quando e timidamente, como uma bola branca, depois amarela, ganhando força entre as nuvens, para a satisfação dos passageiros que embarcavam no último trem da tarde. A maioria era visitante, à exceção de dois meninos da vila, Richard Caíque de Paulo, 8, e o amigo dele, Gustavo Munhoz, 10, que queriam comandar as composições de carga no trajeto de serra até Santos, mas, muito bem acomodados na primeira classe do trem turístico, após receberem duas cortesias, deram-se por satisfeitos e cada um voou para a janela mais próxima.

– Esse carro levava os barões e as baronesas do café. Tem estofamento, bagageiro e os adornos. No de segunda classe, bem mais rústico o acabamento, iam os imigrantes, os que não tinham nome nem sobrenome, os bancos eram de madeira, não tinha bagageiro – explica Roberto Souza, chefe de cabine, depois de dar as boas-vindas.

Caçapa e Laércio conferem a pressão. Sem surpresas desta vez, aguardavam apenas a liberação para a partida.

— De Santos a Jundiaí são 167 quilômetros de ferrovia e esses oito quilômetros de escarpa de declive foram os mais difíceis da construção da estrada de ferro. Aqui foi implantado o sistema funicular, que é como se fosse um elevador. Peso e contrapeso nas pontas. Precisava de muita mão-de-obra para operar as máquinas fixas nos patamares e Paranapiacaba abrigava os trabalhadores da ferrovia...

A explicação era interrompida a cada locomotiva de carga que, na chegada da serra, deparava-se com a senhora inglesa em operação. O encontro transformou-se em solenidade, uma sinfonia de apitos, uma máquina reverenciando a outra numa saudação respeitosa e de veneração que rompeu a quietude da vila, o silêncio que tanto incomoda Cida.

— Hoje a gente tem um rádio, mas, antigamente, como era a comunicação entre o chefe do trem e o maquinista? Através do apito. Então eu vou dar dois apitos. O que significa? No primeiro, pergunto se a maria-fumaça está pronta para sair. Se estiver, vai apitar. Aí eu dou o segundo, que significa que todos os passageiros estão sentados, que ele pode prosseguir viagem. Então eu vou lá liberar o trem, senão a gente vai ficar aqui (*risos*) – explica ele.

E então a seqüência de apitos. A máquina inicia a marcha em direção ao museu funicular, reencontra sua estrada, refazendo, mais de cem anos depois, o mesmo trajeto. Um sinal de que a antiga vila ainda pulsa. Respira, entretanto, com dificuldades. Da janela da maria-fumaça, vagões enferrujados, castigados pelo tempo, agonizam nos pátios desativados; há vestígios da decadência por todos os lados: placas deterioradas, casas maltratadas, o mato avançando sobre a linha e a constatação de que voltar a viver em função da movimentação da ferrovia é uma possibilidade remota.

— Todo esse complexo aqui é onde ficava a manutenção das locomotivas. Esse é um vagão-enfermaria, todo largado, enferrujado.

— Descaso – afirma uma passageira.

— Este ponto onde estamos é o mais alto da linha de Paranapiacaba. Era aqui que os trens esperavam autorização para seguir viagem até Santos.

Maria Inês vai freando, devagar, até parar.

— Quando começou o sistema de cremalheira, mais avançado, acabou o emprego nos patamares da serra. Muita coisa foi roubada, sumiu. A ferrovia começou do litoral para o planalto, então dá para a gente imaginar a grandiosidade e a mão-de-obra que foi a construção dos patamares no meio da mata. A vila vivia em função do funicular, "parou de existir" quando foi desativado.

Paranapiacaba está aprendendo a reinventar-se. "Voltou a existir" ao abrir as portas de seu patrimônio: o legado cultural deixado pela estrada de ferro, os roteiros ecoturísticos da Serra do Mar e, anualmente, o Festival de Inverno. A vila quer exibir sua herança para o mundo enquanto ainda aguarda, esperançosa, o retorno definitivo de seu símbolo maior. "Porque não tem sentido uma vila ferroviária sem o seu trem", afirma Cida.

— Como a gente não pode passar daqui porque começa a descida, eu vou liberar o trem e passar picotando os bilhetes. Quem não tiver, vou jogar pela janela — ameaça o chefe.

Ouvem-se os apitos entre os risos dos passageiros; a máquina inicia a volta.

— Eu queria agradecer a vocês porque nós não recebemos ajuda e o dinheiro que usamos na restauração das locomotivas e para manter o acervo ferroviário é o da bilheteria. Vocês são os nossos patrocinadores — agradece.

— Mas eu comprei um bilhete até Santos — reclama um passageiro enquanto Roberto destacava a passagem.

— Para Santos só em caso de acidente, só se a locomotiva não parar — respondeu, devolvendo a brincadeira.

— Próxima parada: Alto da Serra — anuncia ele, referindo-se ao antigo nome da estação de Paranapiacaba, e depois, emendando o que se fazia àquela época: biscoito de polvilho, tubaína, cerveja, água, revista *O Cruzeiro*, *Sétimo Céu*, *Grande Hotel* — bradava, andando de um extremo ao outro do carro.

No percurso de ré, Caçapa vai sendo auxiliado por um assistente posicionado atrás do carro de passageiros, que passa as instruções por rádio e também por bandeirinhas, como se fazia no início da ferrovia. A amarela estava erguida; a vermelha seria usada em caso de obstáculo na linha. Não foi necessário.

— Chegando à passarela.

Freios.

— Passa a passarela.

– Chegando à plataforma.
– Pode parar, Caçapa.
– Esse trajeto tenta mostrar para as novas gerações o que é um passeio de trem – afirma Roberto, despedindo-se dos passageiros.
– A cervejinha faltou, hein! – disse um, entre risos.
– Revivi meus tempos de criança – agradeceu outro e, voltando-se para Caçapa, no final do curto traslado da locomotiva para o galpão, disse: – O senhor é muito importante para nós.

O sol aparece timidamente em Paranapiacaba enquanto as portas do museu vão sendo fechadas. A locomotiva nº10, que completa 140 anos em 2007, mais uma vez cumpriu majestosamente sua missão.

Nos trilhos do passado
2ª Parte

Luciana Taddeo

Seu Pedro lembra com melancolia daquela madrugada em que trabalhou debaixo de forte pé d'água ao lado de Giovani, também agente de estação. De manhã, ao fim do expediente, chegou em casa chorando e avisou à esposa que pediria demissão.

O problema não foi o descarrilamento de um trem na Serra do Mar, incidente que se tornou comum desde que a MRS Logística S.A., nova proprietária da rede ferroviária, terceirizou a manutenção da linha férrea. A causa também não foram os inúmeros problemas com que teve de lidar desde as seis da tarde do dia anterior: todas as jornadas de trabalho eram desgastantes e ele já estava acostumado. Não reservar alguns minutos para comer também não era grande novidade. A prioridade no expediente era sempre fazer que os vagões chegassem a seus destinos pontualmente, de acordo com o itinerário. Vida de sacrifícios, a da ferrovia. Vida que Seu Pedro tanto amava.

O problema foi justamente a falta de reconhecimento por tantos anos de dedicação.

— A empresa não precisa mais dos seus serviços — ouviu dizerem a seu amigo, que teve o cartão de ponto tomado de suas mãos antes que pudesse registrar o fim do expediente de trabalho, às seis da manhã. Surpreso, Giovani falou meia dúzia de palavrões e, no dia seguinte, não voltou.

Não foi o primeiro nem o último que Seu Pedro viu ser desligado daquela rede ferroviária. Alguns dias depois, foi a vez de seu amigo de infância, Raul. Ele preenchia um relatório de descarrilamento após mais um dia de muito trabalho, quando o supervisor pediu que passasse o serviço para ele, já que, naquele momento, deixava de ser funcionário da empresa. Raul se sentou e olhou para a frente, para o nada. Como em um coma acordado, mergulhou em uma apatia por cerca de vinte minutos, quando soltou, enfim, o choro desesperado. Lágrimas de quem precisa sustentar a família, de quem se entregou por anos a uma paixão e foi rejeitado, injustiçado. Lágrimas de quem perde a razão pela qual viveu tanto tempo. Lágrimas de angústia: o que fazer agora?

Agora se concretizavam e afligiam cada vez mais os moradores de Paranapiacaba os boatos que se espalhavam havia meses. E aquela gente, que vivia em função das chegadas e partidas dos trens, do movimento no pátio de manobras e das decisões da rede, ficou desesperada.

Todos seriam demitidos? A linha de trem deixaria de funcionar? A vila ferroviária seria demolida?

Uma dúvida mais especificamente passou a permear as idéias de Seu Pedro: seria igualmente dispensado? Era a questão que sempre vinha acompanhada de um sentimento de culpa. Fazia sentido preservar o emprego quando todos os colegas estavam sendo mandados embora?

Não demorou muito para que Pedro de Souza Maia deixasse a ferrovia. Em um acidente, viu-se prensado entre o carro e a parede da garagem e fraturou o joelho. As seqüelas impediram-no de manter o trabalho com os trens. Passou a fazer serviços elétricos até abrir, com a esposa, a primeira Pousada da Vila de Paranapiacaba.

Pare, olhe, escute

Na rodovia SP-122, acessada pela Estrada Velha de Santos, o motorista desavisado facilmente se confunde ao observar as placas de limite de município. A via passa por Santo André, atravessa Ribeirão Pires e Rio Grande da Serra e entra novamente em Santo André. Isso porque Paranapiacaba é um distrito desse município e está localizada a pouco mais de trinta quilômetros do seu centro. Antigamente, chegava-se à vila por trem, mas desde que o transporte de passageiros no trajeto Santos-Jundiaí foi desativado, o único acesso é pela rodovia. Vindo de São Paulo, pode-se embarcar na linha Luz – Rio Grande da Serra da CPTM (Companhia Paulista de Trens Metropolitanos), descer na última estação, em Rio Grande da Serra, e pegar um ônibus até Paranapiacaba.

À esquerda da SP-122, na altura de Campo Grande, há uma bifurcação de terra e, logo adiante, uma estação abandonada. Uma placa em formato de X com os dizeres "Pare, Olhe, Escute" indica que um trem pode atravessar os trilhos a qualquer momento. Antes de cruzarmos a linha com o carro, sinto um frio na barriga. O lugar é deserto, silencioso e não há alma viva, mas fico alerta para a possibilidade de ouvir algum trem se aproximar. Fato improvável. Ainda não estamos em Paranapiacaba, mas já temos uma prévia do que veremos: os trilhos são avermelhados de ferrugem e inúmeros vagões apodrecem ao relento, ainda mais corrosivo pela cerração. A neblina é densa, o que torna a paisagem mais nostálgica.

Para chegar à Parte Baixa da vila, onde nos hospedaremos – eu e o jornalista que dirigia –, é preciso enfrentar uma estrada de terra aberta no meio da Mata Atlântica. O céu abre por algumas vezes e o nevoeiro ameniza. Aliados à baixa velocidade em que conseguimos transitar – já que na maioria das vezes, há muitos buracos no trajeto –, os instantes de visibilidade nos permitem apreciar grandes árvores e pequeninas flores vermelhas e rosa-choque que nascem nos paredões de terra que delineiam o caminho. Logo adiante, vemos algo preto, que parece um animal, mas não se mexe com nossa aproximação. Ao meu grito para o motorista parar, segue-se uma freada brusca que levanta poeira e espalha pedregulhos pela pista. Assustado, o pequeno tucano, que analisava com sossego a abertura no meio do verde, bate asas e voa por entre as árvores.

Finalizados os 6,5 quilômetros de percurso, distinguimos à direita uma grande área, protegida por uma cerca de ferro, com mais locomotivas e vagões abandonados. Esse era o pátio de manobra dos trens. A grama verde que nasce entre os trilhos e o estado precário dos vagões denunciam que o lugar está à deriva há anos. Como quase toda a vila.

Abro a janela para tentar enxergar com mais nitidez e sinto um friozinho entrando no carro. É a neblina, que não nos deixa ver muito além e nos envolve quase todo o tempo que passamos em Paranapiacaba. Andar no meio dessa névoa densa e gelada é gostoso, mas ao mesmo tempo, melancólico. O sentimento de nostalgia se intensifica quando entramos no cenário decadente da vila, que chegou a ser tão importante na época em que trens cheios de passageiros atravessavam, imponentes, a Serra do Mar.

Comunicação por apitos

Zélia e seu irmão se ajoelhavam na grama e colocavam o ouvido nos trilhos para saber se o trem estava chegando. Se não havia sinal de aproximação, continuavam brincando pela estrada de ferro e colhendo as florezinhas que nasciam no local, alheios ao risco. Com os pequenos caules, a garota fazia colarzinhos para se enfeitar.

– Que perigo! – ela reconhece mais de cinqüenta anos depois, sobre o "método" que, por sorte, não lhes decepou a cabeça ou algum outro membro do corpo.

Sua cidade natal, no Paraná, também se desenvolvera com base na ferrovia, mas lá as pessoas não viviam em função dos trens como em Paranapiacaba. Dentre os choques sofridos por Zélia Maria Paralego quando migrou do Sul do país em 1961, aos 9 anos de idade, para morar nessa vila ferroviária da Serra do Mar, esse foi um. Sua família mudou-se para o Estado de São Paulo porque o padrasto conseguira um trabalho em Cubatão. Para chegar a Santos, onde morariam, desceram na estação Sorocabana. No Alto da Serra, a partida do trem atrasou mais de quarenta minutos e a mãe encantou-se com a vila. Resolveu ficar. Conseguir instalar-se em uma das casas era raro, mas por sorte conseguiram alugar uma na Parte Alta. A adaptação não foi fácil. Zélia e o irmão dormiam em um papelão no chão, ao lado da cama de solteiro que a mãe revezava com o marido.

Parecia que estava em um mundo à parte. Todos os moradores eram ferroviários, filhos de ferroviários, esposas de ferroviários. Os maquinistas se comunicavam com as mulheres pelos apitos dos trens. Todos sabiam os horários de chegada e saída das composições e quais trabalhadores estariam nelas. Muitas pessoas tinham braços ou pernas decepados, perdidos no trabalho na ferrovia. Esse tipo de acidente e morte era muito comum devido, principalmente, à neblina intensa. Quando homens faziam reparos nos trilhos não enxergavam um palmo à frente e não ouviam o trem se aproximando devido ao barulho do cabo de aço que batia na polia. Quando o trem chegava, geralmente surpreendia quatro ou cinco trabalhadores. Ela nunca tinha visto nada igual.

As crianças iam para a escola quando chegava o trem com os professores vindos de Santos, Ribeirão Pires, São Paulo ou do ABC paulista. Descalças, caminhavam pelas ruas de pedregulho e paralelepípedos, imersas na neblina. Chegavam e ganhavam da assistente da escola uma folha de jornal para ser colocada embaixo da roupa, entre o corpo e a roupa molhada. O cenário úmido e frio era muito destoante do calor de Cornélio Procópio, cidade de Zélia. Todos os dias, ela e o irmão atravessavam a passarela que passa por cima da ferrovia, ligando a Parte Alta à Parte Baixa, para estudar. Só foram dar-se conta dos lugares por que passavam meses depois, quando o nevoeiro rareou e o tempo abriu.

Cidade-fantasma

Com dificuldade, conseguimos identificar casas de madeira escura – já muito maltratadas pelo tempo e pela falta de cuidados –, nomes de ruas e a hospedaria, um grande casarão de esquina. Estacionamos sobre a grama ao lado da pequena rampa de entrada do que parecia ser uma garagem e em frente a uma escada de madeira que levava à varanda do segundo andar e dava acesso aos quartos. Seu Pedro, um homem barrigudo, com cabelos encaracolados e um pouco compridos, de feição simpática sob uma barba grisalha por fazer, nos aguardava.

Duas grandes portas de madeira estavam totalmente abertas, permitindo que a neblina entrasse, por vezes tocando um mensageiro dos ventos prateado pendurado no batente, e revelando duas poltronas cobertas por mantas e móveis antigos de madeira. Num piso acima, havia uma comprida mesa onde costumava ser servida a comida e, mais um degrau acima, estavam dispostas várias mesas cobertas com toalhas de estampa xadrez, vermelha e branca, circundadas por muitas cadeiras. Era um pequeno restaurante, montado em um porão. Não havia janelas, apenas algumas passagens de ar para ventilação nas paredes de tijolos. Nos pilares estavam cartazes com fotos antigas da vila e imagens de satélite da localidade.

À esquerda da entrada havia uma pequena passagem, aberta na parede sem porta, que levava à cozinha. De lá saiu uma senhora pequena, mas forte, com ancas largas e rosto expressivo. Usava uma touquinha de cozinheira, que prendia os cabelos em uma rede sustentada por uma borda laranja em torno da cabeça, como a de um véu de freira. O detalhe combinava com o avental de cozinheira, preto e laranja. Era a esposa de seu Pedro, Dona Zélia, que nos recebeu com um largo sorriso, beijos e abraços, como se fôssemos filhos que não via havia anos.

Quando não está preparando algo no fogão, ela está sentada em uma das mesas, comendo ou tomando café e conversando com os hóspedes. Adora contar histórias da cidade e de como a preocupação dos moradores com o turismo deveria ser maior. Por vezes, escutamos no alto teto o som dos passos das pessoas que se deslocam no andar de cima. Ao fundo, o rádio toca música brasileira em volume baixo, amenizando o silêncio que entra com a neblina pelas portas, interrompido apenas pelo aviso insistente da partida da maria-fumaça.

Dona Zélia conta sobre um dia em que papeava no restaurante e uma mulher entrou chorando.

– Quando ela viu a casa de longe, apertou o passo para entrar. Ela soluçava, não estava preparada para vir aqui. Ela foi criada nesta casa e este era o porão em que brincava. Eu sempre achei que este gancho aqui no teto fosse para pendurar lamparina, mas ela me disse que era onde ficava o balanço que o pai havia feito para ela. Ela me contou com a voz embargada, de tão emocionada.

A casa que sensibilizou tanto a antiga moradora se transformou na primeira hospedaria da vila. Localizada ao final da Avenida Fox, ela fica em um dos pontos mais altos da Parte Baixa de Paranapiacaba. A neblina nos permite ver apenas o gramado e a terra do chão, pouco à frente da ladeirinha da entrada, mas não é possível distinguir nada além. A névoa deixa minha blusa coberta de gotículas de água e meus pés sem meias, calçados em uma sandália de tiras de couro, ficam gelados.

A tranqüilidade do ambiente impressiona, assim como a beleza das casas antigas, mantidas com a aparência original. Mas a vila me entristece. O único movimento nas ruas é dos muitos cachorros que moram na cidade – são deixados na estrada e vão para lá em busca de comida. As casas são habitadas, mas estão se deteriorando como se estivessem abandonadas. Partes das cercas de madeiras estão inclinadas ou já caídas no chão, tábuas ou pedaços de zinco cobrem buracos nas paredes e barracos foram montados atrás das construções, onde eram as vilas sanitárias. Sinto-me em uma cidade-fantasma. Não à toa correm rumores que os moradores sofrem de depressão e que pessoas de fora vêm se matar nas redondezas.

Certa vez, uma menina reservou um quarto por telefone e na hora marcada não chegou. Preocupada, Zélia já se preparava para ir procurá-la quando um morador bateu em sua porta. Ao lado dele, uma menina chorava inconsolavelmente. Ela havia seguido as instruções de como chegar a Paranapiacaba e no trajeto de ônibus conheceu uma moradora da vila que se propôs a lhe levar à hospedaria. Mas o local indicado não correspondia com o das fotos disponíveis na internet.

— Cadê a Dona Zélia?
— Ela não está aqui no momento.
— Mas eu quero falar com ela.

Ao perceber a resistência da menina, a mulher do ônibus desistiu de forçá-la a ficar, revelou que aquela não era a hospedaria da Dona Zélia e a colocou para fora.

Perdida em uma cidade desconhecida, durante a noite, sem conseguir enxergar um palmo diante do nariz devido à neblina, a menina começou a chorar. Achou que tinha morrido. Foi quando um morador a encontrou e a deixou em seu destino. Ao ver a senhora da foto, abraçou-a.

A marmita do almoço

Todos os dias o carvoeiro de máquina Alfredo Felix da Silva enchia os bolsos de goiabas, que pegava nas árvores da redondeza da ferrovia, para levar para a filha Cida, seu xodó. Um dia os colegas da ferrovia atiraram uma goiaba em sua testa, só de brincadeira. A fruta se espatifou e ele ganhou o apelido de Goiabeira.

Cida, que se chama Maria da Silva e não Maria Aparecida como se pode supor, é generosa no sorriso ao lembrar dessa época. Nas horas vagas, o pai inventava brinquedos feitos de madeira e cipós, como balanços e gangorras.

— Ele era um artista!

Viviam em um dos patamares da serra, bem próximo à ferrovia. Quando o trem passava, a casa tremia. Ela via tudo o que era transportado nas composições. Na maioria das vezes eram grãos, mas passavam também muitos bois em vagões de zinco, que teriam como destino o abatedouro em Santos. Dava tanta pena!

— Iam espremidos como em uma lata de sardinha. Cada um virado para um lado. Quando tinha cerração, eles esticavam a "linguona" para conseguir alcançar as gotinhas de água que caíam. Sempre que passavam, eu chorava de dó para a minha mãe.

As lembranças de Dona Cida mudam de cor-de-rosa para cinza ainda na época da infância, quando lembra do gênio repressor do pai. O clube sempre promovia bailes para os moradores. Se de dia o local de encontro e paquera era na estação, durante a noite era no salão. Mas, nas vésperas de um desses eventos, Cida ajudava as amigas a colocarem os vestidos e sapatos enfeitados com renda, já que o pai nunca a deixava ir.

A repressão aumentou quando ele soube que ela vivia o seu primeiro amor, que lhe rendeu um casamento e a primeira filha — não nessa ordem —, aos treze anos de idade. Trabalhava na Rua Oriente, no Brás, bairro no centro de São Paulo e pegava o trem todos os dias. Certo dia, um rapaz lhe roubou um beijo. Ele continuou no carro, que seguiria para Santos, e Cida desceu. Tremendo.

— Isso nunca tinha acontecido comigo! Minhas pernas faziam assim ó — diz ela, tremelicando as mãos em sinal de nervosismo.

Uma noite foi suficiente para mudar a vida de Cida com a gravidez. Após muita resistência paterna, acabaram se casando. Para agradar o sogro, o rapaz prestou concurso e entrou na ferrovia.

Numa tarde, como sempre fazia, Cida levou a marmita do almoço para o pai nos trilhos que ficavam sob o túnel do patamar e encontrou-o caído no chão, chorando a dor e gritando por socorro. Pedia que ela lhe desse uma faca para cortar de vez a perna que acabara de ser amassada por um trem, que não viu se aproximar ao atravessar a linha.

— Ele sentiu uma pancada nas costas e tirou o corpo, mas não conseguiu salvar a perna — conta a filha.

O acidente foi um divisor de águas na vida de Goiabeira. Como acontecia com todos os que não tinham mais condições de trabalhar na ferrovia, se aposentou. Teria que deixar a casa. O genro ofereceu que passassem para o nome dele, que ainda era ferroviário, mas era ferir demais o orgulho de Alfredo, que já sentia muitas dificuldades de

adaptação à nova vida sem uma das pernas. Certa vez, ele caiu da varanda de casa e começou a gritar, chorando:
— Por que isso foi acontecer comigo, meu Deus?
Cida, que assistiu à cena sem ser percebida, ajoelhou e prometeu à Nossa Senhora que, se o pai se acostumasse a andar com a perna mecânica, iria da igreja nova à igreja velha em Aparecida do Norte.
— No dia seguinte, ele parou de reclamar da perna. Deus já me atendeu umas três vezes.
O pai de Maria da Silva morou até 2006 na Parte Alta de Paranapiacaba, quando morreu aos 81 anos de idade.

Tudo é história

Numa casinha de alvenaria quase no limite da Vila Nova, a moradora Nilza Moreno Plaza mostra o que sobrou da construção original. Todas as maçanetas de cobre foram arrancadas das portas e substituídas por peças ordinárias. A parede quebrada do banheiro mostra o desespero de um antigo morador em levar consigo o interruptor, feito com o mesmo material. Nem que para isso deixasse a casa, como fez, em petição de miséria.
— Vocês podem me chamar de porca por não reformar esse lugar, mas eu gosto de tudo que é história — explica ela, que trabalha como monitora cultural no clube União Lyra Serrano, apontando para a ferrugem na banheira branca circundada por bordas de azulejos originais.
— Antes a empresa cuidava das casas. Davam a tinta, faziam reformas. Agora não dão mais nada, foi tudo abandonado. Bem que podiam ir arrumando aos poucos — reclama seu filho.
No período cafeeiro, havia uma vila a cada vinte quilômetros da Serra do Mar, por onde passavam os trens da São Paulo Railway Company (SPR), administradora da primeira ferrovia paulista. Uma das mais importantes era a da estação Alto da Serra, que mais tarde se tornou Paranapiacaba, expressão que no tupi-guarani significa "lugar de onde se vê o mar".
As primeiras habitações da vila foram construídas de maneira esparsa e irregular entre 1860 e 1862, na hoje chamada Vila Velha, para abrigar os trabalhadores que cuidavam da tração, tráfego e conservação da linha, em sua maioria imigrantes espanhóis, portugueses e italianos.

Com o aumento da malha ferroviária na região — devido ao crescimento do transporte de carga, mais especificamente café, que seria exportado pelo porto de Santos —, mais trabalhadores chegaram ao Alto da Serra. Para abrigá-los, começou a ser erguida em 1894 a Vila Nova ou Vila Martin Smith. Essa construção foi mais bem planejada, com disposição de ruas e casas mais organizada e reserva de áreas para a educação, o lazer e o comércio, como o mercado, a escola e o clube União Lyra Serrano.

A maioria das construções era de madeira importada da Europa e algumas de alvenaria. Todas feitas com material de alta qualidade, em estilo britânico. Nada poderia ser aumentado ou reformado sem autorização da administração da empresa. Se alguma delas precisasse de reparos, o morador deveria solicitar à SPR. Caso faltasse um parafuso, queimasse uma lâmpada ou quebrasse uma torneira, os materiais podiam ser adquiridos ou repostos no galpão ferroviário. Esse tipo de serviço era descontado do salário, assim como o valor do aluguel da moradia. A tinta e o óleo para a pintura das casas eram os utilizados na ferrovia, assim como os batentes das portas eram construídos com os dormentes dos trilhos.

A distribuição das casas era feita conforme a área de atuação na ferrovia. Mecânicos, maquinistas e foguistas (que colocavam carvão na caldeira do trem) ficavam com as mais simples. Se solteiros, moravam nos chamados barracões, longas construções divididas em oito ou dez quartos, com banheiro e cozinha coletivos. Os que tinham família ocupavam casas geminadas em duas, quatro ou seis. Como as paredes em comum eram finas, os que trabalhavam no mesmo horário moravam lado a lado para que o horário do sono coincidisse e ninguém fosse incomodado. Engenheiros, chefes de estação e trabalhadores graduados ficavam em habitações isoladas e mais luxuosas.

As construções da Parte Baixa só poderiam ser ocupadas por trabalhadores da SPR. Caso algum deixasse de trabalhar, seja por aposentadoria, doença ou invalidez, teria que deixar a moradia em no máximo três meses. Muitos iam para a Parte Alta, que não era restrita a ferroviários, onde havia pensões, bares e muito comércio.

Posicionada estrategicamente entre a Vila Nova e a Vila Velha, que compõem a Parte Baixa, fica a maior casa de Paranapiacaba, no topo de uma colina. Lá residia o engenheiro-chefe, ocupante do mais alto posto da hierarquia ferroviária. Projetado com janelas por todos os lados e posicionado acima do resto da vila, do Castelinho — como é conhecido — podia-se supervisionar a vida dos trabalhadores e a movimentação dos trens. Quando não havia neblina. Posteriormente o local passou a ser o escritório central da SPR.

As demissões

— Por favor, onde fica a casa de Dona Cida? — Pergunto a uma funcionária que veste uma camisa de monitores da subprefeitura.

— Por que você quer saber? — Ela indaga, desconfiada.

— Marquei uma entrevista com ela, mas a loja de doces já está fechada...

A mulher me olha atentamente e faz uma pausa.

— Sobe a rua e vira na segunda à esquerda. É a casa que tem o jardim bonitinho.

Foi fácil identificar. De todas as casas geminadas da construção em que habita, uma se destaca. É a única com um jardim verde saudável, com caminhos de pedra desenhados, enfeites e flores bem organizados. A varanda que se adianta à fachada recuada tem a madeira pintada e envernizada, o que a torna mais brilhante do que as quase apodrecidas das casas vizinhas.

Dona Cida só conseguiu a propriedade após a compra da Parte Baixa de Paranapiacaba pela prefeitura de Santo André, em 2001. A casa em que morava foi totalmente dedicada à produção e venda dos doces que faz, como uma fonte de renda, desde que o marido faleceu. A morte do cônjuge veio três anos depois que seus trabalhos foram dispensados pela rede ferroviária. Com o desemprego veio a depressão e a fuga no álcool, destino muito comum para os moradores da vila, seguidos de uma parada cardíaca.

As demissões começaram quando a SPR deixou de administrar a ferrovia em 1946, pois não houve acordo com o governo para o prolongamento da concessão de exploração. Tanto a estrada de ferro como a vila operária passaram a ser responsabilidade da União e, a partir de 1957, da então recém-criada Rede Ferroviária Federal S.A.

A circulação de trens com carga já estava reduzida desde a construção da rodovia Anchieta, que liga São Paulo a Santos, no fim da década de 1940. Na década de 1980, quando o transporte ferroviário já deixara de ser essencial no cenário nacional, o processo de demissões pela RFFSA se intensificou, principalmente em 1982, quando o sistema funicular foi desativado. Tradicionais trabalhadores da vila foram mandados embora para a contratação de mão-de-obra mais barata.

Nessa época começou a degradação. Os novos habitantes não tinham tradição ferroviária, antecedentes ligados a ela ou aspirações de que seus filhos trabalhassem com os trens. A população se reduziu com a diminuição dos empregos. Os estabelecimentos comerciais começaram a fechar. Muitas casas ficaram vazias e a RFFSA não se preocupava, como na época da SPR, com a conservação do local.

O estopim aconteceu em 1996, quando a rede abandonou a vila. Cerca de cem casas que estavam vazias foram invadidas por forasteiros atraídos pela vantagem de não pagar aluguel. Muitas casas foram depredadas, algumas chegaram a cair.

– Um vem e tira uma janela, outro tira uma porta, quando a gente vê, a casa está no chão – lamenta Nilza.

Paredes foram quebradas para construir novos cômodos, anexos foram construídos. Muita da característica arquitetônica inglesa, com as casas viradas para a rua principal, uma viela sanitária na parte de trás, um anexo externo onde se guardava lenha ou frutas que deviam madurar, se perdeu. Com a compra de parte da vila inglesa pela prefeitura de Santo André, a situação ganhou um pouco mais de controle. Os habitantes agora precisam de permissão de uso das propriedades residenciais e comerciais.

Incentivo ao turismo

Passaram-se mais de 45 anos desde sua chegada a Paranapiacaba e Zélia ainda não se acostumou à neblina. Voltou algumas vezes para o Paraná, mas instalou-se definitivamente na vila em 1983. Foi quando percebeu que precisaria aceitar o local como ele é. Então ela se engajou, passou a lutar pela preservação de Paranapiacaba, a realizar visitas monitoradas à vila, fazer trilhas ecológicas e a incentivar o turismo. A aceitação ficou mais fácil quando ela comprou uma máquina de secar roupa.

— Não entendo esse pessoal — exclama olhando pelas portas do seu restaurante para as casas da frente —, deixam a roupa pendurada no varal, mas com essa neblina nunca vai secar!

A estranheza vem, no entanto, quando percebe o quanto a vila prende Seu Pedro.

— É muito difícil convencê-lo a passar um dia fora daqui. Todas as vezes que ele vai, sempre a contragosto, volta na estrada com os braços abertos para fora do carro abraçando e beijando a neblina e dizendo: "Minha querida, você veio me buscar aqui! Estava morrendo de saudades de você!".

Dona Cida também não costuma sair da vila. Chegou a morar com o marido em Jundiaí, mas não agüentou muito tempo. Achou a cidade seca. Só sai agora de Paranapiacaba quando precisa comprar ingredientes para confeitar seus doces. Para isso, paga de quinze a vinte reais para um carreto ajudá-la a trazer os produtos de Rio Grande da Serra ou Santo André.

A falta de vontade de sair de Paranapiacaba parece estar enraizada nos que viveram o auge da ferrovia. Não era necessário o contato com o mundo externo. A vila chegou a ter cinco mil habitantes em uma época em que a população de São Paulo era de trinta mil. Hoje, pouco mais de mil habitantes moram no local. Tinha tudo por lá. Água e luz chegaram antes em Paranapiacaba do que em alguns bairros da capital. Pessoas de fora paravam na estação Alto da Serra para vender seus produtos para os ferroviários e familiares. Havia cinemas, farmácias, barbearias, mercados, quitandas, dentistas. Hoje, para conseguir remédio ou carne, é preciso ir para as cidades próximas. O abastecimento é mais difícil sem os trens de passageiros, antes a principal ligação com as cidades próximas.

Antes era melhor?

Sob a passarela que separa a Parte Alta e a Parte Baixa de Paranapiacaba, vejo um trem da MRS com minério se aproximar. Vagões como esse são os únicos que ainda descem até Santos. Do outro lado dos trilhos, a maria-fumaça se prepara para sair, com uma dúzia de turistas. Alguns pedem para entrar na locomotiva e tirar foto com o maquinista.

Debruçada em uma grossa corda cheia de ferrugem, consigo enxergar, ao fundo, a ponta da réplica do Big Ben, fabricada em Londres, para que os ingleses não sentissem saudades da terra natal. A neblina – que descia preta nos tempos de atividade da maria-fumaça e laranja no auge da poluição em Cubatão – não me permite achar os vagões abandonados nas proximidades do relógio.

Uma menininha passa correndo por mim, tentando pegar a neblina e gritando:

– Olha, mãe, é o além! É o além!

Fora da passarela vejo um grupo de jovens, com sandálias, roupas xadrez e cabelos compridos e encaracolados, andando, tocando violões com detalhes coloridos e cantando uníssonos:

– "Debaixo dos caracóis dos seus cabelos..."

Em frente ao maior bar da vila, famoso pelos seus pastéis, guias entregam pequenos papéis com *e-mail* e telefone divulgando seu preço para organizarem trilhas na mata. Sentadas em cadeiras de plástico vermelhas em torno de mesas que exibem marcas de cerveja, pessoas bebem, conversam e gargalham, ao som de pagode. Provavelmente turistas. A felicidade conflita com a fala mansa e os olhares distantes dos moradores com quem conversei. Pessoas que se entristeceram com a vila. Que perderam as perspectivas para si e para ela.

É preciso lutar para que essa peça do quebra-cabeça da história dos imigrantes no Brasil não se desmanche com o tempo. A história se perde à medida que seus protagonistas e narradores deixam de valorizar algumas das paixões que as moveram até então: os trens e a vila ferroviária.

A imagem precisa continuar completa, mantendo em pé símbolos como a réplica do Big Ben que se sobressai entre os trens, o apito da maria-fumaça que leva os turistas até o museu ferroviário e a arquitetura inglesa da vila. Não só as construções e a ferrovia se esvaem com o abandono e o passar do tempo. As pessoas também podem se deixar degradar paralelamente ao ambiente em que vivem.

Zélia Paralego lembra-se de um prenúncio do descarrilamento da vila. Ainda era pequena quando ouviu uma conversa da mãe com a vizinha:

– Este lugar é um pedacinho do paraíso.

A senhora olhou para ela entristecida e discordou:

– Antes era bem melhor. Estamos em plena decadência.

O pescador Marino Streck

MANUELA MARTINI COLLA

O rio
Ser como o rio que deflui
Silencioso dentro da noite.
Não temer as trevas da noite.
Se há estrelas no céu, refleti-las.
E se os céus se pejam de nuvens,
Como o rio as nuvens são água,
Refleti-las também sem mágoa
Nas profundidades tranqüilas.

MANUEL BANDEIRA

Em 1952, Ernest Hemingway publicou na revista *Life* um longo conto intitulado "O velho e o mar". A história falava de um pescador cubano que não havia pescado nada ao longo de oitenta e quatro dias. Certo dia, o cubano fisgou um marlim enorme, matou-o e o atou ao lado do seu barquinho. Entretanto, antes de conseguir chegar com ele à terra, tubarões arrancaram toda a carne do esqueleto.

A milhares de quilômetros de Havana, em Balneário Camboriú, Santa Catarina, perguntei a um pescador profissional da vizinhança o que ele achava da história. Ele disse que o herói era um idiota. Deveria ter retalhado os melhores pedaços de carne para colocá-los no fundo do barco, deixando o resto da carcaça aos tubarões. "Basicamente, é isso. Cortar o peixe em pedaços e jogar o resto fora. Uma lição importante pra vida também."

Marino Streck é assim – simples e intrigante. Tem 52 anos, e mora numa casinha verde de madeira que fica na Barra Sul de Camboriú, a 87 quilômetros de Florianópolis. Seu rosto longo e cabelo loiro raspado combinam com os olhos azuis alertas. Nasceu já amando o mar, ele mesmo diz. Seu pai e seu avô eram pescadores e, por isso, tentaram demovê-lo da idéia de tornar-se um também. Não teve jeito: desde os 11 anos, todos os dias, ele entra no pequeno barco de madeira e ganha o mar. Busca lambaris, traíras, e toda sorte de pequenos peixes de rio; e também mariscos, mexilhões, anchovas e camarões, tainhas e muitos outros peixes de água salgada. Mas, com o tempo, descobriu que buscava algo mais. O silêncio. A esperteza. A sabedoria.

Captador de ilusões

Ninguém soube dizer se Marino havia nascido num dia ensolarado, mas sabiam de certeza que não chovia e que soprava alguma brisa. Parece mesmo que a cor azul dos seus olhos tinha explicação nas visões de tempestades que seu avô Johann tivera: ele enfrentara tantas, e com tanto afinco, que aquela cor indefinida do céu dez minutos antes de chover tinha grudado na retina dele, depois na retina da filha dele, e depois na retina do filho da filha dele – o tal, que nasceu nesse dia de tempo incerto.

"Desde menino, ouvia as histórias do vô, que tinha viajado todo um oceano para chegar à terra prometida: o Brasil", lembra ele. Ouvia as histórias – algumas inventadas, outras não, sobre a grandiosidade do mar, seus perigos e mistérios. Tudo visto – ou imaginado – na viagem que durou semanas para chegar da Alemanha ao Brasil. Viagens em que o céu e o mar pareciam se unir numa linha imaginária e em que, na ausência de obstáculos, os olhos ficam mais livres para ver.

As histórias do avô eram tantas que ele contou e recontou e colecionou como se fossem selos ou moedas ou insetos, ou qualquer dessas outras coisas que as crianças colecionam para lembrar a vida e que guardam numa caixinha de sapato embaixo da cama. O menino, claro, não pôde enfiar o mar numa caixa sob a cama, até porque mar não vive em caixa, é tipo passarinho do mato, vaga-lume, história de fantasma – o mar é fugaz, traiçoeiro, encantador. E só podia ser desbravado pelo avô, Johann, e pelo pai, Albino. Marino foi crescendo e ouvindo as histórias que o avô contava enquanto a avó, Selvina, preparava quitutes para ele comer. Elas se intercalavam com as frustrações, os amores e as descobertas. Também por isso, Marino mantém uma postura augusta, solene, e, acima de tudo, uma silhueta calma. Aquela cara de quem sabe das coisas.

Mas não nasceu sabendo. Marino veio ao mundo na ainda pequenina Jaraguá do Sul, situada no Vale do Itapocu, Norte de Santa Catarina. A cidade é cercada de montanhas e cortada por três rios de médio porte e seus afluentes. "Lugar perfeito prum 'Marino' nascer", disse. Vendo o pai e o avô trabalharem como pirangueiros (ou pescadores de anzol, como são chamados os pescadores profissionais artesanais de água doce), não teve dúvidas: esse era também seu destino. "Era uma coisa natural – pra mim, era assim que devia ser e pronto." Passava os dias a brincar ao redor dos pescadores adultos, nas pontes ou beiras dos rios. Os pais, Albino e Eva, tentaram convencê-lo de todas as formas a ir para a escola, porém, mal conseguiram que ele estudasse até a 5ª série do Ensino Fundamental. "Para mim, o mais importante era aprender a conhecer as melhores temporadas e lugares dos rios para a pesca, dar nó de marinheiro, fazer contas e ler. O resto era resto."

Da primeira vez em que entrou no mar para pescar ele não se lembra. "Às vezes, eu me perguntava se não tinha nascido dentro desse marzão de Deus, de tanto que eu estou nele e ele está em mim", disse, sorrindo. Já da primeira tempestade como pescador, ele não se esquece. Naquele fim de tarde, ele saíra sozinho para pescar no caudaloso rio Jaraguá e, distraído, não notou o temporal se aproximando. Sua sorte é que o temporal foi curto, e não um daqueles torós de encher cabeceira de rio – mas igualmente assustador. "Aprendi que o perigo ronda o pescador. Desde então, ando com uma medalha de Nossa Senhora dos Navegantes no pescoço e, sempre que chega fevereiro, faço um barquinho com presentes para Iemanjá", explica, segurando a corrente enferrujada que traz ao pescoço.

Ele perdeu um cachorro, ganhou um melhor amigo, passou de ano, aprendeu a jogar bola com o pai, beijou uma menina, deu a mão pro avô quando atravessou avenida movimentada, caiu de bicicleta, mudou de casa, despertou atrasado para a aula, atirou laranja para calar o cachorro da vizinha numa noite de verão, sofreu o fim de um namoro, quase se afogou no rio, tirou zero numa prova, pintou um barco, brigou com o amigo inseparável e, de uma certa forma, virou homem feito.

Marinheiro só

É claro, com todas essas coisas acontecendo, crescia o menino, diminuía o avô, que foi envelhecendo. Enfim, um dia, o avô virou estrela e o menino descobriu-o cadente. Quis chorar, mas, de imediato, o choro ficou dentro dele. Ficou ali, coraçãozinho apertado, vestido de traje de domingo. Mas a tristeza tem que sair de dentro do peito por algum lugar, e ficou decidido desde sempre que sairia pelos olhos feito lágrima; então, numa manhã opaca, esse tal moleque acordou com os olhos inchados de lágrimas contidas e percebeu que precisava chorar. O pai examinou-o e disse:

"Ponha para fora isso aí, que você não foi feito para acumular tristeza no peito."

O menino engoliu em seco e retrucou:

"É que eu sou tímido."

Mas, na verdade, era espalhafatoso e, com espalhafato, chorou umas saudades ardidas do avô que lhe dera de presente enormes pedaços de carinho, memórias e histórias que carregaria para a vida inteira. Com a morte de Johann, a família Streck pensou que mudar de cidade iria fazer bem para Selvina e para Marino. Albino e Eva já andavam conversando sobre uma possível mudança para Balneário Camboriú, que estava recebendo várias famílias de pescadores, devido ao seu mar farto de pescados. "Naquela época, eu não era mais um 'calça branca' (como os pescadores iniciantes são chamados). Era pescador feito, já", lembra.

Do seu avô, ficou uma medalha que ele carrega no pescoço, a tarrafa azul-marinho que ele fez para o neto e muitas histórias contadas em uma língua estranha. Ficaram também os retratos amarelados, adormecidos nos álbuns de família. E ficaram os olhos de tempestade do garoto, junto da certeza de que pescar não é profissão, e sim arte.

Assim, aos 11 anos, Marino mudou-se com a família para Camboriú e passou a acompanhar o pai nas pescarias pela orla da praia. Já era falante, aquele tipo de pessoa que envelhece as camaradagens rápido. Isso o ajudou a aprender mais sobre a arte de pescar. "Ganhei vivência nessa época. O sol descia, e entrávamos mar adentro com mais pescadores, meu pai era o mestre", diz. Mestre é o pescador que guia os demais, diz qual rumo o barco vai tomar – enfim, o mais experiente e respeitado dos pescadores. "Tinha uma certeza: um dia, ia ter a mesma calma dele ao lidar com o mar."

Calma essa que, na sua adolescência, também começou a aprender com Itaguacira, uma menina descendente de índios que morava perto da casa dele, e com quem andava trocando alguns olhares furtivos.

Perdiam-se no resto da Mata Atlântica para se encontrar. Itaguacira ficou encharcada enquanto eles atravessavam as pitangueiras, a mata fechada e os jovens campos. Seus longos cabelos estavam cheios de teias de aranha, agulhas de pequenos galhos de árvore e folhas tortas; sua calça jeans *preta estava úmida na altura dos tornozelos. Marino perguntou se ela queria voltar, mas ela disse que não, tinham que continuar, e assim o fizeram, aprofundando-se dentro do mato calmo e sem eco, até verem a cintilação da água à sua frente — o rio. Ela então disse:"Pára!"*

Ele pensou que a moça tivesse visto um grande animal, alguma coisa assim. Virou-se e ela tinha ficado parada. Então disse:"quero ficar junto contigo pra sempre; como dois gravetos que descem pelo rio, na correnteza". E sorriu seu sorriso de sábado.

O mar serenou

Foram os longos cabelos castanhos e também o jeito de bicho do mato de Itaguacira que o levaram até a menina, e ele foi, tímido e espalhafatoso, bater à porta da casa da adolescente numa tarde morna de primavera. Os pais de Itaguacira queriam fundar, naquela época, uma cooperativa de pescadores, e lá se foi a família Streck para conversar com outros trabalhadores da praia sobre o assunto. A cooperativa não vingou, já o namoro...

Parecia que estava escrito nos olhos dela o fim de uma rima que ele havia começado tinha 18 anos e para a qual não achava verbo. Ela não notou isso desde o primeiro dos olhares que trocaram. Em parte porque é distraída, em parte porque as grandes coisas nos passam despercebidas. Ninguém percebe o céu sobre a cabeça, o coração dentro do tórax, o chão sob a sola dos pés.

O relacionamento terminou em casamento um ano e meio depois. "Não sou homem de rodeios", justifica. Os pais dos dois jovens ficaram assustados e acharam que o casório não ia durar três meses.

No seu sonho, ela tinha toda a paisagem delineada. Ela, de noiva, com um vestido simples, sem bordados nem saia de armação volumosa. No cabelo solto, flores brancas. Convidados, seriam poucos. Só as famílias e alguns amigos mais chegados. A festa seria no bar da beira da praia, decorado de improviso, e, depois da janta, seria servida a ambrosia. Ele dançaria a valsa com ela daquele jeito desajeitado e, com certeza, reclamaria de algum amigo que bebesse um pouco demais da conta. Depois, iria tocar músicas da Clara Nunes. O sentimento? Alegria pura. Como naquele dia em que o jovem casal encontrou-se nas pedras no canto da praia, por acaso, e surpreenderam-se silenciosamente. E, exatamente como nos sonhos de Itaguacira, assim aconteceu seu casamento.

Itaguacira e Marino completaram 34 anos de casados no final do ano passado. O barco em que pesca todos os dias leva o nome da esposa, e eles não tiveram filhos – não por falta de vontade. Itaguacira é estéril. "Ela não gosta de falar sobre isso, se culpa muito. Mas digo pra ela que somos felizes assim, que nos amamos demais, e isso chega", explica Marino.

"Não fui mãe porque não era pra ser assim", diz ela, enquanto coloca água para aquecer no fogão. Itaguacira é uma dona de casa mais que dedicada, do tipo que troca as flores do vaso da sala todos os dias, borda as pontas das cortinas e faz o feijão mexido mais saboroso – e famoso – das redondezas. E também licor de figo e cachaça de butiá. Mas só Marino cozinha os peixes que pesca. Pimentão, coentro, salsinha, alho e uma mistura de temperos diversos que aprendeu com Itaguacira. "Eu adoro cozinhar para ela", diz, sob o olhar carinhoso da esposa. Itaguacira tem 49 anos e é aquele tipo de mulher que o tempo não castiga – bonita, carrega leveza no olhar e demonstra uma devoção comovente ao marido. "Não pense que é por eu ser antiga – é por carinho", ela corrige. E qual o segredo do casamento longo? "Nunca dormir brigados. Resolver tudo antes de adormecer, senão os problemas acumulam", ensina ela.

Conto de areia

Agora são 17h40. Um final de tarde típico de verão: mar calmo e gaivotas voando. A brisa que vem do mar salga o ar vespertino. Com os olhos semicerrados e o rosto cheio de vincos devido à claridade excessiva, Marino tira lentamente um maço de L&M Lights do bolso e risca um fósforo para acender um cigarro. Com um ar de autoconfiança (mas sem qualquer afetação), reflete sobre o seu ofício de toda a vida: "Ser pescador é pra quem gosta de sofrer bonito". Como assim? "É ser sozinho, é ter liberdade, é ser um pouco triste no lugar mais bonito do mundo, o mar." Nada o alegra mais do que enfrentar as ondas num mar de almirante – horizonte claro, boa visibilidade, concentrado na linha da água. "É um exercício de atenção." Pergunto se ele já ouviu falar em meditação. Diante da negativa, conto um pouco sobre o assunto. "Então acho que todo pescador faz isso meio sem querer."

Marino tem dois grandes amigos: o cachorro vira-lata Pingo, que é praticamente a sua sombra, e Tito Telles Roberto, seu colega na lida no mar há dezoito anos. Muito calado e sério, Tito é um moreno muito magro, com barba sempre por fazer e camisa aberta, o peito mostrando um surrado escapulário de Nossa Senhora e uma tatuagem de caveira perto do coração.

A relação do cão Pingo com Marino é mais recente do que a de Tito, mas nem por isso menos cúmplice. "Encontrei esse guaipeca faz uns oito anos, sentado na porta da peixaria Dois Irmãos, onde eu tinha ido vender meu pescado. Isso faz uns oito anos. Assobiei, ele levantou as orelhas e me seguiu", conta. Pingo, um cão de cor caramelo, com focinho comprido e muito esperto, acompanha-o em todos os programas – menos no mar. Fica esperando o dono na areia, pacientemente, todos os dias. Se Marino faz sinal como quem aponta para um ponto na areia, Pingo se põe a cavucar um buraco enorme no lugar em que seu dono apontou e só pára quando o dono mandar. Os amigos pescadores riem disso.

"Esse guaipeca acha que é gente!", diz Tito, afagando de leve a cabeça do animal.

"Pior que até eu também acho que ele é", retruca Marino.

Mar e maré

Marino e Tito participam de um grupo de pescadores composto por doze homens, que enfileiram e deixam seus barcos e suas canoas à beira-mar e pescam juntos – ou não. "Não tem obrigação aqui – cada um pesca onde quiser, com quem quiser dividir o barco." Apenas uma coisa é certa: todos respeitam muito Marino, que é o mestre – assim como seu pai. "Juntos, somos fortes", afirma Marino.

Uma vez por semana, os doze homens unem-se na beira da praia e atraem a atenção de turistas estendendo uma rede de arrasto pelo mar. A rede é pesada e, conforme é retirada da água e se aproxima da areia, atrai mais e mais curiosos. A quantidade de peixes capturados é impressionante e alguns turistas mais afoitos chegam a oferecer até R$ 10 por uma tainha, um preço muito mais alto do que o das peixarias. Toda a ação é coordenada por Marino, que grita para dar ordens aos pescadores sobre qual a melhor forma e força a ser aplicada na hora da retirada da rede de dentro do mar. Afora alguns peixes vendidos na areia mesmo, os pescadores vendem o resultado de seu trabalho às peixarias da cidade.

O grupo de pescadores trabalha no rio e no mar de Camboriú, na praia de Laranjeiras, na dos Amores e, às vezes, enfrenta as águas turbulentas de Taquarinhas e Estaleirinho. Também vão ao rio Peroba, ao rio Canoas e ao rio dos Macacos. A pesca é para venda e consumo próprio. "Tu nunca te perguntou por que todo pescador é magro?", ri Tito.

Na tese "A arte de fazer-se pescador artesanal", escrita pelo doutorando em Ciências Sociais da Unicamp, Cristiano Ramalho, há algumas indicações sobre como funciona este grupo social composto por pescadores, a partir do seu jeito de ser, estar e ver o mundo. Ele escreve:

> *No espaço aquático, o pescador tem que tomar decisões independentes de quaisquer pressões externas definidas* a priori, *pois a peculiaridade do seu principal meio de produção (o mar) coloca constantes imprevisibilidades e riscos (inclusive de perder a vida) que esses trabalhadores têm que enfrentar rotineiramente. Por isso, as unidades de produção são regidas por um forte sistema de coletividade entre aqueles que estão no barco em pleno oceano, onde a parceria e o trabalho familiar assumem valor preponderante, no sentido de dar maior segurança ao trabalho de pesca. Assim, tudo é decidido em comum acordo, porque um atrito durante a pescaria pode causar a morte dos pescadores.*

Sobre como funciona a vida em vilas de pescadores, Marino é taxativo: é preciso ser cuidadoso. "Quem mora perto da maresia tem que ter cuidado, senão a ferrugem toma conta – e não falo de ferro. Falo isso porque comunidades como a nossa são feitas de muitas famílias, e daí para descambar pra confusão, já viu..."

Os ais e os sofreres

São 4h30 da manhã, noite de lua cheia, o que indica a melhor maré. Marino levantou-se cedo, e, já navegando, ouve o barulho das ondas batendo no costado do barco, e sente o vento de outono no rosto. Junto com ele está Tito. Marino pensa consigo que, nessa estação, os dias começam a ficar mais curtos e as noites, mais frias. Ao ver que o mar estava calmo e que a maré era boa, rumou em direção às águas perto da costa na esperança de conseguir um bom pescado.

Mar selvagem, vazio, silencioso e surpreendente. As ondas, lambendo o barco, começam a ter um ritmo diferente, de acordo com o aumento do vento. Ele olha para cima, em busca de respostas: as estrelas estão sumindo, tomadas por uma grande nuvem cinza.

Acontece, às vezes: aparentemente o mar está calmo, mas um grande toró aproxima-se, ao mesmo tempo rápido e denso. Algumas trovoadas, e começa a chuva, sem dar tempo para Marino e Tito recolherem a rede que está mergulhada no mar.

A ventania fica mais forte, a chuva cai com força. O barulho da chuva torrencial caindo no barco, tlec, tlec, tlec. Com o vento, a manilha que prendia a roldana do saco da rede faz muito barulho, como se fosse se soltar. A agitação marítima é o resultado da ação do vento sobre a superfície do mar.

Ó Nossa Senhora dos Navegantes,
Mãe de Deus,
Criador do céu, da terra, dos rios, dos lagos e dos mares.
Ó Nossa Senhora dos Navegantes,
Mãe de Deus,
Criador do céu, da terra, dos rios, dos lagos e dos mares.

Marino treme de frio, está encharcado pela chuva grossa. "Estamos muito longe da margem! Estamos longe!", grita Tito, os olhos tomados de medo. Tito desespera-se para recolher a rede o mais rápido possível. A maré poderia rasgá-la. Marino percebe que o vento aumenta muito de velocidade.

Protegei-me em todas as minhas viagens,
Dos ventos, tempestades, borrascas,
Raios e ressacas para que não perturbem minha viagem,
E que nenhum incidente ou imprevisto cause alteração,
Ou atrase a minha viagem,
Nem me desvie da rota traçada.

Agora, o vento sopra forte – tanto que fica quase impossível ouvir os gritos do companheiro de pesca. Os pulmões queimam, é intensa a atividade, e a rede finalmente sobe. Na pressa de puxar a rede, Marino sente cortes provocados pelos movimentos dos peixes entrelaçados nas linhas que ele mesmo teceu, há muito tempo. Sangue no tronco e, logo, eles cortam também suas pernas, já repletas de tantas cicatrizes. Tito está agarrado ao barco e às cordas, ofegante.

Virgem Maria,
Senhora dos Navegantes,
Minha vida é uma travessia de um mar turbulento.
As tentações, os fracassos e as desilusões
São ondas impetuosas,
Que ameaçam afundar minha frágil embarcação
No abismo do desânimo e do desespero.

Marino sabe que a chuva vai passar logo – "quanto mais violenta, mais rápida". O barco balança muito, os cortes doem muito, mas mesmo assim consegue pegar o remo. Tito está a postos para remar. E eles vão, a água cada vez mais fria. Minuto a minuto, eles se rendem, mais e mais cansados. Ao mesmo tempo, encrespam-se as ondas, e há muita água dentro do barco.

Com a vossa proteção e a bênção de seu filho.
A embarcação da minha vida há de ancorar segura
E tranqüila no porto da eternidade.

Os minutos parecem horas.

Amanhece, e a tempestade se transforma em chuva. Tito parece exausto. Marino olha para as pernas: estão repletas de cortes. Ele, então, olha para suas mãos, ainda remando. A tinta verde do banco está cravada debaixo de suas unhas. Ele pára de remar por um segundo, para descansar, o que encoraja Tito a fazer o mesmo. Marino pega a garrafa de aguardente que eles sempre carregam no barco. A dura jornada de trabalho, a exposição a fatores ambientais, como a temperatura, e o contato com insetos tornam a "pinga", como é chamada pelos pescadores, um equipamento quase que obrigatório nas pescarias. Também é muito utilizada para a limpeza de ferimentos sofridos durante a pesca. Marino toma um gole e derrama, sem economia, o líquido transparente nas feridas das pernas, braços e peito.

Nossa Senhora dos Navegantes,
Rogai por mim,
Amém.

De manhãzinha, a paz. O mar, o caminho e o destino eram deles novamente.

Só o essencial

Possíveis naufrágios, temporais e encontro com espécies perigosas de animais são algumas das adversidades da atividade do pescador. A pesca profissional artesanal emprega milhares de pessoas em todo o Brasil, que sobrevivem da captura e da venda do produto pescado, muitas vezes em condições precárias. Marino não é religioso, mas diz que a experiência ensinou-lhe o poder da oração. "Repetir com fé o que quero e agradecer não me põem no controle, mas influenciam o correr da vida."

Também por isso ele homenageia Nossa Senhora dos Navegantes todo dia 2 de fevereiro, quando pescadores, turistas e devotos do candomblé se encontram para reverenciar a rainha do mar. Os preparativos começam pela manhã, com a fila de pessoas depositando oferendas (que incluem perfumes, espelhos e rosas brancas, além de pedidos escritos em pequenas embarcações feitas de isopor) e pedidos nos balaios de vime. Ao entardecer, estes cestos são levados com respeito e cuidado para dentro dos barcos que seguem em procissão até um ponto específico no mar. "A festa é especial", resume. Os fiéis, além dos turistas que ficam no cais, despedem-se dos barcos com emoção e assistem à procissão fluvial.

O pesquisador baiano José Salles relata que esta festa originou-se em 1920 por iniciativa de uma colônia de pescadores. "Como estavam passando por dificuldades na pescaria, pediram ajuda espiritual a uma mãe-de-santo. Ela explicou que o alimento voltaria a ser farto se fizessem uma oferenda à deusa do mar. Ela explicou como deveriam fazer e, dessa maneira, os pescadores aprenderam o procedimento de como homenagear a mãe Iemanjá. Como o resultado foi positivo, decidiram realizar a festa todos os anos, para garantir a abundância da pescaria."

O passado é finito

"Já se foi o tempo em que essa praia era calma e limpa", fala Marino. "Antes, era cheia de casas de madeira e telhados no estilo alemão, quitandas e centro com praça, onde todo mundo se conhecia. Hoje, o céu está cheio de helicópteros, e não vou mais ao centro porque está sempre 'atrolhado' de gente e de prédios e luminosos", diz Marino. Para ele, hoje os pescadores são marginalizados na praia em que, antes, eram reis. O desenvolvimento da cidade também não os ajudou. Recentemente, o Instituto Brasileiro do Meio Ambiente e dos Recursos Naturais Renováveis (Ibama), por intermédio do Relatório de Estatística da Pesca, revelou que, com o desenvolvimento das cidades litorâneas, aconteceu a diminuição de alguns estoques pesqueiros. Por isso, muitos pescadores tentam compensar a situação indo cada vez mais longe, permanecendo mais tempo nos locais de pesca e menosprezando as condições adversas do alto-mar. "Pescar em alto-mar me ensinou, na marra, que não consigo controlar o tempo, a ter paciência, e também a respeitar a fúria da natureza", reflete Marino.

Para entender a vida, os pescadores não recorrem a livros, gurus ou terapeutas. Quem sabe das coisas são os anciãos, os conselheiros da comunidade. "Coisa boa não ter a responsabilidade de nadar contra a maré", diz Marino. Ele segue com o vento – descobriu que ter menos é viver mais. "As pessoas se prendem demais ao que têm, bonito é deixar ir, como o mar me ensinou. Sucesso? É ter comida e ser um velho cheio de histórias para contar."

"E tu, acha que pescar é uma arte?", pergunta Marino para Tito, interrompendo o breve silêncio.

"Não é muito fácil ser pescador, não..."

"É... Pescar, todo mundo pode. Mas daí a virar um bom pescador..."

"Tem muita gente aí, muito mais estudada e inteligente, mas quero ver dentro do mar!"

"Imagina um doutor fazendo e consertando rede!", interrompe Tito.

"O negócio da pesca é de sabedoria, de saber lidar com a natureza. E, se isso não é arte, então não sei o que é."

"É, pescador é artista, sim. Peixe tem rabo e tem olho, é difícil de pegar os mais raçudos!"

Os dois riem. Tito olha para baixo, tenta fazer um pequeno círculo na areia com o pé direito.

"Só sei que, quando vou trabalhar, me sinto melhor no barco do que no chão. Me dá segurança estar no mar, que tanta gente morre de medo."

Estando ao lado destes dois pescadores que são filósofos e não sabem, senti sua realidade, tomando como sábios conselhos o que me diziam. E, principalmente neste diálogo, mudei meu conceito de arte: ampliei-o. Arte é fazer algo bonito, fazer algo bem e, principalmente, acreditar na beleza e importância do que se faz.

Aproveitando o ensejo do final de ano, algum pedido para 2007? "De tudo que existe no mundo eu só peço três coisas: tranqüilidade, liberdade e clareza. Do resto, o que vier é lucro. E o que não vier, deixa que eu vou buscar. Durante toda a minha vida meu coração tem procurado alguma coisa que não sei o nome, mas que descobri que preciso para continuar." Até lá, Marino tem tempo. Junto de Itaguacira, seu amor. Andando de bicicleta com Tito, até chegar ao lugar onde os barcos ficam enfileirados. Tempo de digerir melhor as coisas da vida e preparar o espírito para a terra firme. E, mais do que nunca, buscar um caminho entre a terra e o mar.

Velha Nova Armênia

JULIENNE GANANIAN

Velha Nova Armênia

Eu quero ver qualquer poder do mundo destruir esta raça...
Vá em frente, destrua a Armênia. Veja se pode fazê-lo.
Mande-os para o deserto, sem pão e sem água.
Queime seus lares e igreja.
E veja se eles não riem, cantam e rezam de novo.
Quando dois deles se encontrarem
em qualquer parte do mundo,
veja se não criam uma Nova Armênia.

WILLIAM SAROYAN

O Imirim, bairro da Zona Norte de São Paulo, guarda alguns tantos armênios antigos. Para chegar lá, atravessa-se a cidade cheia, com todos seus carros e caminhões barulhentos, perde-se um pouco por Santana e um bocado mais pelas vielas e ruas tortas que, finalmente, dão para esse pacato pedaço de mundo.

Casas antigas e desgastadas pelo tempo, crianças jogando futebol, pessoas sentadas nas calçadas ou curiosos olhando pelas janelas. Tudo lembra uma pequena cidade do interior, faz esquecer da bagunça lá de fora.

Dentro do emaranhado das ruas, armênios que resistiram ao tempo ainda falam a língua-mãe. Ativos, em suas lojas de sapato, de papel ou de roupas, discutem assuntos velhos ou fofocam sobre os mais novos.

Na avenida principal, que não poderia ter outro nome além de Av. Imirim, uma padaria apelidada de "Japa's Bar" esconde alguns descendentes – de armênios, não de japoneses – que jogam cartas e contam piadas. O som do alaúde, instrumento típico árabe/armênio, já não faz mais parte do local. Mané, um dos poucos que ainda dedilhava músicas antigas, teve que calar – e vender – seu companheiro de baladas.

Exemplares de armênios silenciosos dormem do outro lado da avenida, no cemitério Chora Menino. Esses já não reclamam, nem derramam lágrimas por mais nada. Livres, deixaram suas histórias para trás.

No meio desses dois mundos (mais exatamente subindo a avenida e virando à esquerda, na R. Dona Elfrida), alguns outros armênios esperam sua vez. Genuínos, quase todos vindos do além-mar, repousam na Casa de Idosos mantida pela H.O.M.[1]. Para passar o tempo, assistem à televisão e aguardam qualquer visita: de terça, quinta e domingo, das 14 às 17 horas.

Fora da Casa

O jardim bem cuidado do asilo se destaca em meio aos casebres descascados, quase que abandonados. Quando faz sol, as árvores recebem a visita de pequenos pássaros. Quando chove, um coelhinho castanho-claro – daqueles de desenho animado – foge da casa do vizinho e se esconde no meio da grama, entre as roseiras e os pés de romã.

Henrique, guardião e faz-tudo da Casa, recebe as visitas – até as que se encantam com coelhinhos – com um sorriso em meio ao cavanhaque e uma contagiante disposição (inclusive aos domingos!). No auge dos seus quarenta e poucos, cuida das senhoras e de um jovem que se esqueceu de envelhecer. Outras duas moças, essas *derratzis* (não-armênias), ajudam a organizar o dia-a-dia da turma. É um tal de remédio pra cá, água de coco pra lá, troca de fraldas e paciência, muita paciência. "O carinho é grande, maior do que muita filha de verdade. Acho até que vou adotar uma delas", comenta uma senhora, enquanto pede mais um copo de água.

1º tempo

Como acreditar nessa generosidade gratuita (que seja, ainda, por um raso salário) em tempos em que envelhecer é feio e ser esquecido, o grande medo de qualquer mortal?

Velhos sofrem: calados ou em alto e bom som. Reclamam, fazem pirraça, são cabeças-duras, esquecem. Pior: nos lembram que, se tudo der certo, um dia chegaremos lá, na mesma situação, provavelmente com muito menos força e paciência.

Diferente das crianças, que iluminam o futuro com seus olhos brilhantes, as vistas velhas e apagadas lembram apenas do passado, deixando o amanhã nas mãos dos mais próximos, geralmente entregando para Deus.

Difícil acreditar em caminhantes tão solidários, percorrendo – por livre escolha – caminhos solitários. Pisar nessa tênue linha entre a vida e a morte, mergulhar nessa realidade... Ai, meu Deus! Dura tarefa, principalmente para quem prefere seguir o lema "Carpe Diem" (e a invenção "Carpe la Noche").

Mas, enfim, agora que chegamos até aqui... Vamos lá!

Dentro da Casa

Bem cuidada, a Casa me acalmou. Móveis antigos de madeira, mas inteiros. Sofás que contornam a parede da sala, piso limpo, imitando mármore rosa (se é que há algum tipo de mármore assim) e no centro uma TV, que fala, agita e reina sozinha em meio ao silêncio.

D. Marisa Kalaydjian, a mais velha (só porque os outros não têm coragem de dizer a idade, segundo ela), tem 91 anos. Foi a primeira com quem conversei, estava sozinha na sala, sentada no sofá azul, de frente para a TV. Me acomodei ao lado dela, naquelas poltronas antigas, estilo "troninho". Ela logo quebra o silêncio com as tradicionais perguntas: "O que faz aqui? De quem você é filha? Você fala armênio?".

As respostas, ainda que em um armênio arranhado, a animam. Não conhecia minha família, mas achava jornalismo uma profissão maravilhosa (desconfio que, àquela altura, qualquer coisa que fizesse seria incrível) e logo me conta algumas das suas histórias. "Essas coisas de dia e lugar onde nasci não me lembro mais, filha, mas sei que foi em abril de 1915."

Enquanto seus olhos fingem prestar atenção na programação da Globo, vejo que uma das lentes dos óculos é totalmente opaca. "Ordens do médico, tem que ficar assim, embaçada. Um dia ainda vou operar esse olho." A doença? Ela não sabe o nome, mas garante que logo logo vai tratar. (Catarata, glaucoma? Não, nenhum dos dois.)

Livre de um roteiro de perguntas, a conversa e a convivência tornam-se as únicas – e grandes – aliadas na hora de entender a vida dessas pessoas. "Meu avô casou com uma italiana chamada Nicoleta, por isso não sou 100% armênia. Mas sabe do quê? Minha avó era mais armênia do que muitas armênias! Aprendeu a língua direitinho e, quando os imigrantes chegavam aqui – depois do genocídio, você sabe –, ela servia de tradutora, levava pra médico, pra compras, para tudo! Era mais armênia que tudo mundo, filha", conta D. Marisa, cheia de orgulho.

Enquanto conversávamos, Henrique chega com uma outra senhora, D. Marie Mirakian. Os sapatinhos cinza, daqueles bem confortáveis usados pelas vovós, caminham lentamente. Ela treme bastante e, apoiada no andador, desfila com seu vestido longo decorado com rosas grandes. Senta vagarosamente na outra ponta do sofá e fica só espiando. "Só sei falar turco", comenta, em português.

Henrique interrompe, em tom de novidade: "Você sabe sobre o genocídio? Sabia que o Hitler, quando quis acabar com os judeus, disse à população: 'Quem, depois de tudo, ainda se lembra do massacre dos armênios?'[2] Ele achava que nem os judeus nem os armênios seriam mais lembrados. Mas estamos aqui, resistimos e continuamos a fazer parte da história!".

2º tempo

Os primeiros armênios chegaram ao Brasil por volta de 1880. As famílias fugiam dos massacres que culminariam com o extermínio de mais de 1,5 milhão de armênios, em 1915, por determinação do governo turco-otomano.[3]

Nessa primeira leva de imigrantes, estavam os avós e o pai de D. Marisa, que veio para São Paulo ainda criança. "Meu avô veio antes que todo mundo para juntar dinheiro e mandar para a família. Minha avó ficou lá na Armênia sozinha, com meu pai recém-nascido. Na época era guerra e ela fazia crochê para os turcos, para as esposas dos chefes turcos! Meu pai era bem pequenininho e ela ficou desesperada, pediu ajuda para essa turca: 'Como faço para não matarem meu filhinho? Estão passando a faca em todas as crianças!'. A mulher turca ajudou minha avó e falou: 'Quando os homens entrarem na sua casa, coloca seu filho dentro da privada. Desinfeta tudo e coloca dentro.' Minha avó fez isso e foi assim que meu pai sobreviveu! Toda vez que ela contava essa história, a gente tudo chorava", explica D. Marisa, como que se desculpasse pelas lágrimas que insistiam em encher seus olhos.

A maior parte dos imigrantes veio, porém, entre 1918-1926. Depois do genocídio, os sobreviventes lançaram-se primeiro para os países vizinhos – como Síria, Grécia, Líbano – e depois alcançaram a França, de onde saíam os navios para a América.[4]

Pergunto mais sobre os navios, já que ouvira relatos de quem veio no porão e soube de muitos que morreram de fome ou de doença, no meio do caminho.

D. Marie, que estava quieta até então, começa a falar em uma mistura de turco, armênio e português. "Ai, filha, vim no Vapor Conte Grande.[5] Navio tão bonito, parava em toda cidade...Tinha teatro, cinema, tudo. Coisa mais bonita. Não vim pequena, já era grande, quase desse tamanho de hoje, mas ainda era mocinha", tenta explicar.

A memória seletiva de D. Marie faz com que se lembre de poucas coisas. Apesar de morar há mais de seis anos na Casa, esquece onde fica o banheiro, chama o Henrique de tudo quanto é nome (Manoel, João, Maurício...) e, sobre a idade, só sabe que está "muito velha, muitos anos, filha... num dá pra contá!".

Buscando no arquivo de histórias antigas, arregala seus olhos vivos e lembra: "Papai era carroceiro, vendia fruta, mas não tinha registro na época, nada de assinatura. Meu avô fazia roupas para cavalos na Armênia, morreu lá. Ai, mas o navio, filha... Passou pela Síria, pela França, parava em tudo quanto é lugar, sem perguntar nada para ninguém". Enquanto navios deslizam na minha mente, o rádio da cozinha toca música da banda Calypso, enquanto as moças preparam macarronada ao sugo para o almoço.

De repente, D. Marie se anima novamente. Engraçadíssima, xinga a vilã da novela de *sersséri* (louca, em turco), interrompe minha conversa com os outros e... ai de quem falar mal do Henrique! Ela fica brava, o defende com unhas (pintadas de vinho, por sinal) e dentes (os quatro últimos que sobraram). Revela que sabe falar português, armênio, persa (é, persa) e turco. No fundo, desconfio que prefira turco porque o Henrique é o único que entende, estabelecendo-se assim uma espécie de linguagem secreta.

D. Marisa, entretanto, não acha graça. "Você entende o que eles estão falando? Eu também não! Ai de alguém se falasse assim na minha casa. Meu pai gritava: 'Em casa não se fala turco!' Onde já se viu? O dia inteiro esses dois falando essa língua!", reclama.

Tento explicar que meu avô também falava turco, simplesmente porque após a dominação, as escolas foram fechadas e nem dentro de casa eles podiam conversar em armênio, muito menos rezar! Explico em vão. Cada palavra proferida naquela língua era acompanhada por um olhar de reprovação de D. Marisa e em seguida vinha a frase: "Odeio os turcos!".

No forno

Quando era pequena, não entendia como as pessoas que nasciam no Líbano, na Síria ou no Brasil podiam ser armênios... Afinal, não tinham nascido na Armênia! A dúvida foi esclarecida aos nove anos, quando minha avó devolveu uma outra pergunta: "Se uma gata está grávida e dá à luz os gatinhos dentro de um forno.... O que nasce? Gatinhos ou biscoitos?!".

Pronto! Resposta perfeita, fruto da sabedoria e da simplicidade de uma vovó. Ensinamento que me acompanhou por toda a vida e que explicava muito do que eu era, do que eu sou. Convivendo com armênios do mundo inteiro, percebi algumas outras peculiaridades sobre eles (claro, sobre mim também, no velho jogo de espelhos), como a tendência à união (muitas vezes cega, outras vezes sufocante) e uma certa "arrogância humilde".

Deixe-me explicar: acredito que os filhos dos sobreviventes, cientes da luta de seus pais e avós, sentem uma grande responsabilidade não só de vencer na vida, mas de ir além – SEMPRE –, de serem os melhores.

Vi o peito de D. Marisa se estufar ao falar dos filhos, todos engenheiros. "Minha juventude foi boa, fui uma grande costureira! Meu pai tinha loja de roupas feitas na R. São Caetano e eu ajudava ele. Casei com um armênio, fomos felizes, dançávamos, íamos ao clube... Tive três filhos homens, todos muito inteligentes, estudaram na faculdade, na Politécnica. Tudo engenheiro. Mas meu coração dói quando falo deles... Um morreu de desastre, outro do coração. O único que sobrou paga o asilo", conta, novamente emocionada.

O silêncio é quebrado por Rafael. Chega amparado por Ana, uma das ajudantes, pois não consegue andar sozinho. Pernas finas, presas naquelas botas pretas ortopédicas. Corpo magro, parece não obedecer a sua mente, devagar perto de seus pensamentos. Ele senta ao meu lado com dificuldade, dá um sonoro "Oooiiii" e se apresenta: "Meu nome é Rafael".

No começo me sinto mal, principalmente por ter que pedir – a cada frase – que ele repita, repita, repita, até eu entender. Com o tempo vou aprendendo sua língua e Rafael também fica mais à vontade: pede para o ajudar na hora de folhear o jornal "Lance", para colocar no SBT ("Vai ter jogo do Corinthians!") e insiste para que eu coma pão com manteiga no lanche da tarde.

Ele é o único "senhor" da casa. Henrique brinca que, quando todas as mocinhas vão dormir, eles dois caem na balada. Rafael se diverte, bate palma e quando pergunto sua idade, diz que também não sabe. "Só minha mãe sabia, ela cuidava de mim." Percebo que não devo entrar nesse campo. Uma outra senhora, que dormia no sofá, acorda e me alerta: "Ele chora muito quando pensa na mãe, é muito triste. De noite então é pior, às vezes grita... não gosto quando ele fica assim".

Sua pele, seu corpo frágil e alegria infantil não deixam acreditar que completou 65 anos. Mora há mais de oito anos no asilo e vivia com a mãe, Sofia Gasparian, que faleceu há pouco tempo. "Ela vendia artesanato, tipo miniaturas, para sustentar o filho. Com os trocadinhos, fez uma poupança e, antes de falecer, entregou o dinheiro para que a gente cuidasse dele, já que não tinha mais família nenhuma", explica Henrique.

Rafael presta atenção na conversa e começa a apontar, com seu dedinho, para o outro lado da sala. "Ali, ali, olha minha mãe, perto de mim!!" Vejo, próximo da escrivaninha antiga, um mural de vidro com retratos de todos os hóspedes da Casa, inclusive dos que já partiram, como D. Sofia. O jogo do Corinthians começa e o assunto dá-se por encerrado.

A senhora que dormia no sofá, D. Nuver Minassian, tenta sentar, mas não consegue. A perna dói e, por isso mesmo, só quer dormir.

"Não sinto a dor quando durmo. Meu filho vai me levar no médico semana que vem, não vejo a hora de me livrar dessa dor. Tá um dia bonito, não? Que sol! De onde você vem, quem é você?", dispara, com um sorriso delicado e olhos azul-claros.

Descobrimos que ela é amiga da minha avó, compartilham inclusive o mesmo nome. Papo vai, papo vem, percebo que conheço quase todos os catorze netos dela, alguns grandes amigos de infância. "Casei com catorze anos, outra época, todo mundo casava cedo. Tenho quatro filhos: de 62, de 61, de 59 e uma menina de 54. Nasci no Líbano, vim para cá só com trinta anos. Cozinhava na Ugab[6] toda segunda-feira, mas agora meu coração está em pedaços. Quando minha perna melhorar, você vai ver, vou estar lá no dia seguinte!"

Pergunto por que ela não cozinha ali, já que toda quinta-feira cerca de vinte mulheres (com seus 40, 50, 60 anos) fazem comida armênia e revertem o dinheiro arrecadado para o asilo. Ela diz que não tem ânimo, mas garante que logo vai melhorar, encontrar suas amigas e voltar para sua antiga casa, na Av. Voluntários da Pátria.

Querendo saber mais da minha vida, D. Nuver segura minha mão e se empolga: "Você é escritora? Muitos armênios são artistas. Bravo, *aghtchig* (menina, em armênio), bravo! Aracy Balabanian, Charles Asnavour, todos muito famosos... bravo!".

Quem sou eu para contrariar? Verdade, alguns se destacaram no meio esportivo e cultural, talvez porque seja mais fácil de se reconhecer um armênio: basta ver um -IAN no final do nome, que significa "filho de", ou então contar com a sempre eficiente propaganda boca-a-boca. Exemplos famosos? Atom Egoyan (cineasta), André Agassi (ian, tenista), Aram Khatchadurian (compositor), Charles Asnavour (cantor) e, pasmem, Cher (Cherylin Sarkissian)!

Todos vieram do mesmo "forno" e fazem parte da chamada Grande Diáspora ou Diáspora Armênia. Para cada habitante da Armênia, existem outros três espalhados pelo mundo (cerca de sete milhões). Quase todos sobreviventes (ou descendentes) do Genocídio de 1915.[7]

Banana, para quem gosta

D. Nuver me confidencia: "Olha só, D. Marie vai comer outra banana! Nunca vi comer tanto, vai umas quinze por dia". Ana, a ajudante que acaba de dar remédio e água de coco para uma das velhinhas, corrige: "Não, mentira, não é tanto assim. Acho que não passa de dez bananas por dia".

Por que tanta banana? D. Marie, com seu jeito despachado e brincalhão, fala primeiro em turco e depois traduz para o português: "Porque eu gosto, oras! É gostoso, como porque gosto!".

Todos caem na gargalhada. Ela fica nervosa ("Por que estão rindo? É engraçado?", esbraveja, em armênio). As explicações dela são, basicamente, baseadas no "gosto" ou "não gosto". Freud, quem sabe, poderia explicar suas preferências de uma forma mais profunda, causada por algum desvio sexual ou inconsciente. Eu, em compensação, apenas me divirto com esse simples jeito de levar a vida: "Faço o que gosto. O que não gosto, não faço!".

Solteirona convicta, D. Marie nunca teve filhos nem marido. Por quê? "Ai, filha... Não gosta de marido. Não gosta de casamento." Rafael interrompe e começa a gritar: "Virgem, hahaha! Ela é virgem!". Dessa vez ela não se zanga, apenas revira os olhos e continua a falar, contando sobre seus filhos adotivos. "Num gosta de marido, mas gosta de filho. Muitos filhos adotivos, igual a Lili. Quando Lili chegou na porta da minha casa, peguei e dei de mamá para ela."

Quero saber detalhes. Como ela tinha leite, já que nunca havia engravidado? "Filha, não tinha leite, não. Criança não pára nunca de chorar. Coloca criança no colo, dá peito, mas não tem leite. Então eu vai e compra leite de mamadeira e criança não chora mais." Sobre os outros filhos adotivos, ela apenas diz que estão livres, todos espalhados pelo mundo. Curiosamente, D. Marie chama todo mundo de Mamá (especialmente quando não consegue lembrar o nome) e, por isso, ganhou o mesmo apelido: "Mamá". Lili visita quase sempre a mãe na Casa e D. Nuver comenta: "Amor como esse, Mamá, nunca vi. Amor de filha adotiva é muito grande".

A Deus pertence?

D. Alice Caloustian tem cerca de 80 anos, mas parece ter bem mais. Em uma das tardes encontro ela no sofá, com os olhos perdidos, olhando para dentro. Rafael me diz que gosta de todo mundo, menos dela. "Não gosto, fica só parada, não fala nada, não gosto dela."

Também tenho vontade de não gostar dela. Está pisando naquela tênue linha que falei há pouco, linha que lembra a morte. Quando me aproximo dela, fico com medo que morra assim, do nada, bem na minha frente.

Minha mente dá cambalhotas, às vezes penso que ela já morreu e ninguém percebeu. Outras vezes, imagino que ela percebe tudo que acontece ao redor e, como eu também faço às vezes, apenas finge que não ouve e que não vê, por preguiça de se comunicar com a humanidade.

A pele de Alice parece papel, cobrindo seus órgãos e contornando cada ossinho. Colocam ela ora na cadeira, ora na cama, pois não pode ficar na mesma posição por muito tempo. Diagnóstico? Mal de Alzheimer.

Hoje em dia não fala nada (antes repetia algumas palavras, como: "Amanhã, amanhã..."), mas mesmo assim tento me comunicar. Chamo pelo nome, puxo conversa, mas o único meio que encontro é o tátil: faço carinho em seu fino braço, seguro sua mão, sinto seus ossinhos... Que felicidade quando, um belo dia, ela aperta meus dedos, assim como faz um bebê, sabe? Esse foi o auge da nossa comunicação. Entretanto, logo D. Nuver me chama e pede para acompanhá-la até o banheiro.

Demoramos, ao todo, sete minutos para completar o percurso de cinco metros. Apoiada no andador, com as costas arqueadas, D. Nuver não passa de um metro e meio. Sugiro que ela tire a blusa preta, faz muito calor, e reparo como todos seus acessórios combinam, inclusive a tiara preta que contrasta com seus cabelos branquinhos, mas volumosos.

Nas paredes do corredor, imagens religiosas traduzem o espírito armênio-brasileiro: uma Nossa Senhora Negra, um retrato de Jesus, fotos do papa armênio (é, temos um só nosso), além de pinturas do Monte Ararat e de uma mulher, estilo Tarsila do Amaral. Espio os quartos e vejo camas limpas e bem-arrumadas, cobertas com colchas coloridas.

O cheiro do café invade o ambiente. D. Nuver insiste que preciso me alimentar bem ("Coisa de quem passou fome, passou por guerra", diz sempre minha avó. Queremos ver a mesa sempre cheia e as pessoas comendo, comendo!"). Explico que acabara de almoçar na Casa Garabed[8], tradicional restaurante armênio, mas ela quer saber tintim por tintim o que comi. Quibe, coalhada seca, esfirra. Pronto, agora ela se dá por satisfeita!

Visitantes da Casa e curiosos insistiam: como jornalista, deveria perguntar aos experientes sobre o futuro, sobre a armenidade, sobre os jovens. As respostas, entretanto, poderiam desanimá-los. "Não espero mais nada", disse D. Marisa. "Espero apenas que não se esqueçam da armenidade", comentou D. Nuver. O ensinamento maior veio da Mamá, D. Marie, em armênio (não turco!): *amen meg lezu, meg marterã*, isto é, "todos em uma só língua, uma só nação".

Essa antiga nação, nascida cerca de dois mil anos antes de Cristo, tem vários orgulhos. O primeiro, de guardar os restos da Arca de Noé no cume de sua montanha-símbolo, o Ararat (hoje parte da Turquia, mas que insistem em dizer que ainda pertence à Armênia).

O segundo, a língua e o alfabeto de 38 letras, criado pelo teólogo Mesrob Machdodz, em 405. Logo traduziram a Bíblia e, ao tocar no assunto religião, chegamos ao outro grande motivo de orgulho: a Armênia foi o primeiro Estado a adotar o cristianismo como religião oficial, em 301.

No Brasil, a língua começa na boca dos mais velhos e chega no máximo até a segunda ou terceira geração. Duas escolas ensinam o armênio, mas a tradição se perde no tempo, afinal existem línguas mais úteis e importantes para se estudar.

As igrejas ainda são ponto de encontro e quase todas (Católica Apostólica, Católica Romana e Evangélica) ficam no centro de São Paulo. Por causa disso, a região ganhou praça e estação de metrô Armênia.

Voltando ao futuro, percebo que os velhos insistem: não há muito o que se esperar. Sabiamente, demonstram que há, apenas, muito o que se fazer! Força física eles já perderam faz tempo, então deixam para que os jovens construam e redescubram o seu mundo. Mundo novo, criado com o carinho pelos velhos.

Na hora de partir, fico triste. D. Marisa continua com os olhos na TV, mas pede para eu voltar logo.

D. Nuver insiste para que fique mais cinco minutos, para que tome só mais um café. Digo – todas as vezes – que quero ver a perna dela melhorar e que ainda vou encontrá-la na Ugab, junto de suas amigas.

Rafael não pede nada. Fica feliz quando dou um beijo de tchau e se despede beijando a minha mão, um verdadeiro *gentleman*.

D. Marie, a Mamá, com sua alegria, se levanta comigo e me segue até a porta. "Onde a senhora pensa que vai?", pergunto. Ela retruca, tentando se equilibrar no andador: "Ai, filha, Mamá também vai embora! Mamá vai namorá!", se diverte.

Saio sorrindo, com uma pitada a mais de coragem para enfrentar os desafios da vida. No rádio, Elis Regina[9] — morta há 25 anos — continua a cantar:

> *Você não sente não vê*
> *Mas eu não posso deixar de dizer, meu amigo*
> *Que uma nova mudança em breve vai acontecer*
> *O que há algum tempo era novo, jovem*
> *Hoje é antigo*
> *E precisamos todos rejuvenescer...*

Notas e referências

1. Entidade fundada em 1910, com sede nos Estados Unidos. Chegou ao Brasil em 1934 e realiza trabalho voluntário destinado a armênios e não-armênios necessitados. Atua também com outras entidades, como a União Geral Armênia de Beneficência. Entre as ações sociais estão o abrigo de idosos na Casa de Repouso da Sociedade Beneficente de Damas Brasil-Armênia, além de distribuição de cestas básicas e remédios para os mais carentes.
2. BARDAKJIAN, K. *Hitler and the armenian genocide*. Massachusetts: The Zoryan Institute, 1985.
3. VARTANIAN, Y. *A coletividade armênia no Brasil*. (Em armênio.) Buenos Aires: [s.n.], 1948.
4. KECHICHIAN, H. *Os sobreviventes do genocídio: imigração e integração armênia no Brasil*. 2001. Tese de Doutorado em História. Faculdade de Filosofia, Letras e Ciências Humanas, Universidade de São Paulo, São Paulo.
5. Conte Grande (1927-1962). Navio que trouxe muitos imigrantes italianos para o Brasil. Foi construído em 1926, em Trieste. Um ano depois, começou a operar na linha entre Genova, Napoli e Nova York. Em 1932, passou a servir a América do Sul. Era um gigante para a época: 25.661 toneladas, 190 metros de comprimento, duas chaminés e dois mastros. Tinha capacidade para transportar 578 passageiros na pri-

meira classe, 256 na segunda, 164 na segunda econômica e 720 na terceira (imigração). Quando a Itália entrou na Segunda Guerra, ficou retido em Santos e, em 1941, foi formalmente apreendido pelo Brasil. Rebatizado como Conte Grande, operou na América do Sul até 1961.

6. União Geral Armênia de Beneficência, entidade com filial em mais de trinta países que assiste milhares de armênios no mundo e no Brasil. Disponível em: http://www.ugab.com.br. Acesso em 21 jan. 2007.

7. ARTZRUNI, Ashot. *História do povo armênio*. São Paulo: Comunidade da Igreja Católica Apostólica Armênia do Brasil, 1976, p. 447-9. Tradução de Hagop Kechichian.

8. Garabed chegou nos anos 1920, trazendo na mala um livro de receitas típicas. Os armênios levavam carne temperada na Casa do Garabed para fazer esfiha, e o boca-a-boca garantiu sua fama. Hoje o filho Roberto comanda as quatro salas simples, onde os clientes (maioria *derratzi*) esperam no mínimo trinta minutos para saborear *bastrmá* (carne seca armênia), coalhada, *kebab*, entre outros pratos e doces típicos. Disponível em: http://www.casagarabed.com.br.

9. Belchior. "Velha roupa colorida", 1976. Intérprete: Elis Regina.

As artérias do Agar

PATRÍCIA BAPTISTA

O sangue corre em nossas veias todos os dias, em todos os momentos, sem parar, sempre. Nem nos damos conta disso. Ele é vital para as células, pois leva até elas alimento e oxigênio, e retira substâncias inúteis. Percorre todo o corpo, em veias e artérias, que se subdividem até formar vasos bem finos, chegando a todas as células. O sangue é vermelho, quente, inquieto, pulsante e também carrega consigo sentimentos. Sensações que dominam as veias.

Dezembro de 2006. Conheci um sítio que funciona como um grande coração. Movimenta-se 24 horas por dia, bombeando sangue para as veias de muitas pessoas. Nesse sangue há um misto de angústias, conquistas, solidão, frustração, alegrias, desentendimentos, esperança, recomeço, compreensão e muitas outras coisas.

"A gente ama aquilo que ninguém ama. É muito fácil amar o que é bonito, perfeito, cheirosinho, que te trata bem... Agora, amar quem te xinga de bruxa, quem tem um monte de problema? Ai, não é fácil. Tem hora que a gente pensa 'Vai catar coquinho! Não são meus fiiiilhos, nem meus sobriiiinhos, nem nada'... Mas a verdade é que a gente fica que nem galinha choca com eles. A gente ama meeesmo."

Agnes Freitas Pinto estava de plantão naquele sábado quente de dezembro. Cuidava de tudo sozinha. Até demorou um pouco para me atender na recepção do escritório do Sítio. "A gente tem que ficar com um olho aqui e outro lá, hã hã hã." Antes de falar comigo, Agnes atendeu vários telefonemas. Enquanto a aguardava, fui surpreendida por um garoto de 14 anos, chamado Rogério[1], que sofre com alguns problemas neurológicos. Eu estava sentada num sofá confortável e o moreninho sorridente entrou rapidamente, abraçou-me por uns cinco segundos e me cumprimentou dando a mão. "Oi, eu sou o Rogério. Prazer." Logo em seguida, ele me deu, em silêncio, um *folder* e um jornal sobre o Sítio Agar. Agradeci, perguntei algumas coisas a ele, mas Rogério não respondeu. Já não olhava mais para mim, e sim para o chão. Saiu tão rapidamente quanto entrou.

Agnes trabalha no Sítio Agar desde 1993, quando foi fundado. O local, em Cajamar, interior de São Paulo, próximo à capital, abriga crianças e adolescentes que têm um sangue diferente. São portadores do HIV, o vírus causador da Aids, doença que atinge o sistema imunológico a ponto de tornar mortais infecções geralmente corriqueiras. Além disso, eles não têm família ou estão afastados dela.

A mulher forte, morena, de sorriso largo e dentes bem brancos, cabelos curtos e um pouco grisalhos, é coordenadora da Casa de Ismael, que foi construída há apenas quatro anos para abrigar crianças e jovens até 18 anos não-portadores do HIV, mas que ficam temporariamente afastados de suas famílias por decisão judicial, por causa de violência doméstica ou desestruturação familiar. Neste 2007, quinze crianças moram na Casa de Ismael. E há outras duas casas, as de Agar, que abrigam, no total, 45 crianças e jovens portadores do vírus.

Ela é conhecedora de tudo o que é feito e o que se passa no Sítio, porque trabalha ainda nos finais de semana com todas as crianças e começou a atuar como voluntária por ter se comovido com a proposta de cuidar dos portadores do HIV. Agnes, de 51 anos, tem veias agitadas. Se alguém a chama lá fora, ela já corre para ver do que se trata. Atende a todos, sem exceção. Sentada em uma cadeira giratória, ela lembrou – olhando em direção à porta de vidro da recepção, que estava aberta, e abrindo os braços – como o Sítio começou.

"Não tem um poema que diz: 'Por aqui, tudo era mato'? Acho que é do Cassiano Ricardo. Então, quando eu vim conhecer o lugar, não tinha nada aqui. E só tinha uma coordenadora. As crianças chegavam aos poucos e a gente fazia de tuuudo um pouco." Quando começou a freqüentar o Sítio, era professora do Ensino Fundamental e magistério no município e nunca imaginou que, um dia, poderia se tornar funcionária do Agar. A oportunidade veio quando ela estava para se aposentar. Recebeu o convite para cuidar da Casa de Ismael e aceitou. "Eu fiquei sabendo da existência do Sítio numa palestra que o padre deu na igreja. No meio das pessoas que acompanhavam a palestra, tinha gente com Aids. Mas o fato de estarem doentes só foi revelado no final do evento. Aí pronto! Caiu no coração, né? Quando que a gente ia imaginar isso? Entendemos que podíamos conviver normalmente com quem tinha o vírus. Foi uma lição."

Permitir que as crianças "morressem com dignidade" era a idéia do Sítio Agar quando de seu surgimento, em 1993. O objetivo era tentar dar às crianças um dia a mais de vida e fazer com que esse dia fosse feliz. A partir de 1998, quando os portadores de HIV do Sítio passaram a ser medicados com o coquetel anti-Aids, a filosofia mudou. Surgiu uma nova esperança. Os abrigados ganharam uma injeção de vida, um fôlego muito maior. Suas veias reacenderam, na luta pela sobrevivência. A visão dos que trabalham no Agar, então, deixou de ser a de esperar pelo dia da morte das crianças e se transformou na preocupação de dar boas condições a elas, a longo prazo, já que agora podem viver mais. Entre 1993 e 1998, cerca de vinte crianças morreram no Sítio. Depois disso, apenas duas faleceram: um garoto de 12 anos que já havia chegado ao abrigo debilitado e deprimido por causa da Aids e um bebê que morreu por problemas cardíacos.

– Agnes, como foi lidar com as mortes no Sítio, principalmente no início?

Girando a cadeira mais rapidamente, Agnes responde:

– No início, mesmo sem ser funcionária, eu ficava sabendo das mortes. Eu ia no cemitério e tuudo. Foi tudo muito doído.

Ela dá um suspiro mais forte e prossegue:

– As crianças já vinham pra cá com o rótulo de que iam morrer. A gente lutava pra elas viverem e quando a gente perdia, ficava muito pra baixo.

Nossa conversa foi interrompida por um ronco de motor. Era uma *van* cheia de crianças que desembarcaram perto da recepção. Agnes correu para fora e me chamou.

– Olha, Patrícia! Venha ver! Foi um monte de criança pra uma festa e voltou um monte de curupira! Ai, ai, ai!!!

As crianças haviam ido para uma festa no Hospital Emílio Ribas, de São Paulo. Voltaram todas com os cabelos pintados de vermelho. Várias delas, quando viram Agnes, correram para abraçá-la.

– Olha, só de abraçar já fiquei com a blusa cheia de tinta! Hã, hã, hã – disse ela.

O Hospital Emílio Ribas é o local para onde vão os soropositivos do Sítio pelo menos uma vez ao mês, para o controle da carga viral e a definição de quais remédios e em que doses deverão tomar. E sempre em fim de ano, o hospital oferece uma festa às crianças menores de 12 anos, com direito a distribuição de bolas e bexigas.

Voltamos a nos sentar, após o alvoroço da chegada dos "curupiras".

— Bem, retomando nossa conversa, Agnes, dá pra definir o que é perder uma criança aqui?

Após dar outro suspiro mais forte, respondeu:

— Não tem como definir isso. Acho que nunca estávamos preparados para as perdas, mesmo sabendo que, no começo, o Sítio era só para abrigar as crianças e que a morte provavelmente viria logo.

Depois que a fase das perdas por causa da doença foi amenizada com o prolongamento da vida por meio do coquetel, os funcionários do Sítio tiveram que aprender a lidar com outras emoções. Alguns abrigados voltam para suas famílias, que estavam sem condições de criá-los por várias razões, ou são adotados por outras pessoas.

"Às vezes, quando alguém vai voltar pra sua família, a gente acha que aquela família ainda não é o ideal. Mas temos que aprender que, o que pode não ser bom pra mim, pode ser bom na visão deles. A gente já observou que o fato de ter a família deixa a pessoa mais viçoooosa. A gente tem que saber aceitar."

Agnes lembra-se de um episódio que a entristeceu bastante: "Uma vez, veio um casal aqui pra adotar uma criança de um ano e meio. Essa criança era filha de soropositivos, mas não tinha o vírus. Eu não senti muita firmeza na mulher. Era tudo muito bonitinho, mas, não sei por quê, fiquei cismada com ela. E não deu outra: três meses depois, o casal trouxe a criança de volta pra cá, porque ela era agitada, bagunceira e tal. Mas o que você pode esperar de uma criança dessa idade? Que vá ficar sentada ou dormindo o dia todo? E se o filho fosse dela, ela ia se livrar pondo na barriga de novo? Ai, isso me marcou muito, viu?"

Agnes conhece cada uma das crianças e todos os nomes, tanto das que são das casas de Agar como das que são da Casa de Ismael. Por esse e outros motivos, eu estava certa de que ela tinha filhos. Aliás, imaginei que tivesse uns três ou quatro. "Não, eu não tenho filhos. Só os postiços. Ah, isso aqui entra no sangue da gente, não tem jeito! Se eu tivesse ficado lá no meu mundiiinho, não sei o que teria sido não. A gente aprende muito aqui. O Sítio faz a gente ficar mais sensível, mais humana. E a gente aprende a analisar tudo de forma mais ampla. Se uma pessoa aqui está de um jeito, a gente olha pro contexto, e não olha ela isoladamente. A gente pesquisa coisas sobre a doença em livros, vai atrás da psicóloga daqui. Apesar de que às vezes eu falo pra psicóloga que ela tem umas teorias lindas, mas tem coisa que na prática é muito diferente. E acho que o meu relacionamento com o Sítio é meio contaminado. Acho que deve ter coisa que eu nem enxergo, aqui. Sou suspeita pra falar. Tá na pele, sabe? Tá muito envolvido..."

E há uma certeza nas veias de Agnes. Uma intuição diz a ela que a cura para a Aids já existe. "Olha, é só uma sensação. Eu não tenho prova, nem nada. Mas eu acho que a cura já existe, mas não é divulgada porque os laboratórios ganham muito dinheiro com a doença. Sabe, um dia, veio um rapaz aqui no Sítio que falou sobre cura, por meio de aplicação de Ozônio, feita lá no Paraná, uma coisa assim. Não lembro quem era ele e nem exatamente sobre esse método que ele falou. Mas eu acredito que a cura já exista sim!"

Naiara, porta-voz

Ela não sabe ao certo de onde veio. Acha que nasceu em Várzea Paulista (SP). Antes de ter sido levada ao Sítio – o que ocorreu quando tinha três anos –, acredita que tenha vivido em outro abrigo, para onde foi conduzida depois de a polícia tê-la encontrado em uma praia do litoral paulista sozinha, esquecida pelo avô, que estava embriagado.

Nas veias de Naiara corre um sangue que carrega o HIV. Apesar disso, a Aids não se desenvolveu na garota de 13 anos de idade. Quem a deixou no Sítio Agar foi sua avó e esse momento está muito vivo em sua memória. Sorrindo de forma serena, sentada em minha frente e com as mãos apoiadas sobre uma mesa redonda, na sala da psicóloga do Sítio, Naiara disparou: "Eu só me lembro que a minha avó mandou que eu esperasse na sala da casa do Sítio, porque ela ia na cozinha pra beber água. E eu fiquei lá, com um homem, funcionário do Sítio, esperando, esperando... Aí, eu reparei que começou a fazer muito tempo que minha avó tinha ido beber água. Procurei por ela e não achei mais. Minha avó não voltou e eu chorei muito. O funcionário falou pra mim que isso era normal e que logo ia passar. Depois, fui conhecendo bastante gente. Demorou, mas a dor passou".

Um nó formou-se em minha garganta naquele momento. Não sei por quê, mas, quando Naiara contou o episódio da avó que desapareceu do Sítio e não voltou, veio à minha mente uma imagem estranha, de algo que nunca me aconteceu. Vi a mim mesma pequena, com pouca idade, sozinha, sem pai nem mãe, num parque de diversões imenso, olhando para todos os lados e vendo pessoas comendo maçãs do amor e algodão-doce e muitos brinquedos girando e fazendo barulho. Fiquei com vontade de chorar depois dessa cena que dominou meu pensamento, mas me contive e Naiara nada percebeu.

Apesar da pouca idade, Naiara é uma espécie de porta-voz das crianças que vivem no Agar. Tem um sangue eletrizante correndo nas veias. É procurada pela imprensa, é levada pelos coordenadores do Sítio para dar palestras e até escreve matérias para o jornal da instituição. Está um pouco adiantada na escola, concluindo a 8ª série do Ensino Fundamental. Já fez curso de teatro, joga vôlei, estuda inglês e, como passatempo, gosta de escrever peças de teatro para as próprias crianças do Sítio encenarem.

Ela me convidou, então, para conhecer todo o Sítio Agar. Foi guia para mim por cerca de duas horas. O Sítio fica no alto de um morro cercado por Mata Atlântica. Lá, o ar é fresco e revigora os pulmões e o ânimo. O Sítio Agar foi construído todo no estilo europeu. É formado por três casas amplas, de paredes amarelas e detalhes pintados de azul. Os telhados são íngremes, como se tivessem a missão de deixar a neve derreter e escorrer para não sobrecarregar o teto. A imponência do abrigo, inclusive, destoa da maior parte do município, modesto e de casas simples e até barracos em outros morros. Para se chegar até ele, é necessário pegar uma estrada estreita e rodeada por árvores, não muito longe do centro da cidade.

Saímos da sala da psicóloga em direção à lavanderia, onde trabalha Isabel. Ela atua no Sítio desde 1996. De baixa estatura, cabelos enrolados e óculos, mostra, empolgada, a máquina industrial em que são lavadas as roupas. Elas chegam até Isabel embaladas em sacos plásticos. "Sempre tem um montão de coisa pra lavar. Sou funcionária até um certo horário, mas sempre fico umas horas a mais, como voluntária. Isso aqui é tudo pra mim. Agora eu preciso correr, porque no sábado vou folgar e não posso deixar essa roupa suja aqui. A turma tem de ter o que vestir, né?"

Passamos em volta da quadra poliesportiva que está em construção. Quando a obra ficar pronta, Naiara pretende formar times de vôlei para realizar jogos. Subimos para a sala de informática, onde estavam duas meninas do Sítio, entretidas com a internet. Nessa sala, são ministradas aulas para os abrigados e para pessoas da comunidade de Cajamar, que pagam dez reais por mês. "Essa mistura da gente que tem o HIV com o resto da comunidade é muito boa. As pessoas se conscientizam e aprendem que nós levamos uma vida normal", disse Naiara.

Além de receberem pessoas da comunidade em ambientes do Sítio, os abrigados também freqüentam as escolas de Cajamar, os locais de diversão, aulas de futebol e dança, especialistas como fonoaudiólogos, entre várias outras coisas. E, diariamente, o Sítio fica aberto a visitas, sempre das 15 às 16 horas. "É boa a abertura pra visitas. Sabe, tem gente que vem aqui no Sítio e pergunta: 'Cadê o pessoal doente?'. As pessoas imaginam que vão ver crianças de cama, debilitadas aqui", revelou Naiara.

Conheci, posteriormente, um depósito onde ficam estocados os alimentos doados ao Sítio e os comprados. São separados por data de validade e distribuídos de forma organizada entre as duas casas de Agar e a Casa de Ismael. Perto do depósito fica um galpão amplo onde funciona o bazar do Sítio. Nele há muitos produtos e objetos doados pelas pessoas, que podem ser adquiridos pela comunidade por preços acessíveis. Um técnico avalia as condições dos eletrodomésticos quando eles chegam ao Sítio e, assim, são estabelecidos os preços. Fogões, geladeiras, roupas, sapatos, guarda-chuvas e até fantasias de carnaval compõem o estoque. Muitas pessoas que vão se casar dão uma passada pelo bazar para comprar itens para a casa.

Naiara contou que tem o sonho de se casar. Quando isso acontecer, vai querer morar em Alphaville, condomínio fechado de classe alta. "A gente sempre vai lá, porque tem uma mulher que ajuda o Sítio Agar e às vezes ela convida pra passearmos com ela. Eu vi uma casa e é lá que eu vou querer morar. Quando chegar a hora e eu tiver o dinheiro, vou tocar quem estiver morando lá... Não quero nem saber. A casa já é minha!", sorriu.

A mãe de Naiara não se lembra de certas coisas e, por isso, não pode fornecer mais informações sobre a história da própria filha. Sofreu derrame em conseqüência da Aids e está debilitada. O pai, Naiara não conheceu. Só sabe que ele teve uma filha com outra mulher e mora em Minas Gerais. Há cerca de quatro anos, a avó foi procurá-la no Sítio. Naiara não a reconheceu, mas acostumou-se com ela e outros parentes, após várias visitas. Desde esse contato, a avó, a mãe, tias e primos já moraram, juntos, em quatro casas diferentes. Atualmente eles estão em Mogi das Cruzes, ainda sem estrutura para cuidar de Naiara. "Em Perus parecia um porão onde eles moravam. Essa casa em Mogi é melhor, tem quarto pra minha mãe, quintal pra minha priminha... O bom do Sítio é que ele dá oportunidades. Aqui, posso estudar, fazer cursos, participar de passeios culturais, várias coisas. São coisas que eu não teria se estivesse com a família."

Apesar de saber das vantagens de se estar no Sítio, Naiara reconhece que sentiu-se melhor depois que reencontrou a família. "A gente, aqui dentro do Sítio, não consegue ver muito bem como é o mundo lá fora. Tive mais aprendizado ainda sobre o que é certo e errado quando voltei a ver os parentes. O Sítio é um lugar bom, mas acho que ele tem que ser como um temporal: tá chovendo, então vamos ficar dentro. Parou de chover, melhorou, então, vamos para fora!" Um dos sonhos dela é comprar uma casa para a avó. "Queria comprar uma casa pra ela não ter mais que ficar se mudando o tempo todo. Queria que a casa tivesse um jardim enorme. Minha avó adora flores. Mas, olha, esse jardim seria separado da casa, com uma portinha assim", gesticulou. "Lá no jardim teria uma ponte e um riozinho, inclusive. Minha avó ia passar um tempão florindo o jardim, regando lá..."

Subimos mais um pouco e entramos na Casa de Ismael. Agnes estava lá, rodeada por crianças, fazendo trabalhos manuais com elas sobre uma mesa bem grande no meio da sala. "Fiquem à vontade, meninas!" A Casa de Ismael tem dois andares. Quartos para crianças mais velhas e quartos para os bebês. Tem cortinas delicadas azuis e bichinhos de pelúcia nas camas.

Agar é um nome bíblico. Pela história, ela era serva de Sara, esposa de Abraão, de acordo com o livro de Gênesis. Devido ao fato de ser estéril, Sara teria permitido que Abraão convivesse com Agar para gerar um herdeiro. Dessa união, foi gerado Ismael. De acordo com a tradição judaico-cristã, no entanto, Sara acabou tendo um filho, Isaque, por milagre, e Ismael passou a perseguir e humilhar seu meio-irmão. Devido a esse fato, Sara incitou Abraão para que expulsasse Agar e Ismael. Eles quase morreram de fome e sede no deserto, até serem socorridos milagrosamente por Deus. Agar acabou cuidando de Ismael até que ele crescesse e se casasse. Naiara explicou-me o porquê dos nomes usados no Sítio do seu jeito. "O filho de Agar era Ismael e ele foi abandonado. As crianças da Casa de Ismael são como filhos das nossas casas (Casas de Agar)."

Ela gosta de vários tipos de música: infantis, reggae, hip hop, árabe... "Só não gosto de forró e sertanejo. Country eu até engulo", ri Naiara, que, duas vezes ao dia, toma sete tipos diferentes de comprimidos e pinga colírio nos olhos. "Minha vista arde muito. Quanto ao coquetel anti-Aids, não me sinto mal ao tomar, não. Parece que ele dá uma revigorada quando eu tomo." Naiara é alta. Tem pernas e braços finos e, ao mesmo tempo, é robusta. Seu rosto é ovalado e desenhado por olhos amendoados, nariz fino e sorriso largo e lábios grossos. É descendente de negros e sua pele, morena clara.

Seus cabelos estavam presos com um rabo-de-cavalo, mas estavam subdivididos em várias mechas presas por elásticos azulados. Sobrancelhas muito bem-feitas. "Andei fazendo relaxamento no meu cabelo. Logo logo vou pintá-lo de vermelho", revelou. Usava uma calça justa cor-de-laranja e uma blusa preta que levava a palavra "Produção" nas costas. Perguntei de onde era essa blusa, mas Naiara não sabia, já que o Sítio também recebe doações de roupas, que vêm de pessoas dos mais variados lugares e segmentos da sociedade.

Atravessamos a rua, deixando para trás, portanto, a recepção (escritório) do Sítio, a lavanderia, a sala de informática, os galpões de alimentos e produtos e a Casa de Ismael, além da Padaria do Sítio Agar, que produz alimentos para os abrigados e a comunidade e que permite aos jovens aprender um ofício também.

Do outro lado da rua, ficam as casas 1 e 2 de Agar. À direita do portão principal, na parte alta, fica a casa 1, que abriga quem tem até 9 anos. No caminho até ela, pés de frutas como manga, goiaba, abacate e jaca e ainda uma pequena capela pintada de amarelo. Dentro dela, está uma imagem de São Luís Maria de Montfort. O Sítio Agar foi fundado pelo missionário holandês Antonius Van Noije – conhecido como frei Antonio –, que está no Brasil há vinte anos. Antes de realizar esse trabalho, no entanto, o frei lidava com moradores de favelas da região de Perus, bem próximo a Cajamar. Mas suas veias, ao longo do tempo, sentiram a necessidade de fazer algo diferente, algo a mais, algo mais forte. Percebera, então, que sua missão era outra. E cerca de vinte anos atrás foi quando começou-se a falar muito da Aids no Brasil, especialmente após ter atingido celebridades como Cazuza e Renato Russo.

O frei Antonio não só fundou o Agar como passou a instruir a comunidade da região sobre a doença e a importância do Sítio, por meio de palestras em escolas, igrejas e outros setores. O Sítio é uma organização não-governamental, que sobrevive com doações e renda proveniente de alguns projetos, para pagamento dos funcionários e compra de alimentos. As construções, no entanto, foram feitas com recursos de entidades holandesas e de ordens religiosas católicas, entre elas a dos monfortinos, fundada na França em 1716 e da qual o frei faz parte. O frei, inclusive, é quem presta contas de tudo o que é feito no Sítio. Passou o final de 2006 na Holanda, fazendo isso. A partir de 2007, o Agar não receberá mais essa ajuda financeira da Holanda, pois não tem mais para onde crescer em termos de construções.

Apesar da origem religiosa do Sítio, as crianças e jovens não têm aulas de religião e são livres para escolher aquela com que se identifiquem. "Acho que religião não importa. Deus é um só. Não adianta ir à igreja todo dia e fazer só coisa errada. Eu tenho a minha fé, rezo à noite e acho que isso é importante", definiu Naiara.

– O que você pede em suas orações?

– Ah, depende do meu estado de espírito, né? Eu divido a oração em três partes. A primeira é pra pedir perdão. A segunda, pra pedir o que estou precisando, como agora, que tenho pedido para passar no vestibulinho de uma escola técnica, proteção pra família... E na terceira parte eu agradeço por tudo.

Ao lado da capela há viveiros com pássaros azuis e amarelos.

– Às vezes, quando eu tô nervosa, eu olho pros bichos e relaxo. Eu gosto deles.

– O que te deixa nervosa?

– Ah, eu não gosto de injustiças. Mas eu sou muito tranqüila. Tem que me encher muito o saco pra me tirar do sério, hahaha.

Fomos para a casa 1. Ficamos um pouco no terraço, que ainda receberá uma cobertura. O sol queimava na cabeça, mas, mesmo assim, continuamos a conversar. A vista do terraço revela o verde das montanhas de Mata Atlântica. Respirei mais profundamente e criei coragem para perguntar se Naiara tinha medo de morrer. Como para todas as outras perguntas, ela me deu uma resposta com naturalidade. "Eu não temo a morte. Sou tranqüila. Quando chegar a minha hora, eu vou aceitar. Posso morrer de doença, como posso morrer atropelada por um caminhão. Eu creio na vida eterna. Aqui é só um teste para nós. É como uma escola. Ao final de tudo, vamos ver se fomos bem ou não, se tiramos notas vermelhas, notas azuis. E acho que cada um tem o poder da escolha. Deus não deixa escrito que alguém tem de ser bandido. A gente é livre pra escolher."

A grande maioria das crianças do Sítio Agar que morreram estava internada. Quando elas começam a ficar debilitadas, são levadas para o Emílio Ribas e despedem-se da vida longe dos amigos do Sítio. Naiara lembra-se bastante de um garoto chamado Joe, que faleceu quando tinha 9 anos. "Quando viram que ele não tinha mais chance de viver, trouxeram-no de volta pro Sítio. Várias coisas foram feitas para agradá-lo, várias de suas vontades. Depois, ele voltou pro hospital e morreu feliz. Eu tenho a certeza de que ele ficou bem, porque ele era um anjo ainda. Não tinha como ser diferente, né?" Na visão de Naiara, o dia seguinte ao de alguma morte no Sítio é de muita reflexão. "O pessoal fica mais quieto, evita brigar. É momento de refletir, sem discussão. Acho que demora mais ou menos um mês pra recuperar assim de vez, depois que alguém morre."

No início, o trabalho com as crianças no Sítio era feito como forma de caridade, por voluntários. Depois, foi se profissionalizando ao longo do tempo, com a contratação de trabalhadores como educadores, cozinheiros, ajudantes, motoristas, enfermeiros, psicólogos, coordenadores e de manutenção. Hoje, o Sítio possui 53 funcionários. Sempre há alguém lá. São 24 horas de serviços e cuidados. O trabalho de psicologia, por exemplo, começou a ser realizado de forma efetiva no Sítio em 2002. A partir disso houve um melhor planejamento, trato especial para revelar às crianças que elas são soropositivas e para ajudar os funcionários a lidar com as dificuldades e emoções que enfrentam durante o trabalho.

A forma como Naiara soube que tinha o vírus da Aids não foi discreta; na época, ainda não havia a estrutura ideal para prepará-la, há pouco mais de quatro anos.

— Eu sempre ficava pensando: "Por que será que não tenho família? Por que moro no Sítio?". Um dia, quando eu estava na quarta série, uma menina chamada Aline Maria começou a falar pros outros: "Saiam de perto dela! Ela tem uma doença!" A turma começou a me chamar de aidética na escola e eu não entendi nada.

— E como você acha que essa menina sabia que você era soropositiva?

— Deve ter sido pela família dela, que devia conhecer a história do Sítio e deve ter contado a ela.

— E depois, como foi quando você voltou ao Sítio?

— Cheguei aqui chorando. Aí, o frei Antonio me explicou o que era a doença. Depois, levei *folders* do Sítio pra escola, os professores deram palestras pra que os outros compreendessem e o convívio melhorou! Até hoje conservo amigos daquela quarta série.

— E você voltou a ver a Aline Maria?

— Olha, eu a vi depois, ano passado, em outra escola. Ela passou por mim de cabeça baixa. Falei pras minhas amigas que não preciso fazer nada pra ela. Só pelo fato de eu estar bem, já me basta! Não guardo mágoa.

Confiança é a palavra de ordem para Naiara e outros abrigados. Eles só contam aos outros que são soropositivos se acharem que a amizade será duradoura ou que o amor é verdadeiro. Têm horários para dormir: durante a semana, às 22 horas; aos fins de semana, à uma ou às duas da madrugada. Os funcionários permitem que saiam e se divirtam na cidade, mas ensinam que existem os limites. Os jovens aprendem a discernir entre as coisas e pessoas que valem ou não a pena. Já houve casos de eles contarem a "amigos" que são soropositivos e receberem o desprezo em troca. Em outras situações, foram apoiados e não ficaram sozinhos.

No jornal do Sítio Agar de setembro de 2006, a seção Coluna da Naiara trouxe as seguintes opiniões dela:

Muitas vezes amamos e não somos correspondidos.
Em outras, somos amados e não correspondemos.

Isso acontece muito com os adolescentes e comigo já aconteceu, com ele já aconteceu e com você também, mas de tudo isso eu cheguei à conclusão de que se você ama e não é correspondido, parte pra outra. Agora, se é amado e não corresponde, seja sincero e não ignorante e diga a verdade para a pessoa.

Naiara não tem sintomas. É incomodada apenas pela lipodistrofia, provavelmente causada pela medicação anti-HIV. A disfunção provoca acúmulo de gordura em certas partes do corpo e perda em outras. Isso pode resultar em aumento da cintura, dos seios, acúmulo de gordura na nuca e na parte superior das costas, em volta do pescoço e das mandíbulas, definhamento da face – especialmente das bochechas –, das nádegas e veias proeminentes nos braços e nas pernas, por causa da perda de gordura. As mudanças no corpo também afetam as pessoas em relação à auto-estima. "Às vezes eu falo pro médico que eu tô gorda e tal. Mas tudo bem. Eu estou bem e é o que importa. O que vale é ter disposição." A hora do almoço se aproximava. Entramos na casa 1. Uma funcionária preparava a comida para servir às crianças, enquanto outra dava atenção a algumas delas. A casa 1 também tem dois andares, paredes azuis e amarelas e três quartos. Há um sótão colorido por vários bichos de pelúcia. Na ocasião, várias crianças pulavam lá, ao som de música infantil em alto volume. No quintal, ainda há duas piscinas.

Passamos por várias crianças e uma delas despertou minha atenção. Era a mais nova do Sítio, Luís, de apenas seis meses de vida. O bebê, gordinho, de sobrancelhas grossas e cabelos castanhos, sorriu quando mexi em sua barriga. Estava deitado num carrinho, esperando pelo seu almoço.

Deixamos a casa 1 e descemos para a casa 2, onde vivem Naiara e todos os que têm entre 9 e 17 anos de idade. Perto da porta principal, um enfeite. Era um tamanco típico holandês. A sala possui aparelho de som, de DVD e videocassete. À direita fica a cozinha industrial, onde são feitas as refeições para a casa 2 e de onde saem alimentos para as outras casas do Sítio. Naquele dia as cozinheiras faziam uma feijoada que tinha um aroma de deixar o estômago atiçado. À esquerda da entrada fica a sala de medicação. No mesmo andar, quartos e banheiros. De um lado, os femininos e, do outro, os masculinos. No andar de baixo, uma mesa ampla para estudos.

Seguimos para o quarto que Naiara divide com outras três meninas. Há beliches e a cama dela fica na parte inferior. Todas as camas estão arrumadas, mas apenas na de Naiara os bichos de pelúcia estão organizados em duas fileiras simétricas sobre a colcha. "Eu detesto bagunça. Volta e meia eu pego no pé das meninas pra elas arrumarem as coisas delas!" Sobre as camas, há toalhas com o nome de cada uma das meninas bordado. O mesmo ocorre nos quartos dos meninos.

A casa 2 é toda circundada por uma varanda. Dela, é possível avistar um lago – pertencente ao Sítio mesmo – que tem cisnes, patos e tartaruga. É essa vista que Naiara admira quando pára pra pensar na vida.

– Você é feliz aqui?

– Eu sou feliz. Por que ser triste num lugar tão lindo assim, não é?

Ela tem o sonho de escrever peças de teatro para crianças, filmes para adolescentes e telenovelas para adultos. Já treina um pouco disso ao escrever peças para os amigos do Sítio encenarem. As fantasias para colorir as apresentações vêm de doações e são adequadas e adaptadas por Naiara. Ela ainda fica de olho nas doações de objetos para compor os cenários. Uma das histórias preferidas que já criou é a que é formada por dois reinos: o das fadas e o das bruxas. A escritora tem tudo na cabeça:

"A história é assim: as bruxas raptam a princesa do reino das fadas, para tentar pegar dela um medalhão. Com esse medalhão, as fadas conseguiam sempre tudo o que queriam. Mas depois as bruxas percebem que o medalhão não é algo material, que pode ser pego. Elas descobrem que o medalhão é uma força interior, uma força que vem de dentro e que faz as fadas terem sucesso. Esse medalhão, ninguém pode roubar."

As crianças e jovens da casa 2 já estavam almoçando. Naiara estava atrasada para a refeição por minha causa. Acompanhou-me até o portão. Fomos interceptadas pelo garoto Rogério, o mesmo que havia se apresentado para mim quando conversei com Agnes, alguns dias antes. Ele deu um abraço em Naiara e, em seguida, disse "muito prazer" para mim. Arrancou uma pequena flor do pé de primavera da entrada do Sítio e a colocou em minhas mãos, depois de ter me abraçado também. Tentei conversar com ele, mas Rogério olhou para o chão e foi embora sem responder. Despedi-me de Naiara e também parti.

Mônica: coitadinhos, não

Um bebê começa a chorar. Por causa disso, sensibiliza alguém e ganha colo. Ao perceber que a estratégia funciona, outro começa a chorar também. Vira um efeito dominó, com várias crianças soltando lágrimas e querendo atenção, umas após as outras. A pessoa que acalmou a primeira criança fica perdida e com vontade de distribuir o colo e o carinho entre todas, apesar de saber que isso é praticamente impossível. Diante do impasse, recebe ordem para não pegar mais ninguém no colo e deixar todo mundo chorar até se cansar.

Quem se lembra dessas cenas é a psicóloga do Sítio Agar, Mônica Pazotto Barbosa, de 34 anos. Com a falta de estrutura profissional no início da fundação do Sítio, os voluntários trabalhavam com uma filosofia voltada à caridade e iam tomando decisões de acordo com o que achavam que era adequado. Mônica fez estágio no Agar quando era estudante, em 1996, ao lado de três colegas da faculdade. Na época, o local só contava com o trabalho do frei Antonio e de uma coordenadora.

Foi nesse tempo que Mônica e os outros detectaram vários problemas. O dos bebês chorando, por exemplo, acabou sendo solucionado. "Passamos a ensinar que as crianças podem ter um pouco de colo, mas que não podem ter tudo e nem sempre na hora em que querem", explicou. "Mas o distanciamento não era bom, não. Aprendemos que era importante dar colo, mas sem exagero e sem tratá-las como coitadinhas. A proximidade com as crianças é necessária sim!"

Após o estágio, Mônica deixou o Sítio. Partiu para um trabalho com crianças com câncer, mas voltou para o Agar em 2002, como funcionária. Quando retornou ao Sítio, as coisas já haviam mudado bastante. Em 1996, ainda vigorava a visão de que as crianças estavam condenadas à morte e que precisavam de compaixão. Em 2002, quando os abrigados já usavam o coquetel anti-Aids havia quatro anos, a preocupação era a de preservar a vida deles e a filosofia tornou-se profissional. "Passamos a ensinar que eles podiam brincar no barro ou tomar chuva, como as outras crianças, e que não eram coitados."

O Sítio Agar faz de tudo para dar bem-estar, saúde, estrutura e um futuro para seus abrigados. No entanto, é de um útero que eles mais sentem falta. A maioria só tem parentes mais distantes, porque os pais faleceram, são presidiários ou não têm condições financeiras para sustentar os filhos e cuidar deles. Alguns abrigados nem sequer conhecem suas origens.

O HIV e a Aids parecem não amedrontar os moradores do Sítio, mas são vistos como os responsáveis por tê-los afastado de um lar, de uma família. "Para eles, é pesado ser portador do HIV por causa ainda do preconceito, por não serem aceitos por algumas pessoas ou pelo fato de a família não ter condições de dar os cuidados especiais de que necessitam por serem soropositivos. Mas a solidão está muito à frente da doença, do receio de morrer. Não vou dizer pra você que aqui não tem criança angustiada por ser soropositiva, mas, com certeza, a falta de família dói muito mais."

Como as crianças chegam ao Agar? Com documentação e alguns pertences. São encaminhadas ao abrigo por fóruns ou hospitais. Vêm de várias partes do país. "O ideal seria que cada cidade tivesse um abrigo para portadores do HIV sem família, mas, como isso não acontece, então recebemos crianças de outros lugares ou de hospital. A guarda delas passa a ser do frei Antonio", explica Mônica.

A mesa da psicóloga, no escritório do Agar, está repleta de pastas com processos. Na sala sóbria, ela atende crianças do Sítio, para trabalhar seus problemas, e também funcionários, que atravessam vários tipos de adversidades. E de 2004 para cá, Mônica passou a ter mais uma tarefa: a busca por familiares dos soropositivos. A idéia de fazer isso surgiu depois que os profissionais do Sítio observaram que as crianças da Casa de Ismael – onde ficam, geralmente, por menos tempo do que as crianças do Agar, esperando que as famílias superem alguma dificuldade – sentiam-se mais felizes pelo fato de conhecer seus familiares. Essa função da busca, no entanto, é das mais difíceis.

"Muitos processos estão arquivados, estagnados e isso não poderia acontecer. O certo seria que os juízes dos fóruns acompanhassem a vida dessas crianças, mesmo porque, um dia, elas podem voltar para a casa de parentes. Esses parentes, dependendo do caso, não podem vir para o Sítio porque não têm condições ou perderam o contato mesmo. Mas, deixando tudo parado, é como se as crianças estivessem condenadas a não terem mais família e a ficarem sempre sob a guarda do frei. E, quando muito tempo já passou, às vezes não achamos mais as pessoas da família, porque elas se mudaram. Outro problema são maus-tratos em algumas instituições. Já veio criança aqui pro Agar de outro abrigo, onde a educadora tinha comportamento estranho, como dormir com crianças na sua cama e andar pela casa de camisola. Isso tem de ser acompanhado", defende.

O sentimento de pertencimento é fundamental para as crianças e jovens do Agar, mesmo que fiquem sabendo que os pais podem ser presidiários, encontrar-se em estado terminal por causa da Aids, não ter condições financeiras, entre outros problemas. Por isso, Mônica gasta dias e dias indo a fóruns, analisando processos e lidando com os abrigados e educadores.

Nunca me consultei com psicólogos, apesar de considerar o trabalho deles muito importante. E, para mim, eles eram seres céticos, frios e até mesmo sem veias. Mas a psicóloga de fala mansa, cabelos castanhos repicados, pele alva e maquiagem leve fez que eu mudasse de opinião. Quando resolveu me contar a história de Paula, de 11 anos, seus olhos castanhos fizeram uma certa força para não deixar que lágrimas caíssem pelo seu rosto.

"Quando me lembro disso, eu me emociono. Nós fomos atrás da história da Paula e vimos no processo que ela tem mãe e outros três irmãos que estão abrigados. Ela ainda soube que o pai não a registrou. No entanto, não localizamos ninguém da família dela. Mesmo assim, ela ficou me agradecendo, superfeliz. Foi uma coisa simplesmente simbólica essa família para ela, mas a sensação de pertencer é muito importante. Depois disso, outras crianças do Sítio começaram a me cobrar, dizendo que eu tinha encontrado a família dela e que elas queriam o mesmo para elas. Expliquei que o que descobri foi só a história da família da Paula, mas isso mexeu muito com todos aqui."

Convenci-me, definitivamente, de que Mônica tem veias fortes, tão fortes que, um dia, a fizeram levar para sua própria casa outras veias: as do garoto Carlos. Ele havia sido adotado por outras pessoas e, quando o fórum acompanhou o caso, descobriu que ele vinha sendo maltratado. A psicóloga, então madrinha de Carlos, resolveu adotá-lo, quando ele tinha 5 anos. Hoje ele tem 10 e convive com o filho legítimo dela, Vinícius, de 5 anos.

Carlos não tem o vírus da Aids, pois negativou. O HIV pode ser transmitido ao bebê na gravidez, no parto ou na amamentação. Com duas semanas de vida, será considerada infectada a criança que apresentar resultado positivo em dois testes. No entanto, o diagnóstico definitivo só pode ser obtido depois de dezoito meses – período em que o bebê deixa de usar os anticorpos da mãe – por meio de outros dois testes. Caso a criança apresente resultado negativo, ela terá negativado, ou seja, será comprovado que ela não possui e nunca possuiu o HIV, mas sim possuía apenas os anticorpos contra o HIV provenientes da mãe. As chances de uma criança negativar são de 98% se a mãe fizer um pré-natal adequado, fizer parto tipo cesariana, não amamentar a criança e tomar medicação corretamente, entre outros cuidados.

Incentivar a adoção de portadores do vírus tem sido um dos maiores desafios do Sítio. Por meio de palestras nos mais diversos locais, os funcionários explicam que a doença hoje em dia é controlável e que o soropositivo precisa de cuidados como um diabético ou alguém que tem pressão alta. Várias crianças do Agar que negativaram foram adotadas. As informações sobre a negativação estão no *site* da instituição (www.sitioagar.com.br). Os casos de adoção de soropositivos, no entanto, são muito raros e tiveram início apenas em 2004. Até hoje, foram três.

As veias de Mônica se enroscaram com as veias do Sítio. De alguns sentimentos ela não está livre, apesar de ser profissional e de tentar um distanciamento. Mas justamente por se envolver é que participa de sessões de análise. "Eu tenho uma postura mais dura, mas a gente também sofre. Estou em crescimento pessoal e profissional e tenho de fazer análise. Eu tenho de mergulhar na história das pessoas para poder trabalhar e, ao mesmo tempo, tenho de cuidar dos meus próprios sentimentos. E o fato de ter adotado o Carlos fez que eu pudesse compreender melhor as crianças do Sítio."

Mônica já se deparou com situações que a deixaram dividida, angustiada e até revoltada. Certa vez, um casal estava interessado em adotar uma criança do Agar. Mas a condição era a de que ela não fosse portadora do HIV. Para tirar a dúvida, não esperaram pelo tempo e os exames normais para ver se a criança iria negativar. Resolveram pagar por um teste mais caro, que efetivamente detecta se há ou não a presença do vírus e não apenas dos anticorpos, como ocorre nos testes convencionais. A psicóloga sentiu-se desconfortável ao ver esse caso. "Fiquei mal mesmo. Sinceramente, não sei se eu queria que desse positivo ou negativo. Sabe, o casal estava no seu direito de fazer isso, sem problemas. Mas a gente que convive com as crianças pensa diferente. Pra mim foi revoltante essa atitude preconceituosa. Tem coisa que é difícil a gente entender. E eu fiquei pensando na postura nossa aqui do Sítio sobre o fato de ter aceitado essa condição e de ter ficado esperando também pra ver no que ia dar. Nem sei se fizemos a coisa certa em concordar com isso. O teste deu negativo e a criança foi adotada. Fiquei feliz pela criança, mas triste com aquele fato."

Mais uma mudança recente no Sítio mostrou bom resultado. As noites de Natal ganharam mais brilho para os abrigados há três anos. Antigamente, eles passavam a data no próprio Sítio. Agora, cada funcionário leva para sua casa duas ou três crianças com quem tenham mais intimidade e afinidade, para que elas se sintam em família nesse dia. Essa foi outra idéia que partiu de Mônica, novamente para dar o sentimento de pertencimento às crianças. Os resultados têm sido positivos, embora nem sempre alegres. "Eu mesma levei uma menina pra minha casa uma vez. Ela tinha 5 anos. Num determinado momento ela começou a chorar e a dizer que queria ir embora logo. Conversei com ela e ela acabou me dizendo que sentiu-se triste quando observou meus dois filhos se movimentando pela casa, organizando as coisas para o Natal. Disse-me que não queria ser do Sítio, mas sim da minha família, e não só por uma noite." Apesar da tristeza da menina, Mônica também achou que o problema trouxe contribuições ao Sítio. "Foi bom isso ter vindo à tona, para que pudéssemos trabalhar o problema. Se isso aconteceu, significa que essa angústia já estava na menina, mas escondida. Quando vem à tona podemos trabalhar e resolver."

Jussara e os jovens

Eu já estava quase desistindo de falar com a Jussara. Pensei que ela havia desistido de me dar atenção dias depois de ter sido muito receptiva quando eu visitei o Sítio e perguntei sobre a possibilidade de fazer uma reportagem sobre ele. Muitos telefonemas sem retorno e *e-mails* sem resposta. Até que, um dia, ela própria atendeu o telefone. Foi aí que agendei uma visita e compareci, pontualmente. Ela demorou um pouco para me receber no dia, porque estava ocupada, exatamente como nas vezes em que tentei estabelecer contato por telefone. Enquanto Jussara Maria da Silva Costa Possebon, coordenadora-geral do Sítio Agar, não me atendia, eu ia me distraindo na recepção, ao ler mensagens expostas na parede, deixadas para as crianças por celebridades. Um quadro exibia um recado de Xuxa para os baixinhos do Sítio: "A todos do Sítio um beijo muito gostoso e muita luz" (1998). Outros quadros traziam mensagens e autógrafos da dupla Rick e Renner e do cantor Frank Aguiar (2000). Também na parede, um cheque simbólico da MTV Brasil doado ao Sítio, no valor de 19.271 reais, no ano de 1999.

Papagaios que dividem com alguns outros pássaros uma enorme gaiola, que fica perto da porta, completaram minha distração até Jussara aparecer. Ela veio com passos curtos e ágeis. Desculpou-se pela demora e me conduziu até uma ampla sala de reuniões do escritório. Não me atendeu em seu próprio departamento, creio, porque seu telefone não pára de tocar. A Mata Atlântica quase bate na janela dessa sala. No chão, inúmeras sacolas contendo comes e bebes como doces e refrigerantes, presentes e outros itens doados pela comunidade no fim do ano.

"Nessa época as pessoas ficam mais solidárias e doam muitas coisas. Querem vir aqui e fazer festa para as crianças. Mas, sabe, a dificuldade de doações é muito grande entre fevereiro e outubro. Na época do Dia das Crianças é que elas aumentam", conta. Obviamente as crianças gostam dos presentes e das outras doações, mas, segundo Jussara, o que elas mais querem são amizades. "O ideal seria que as pessoas pudessem visitá-las sempre. Elas querem ter amigos, pessoas que se importem com o dia-a-dia delas mesmo, que as acompanhem. Quem é que não gosta de um beijinho, de um abraço?"

A esbelta e não muito alta Jussara tem veias que saltam, veias que parecem exceder os limites do seu corpo. Fala com rapidez, mas tem voz suave. O horário de trabalho dela no Sítio é de doze horas, assim como o de muitos outros funcionários. Ela lida com as pessoas e empresas que querem fazer doações, fecha parcerias, participa de reuniões, lida com a imprensa, controla quem freqüenta o local, faz visitas quando alguém fica internado no Emílio Ribas, organiza eventos, dá palestras, mexe com contas e também coordena a casa 1, das crianças mais novas do Sítio Agar. "Eu me realizo muito com esse trabalho. É um doar-se. Faz parte da minha vida o Sítio. Sei bem a necessidade que as crianças têm aqui."

Pedagoga e relações-públicas, Jussara está no Sítio como funcionária há dois anos, mas já tinha contato com a instituição quando trabalhava na área da educação em Cajamar. Apesar do pouco tempo de casa, conhece cada batimento, cada mecanismo desse coração.

Ao contrário de muitas instituições, o Sítio Agar não utiliza o sistema de *telemarketing* para buscar doações. "Fazemos um trabalho de formiguinha. Nós procuramos atrair as pessoas para que conheçam o Sítio. Não queremos que alguém doe alguma coisa sem ver para quem está doando e sem ver como é a realidade aqui. Nós acreditamos na força da aproximação entre as pessoas, na afetividade. Pra você ter uma idéia, tem uma empresa de Cajamar cujos funcionários doam dinheiro para o Sítio – usado para pagar nosso combustível e pedágio – todo mês. E eles vêm entregar pessoalmente a verba, todo mês. Visitam as crianças, batem fotos com elas. É muito bom."

As pessoas físicas podem fazer doações de roupas, alimentos, produtos de limpeza e outros produtos como eletrodomésticos. Tudo é aproveitado, de uma forma ou de outra. Para doar dinheiro, o valor mínimo por pessoa é de quinze reais. "Nós prestamos contas para os doadores mostrando sempre notas fiscais. Ninguém fica sem saber para onde foi o seu dinheiro", garante Jussara. A cada mês o Sítio Agar gasta, em média, 75 mil reais, entre folha de pagamento e manutenção. "Aqui é matar um leão por dia."

Em 2006, o Sítio obteve uma conquista que, segundo Jussara, vai ajudar bastante na sua sobrevivência. Recebeu o certificado de entidade filantrópica, o que significa que passou a ser isento dos impostos pagos por empresas normais. "E as empresas que nos ajudam também podem fazer abatimento no imposto de renda", lembra. Outra parte do dinheiro para a manutenção do Sítio é proveniente das vendas de seu bazar, da padaria e do curso de informática oferecido para os abrigados e a comunidade.

Os componentes do coquetel anti-Aids para os abrigados do Sítio são provenientes do Hospital Emílio Ribas. Aliás, no Brasil, o programa nacional de combate à Aids, regulamentado pelo governo em 1996, garante aos infectados com o HIV acesso gratuito à medicação. O coquetel é comprado pelo Ministério da Saúde e distribuído para a rede pública de saúde do país.

Depois de um bom tempo de conversa, ouvimos alguém dar três batidinhas no vidro que cerca a sala. Luzia, da casa 2 de Agar, trazia arroz-doce em potinhos de plástico para Jussara experimentar. Quando me viu, a garota negra de cabelos longos, de 16 anos de idade, pensou bem rápido e disse: "Você também vai comer, né?".

A fome já vinha mesmo batendo. Aceitei o arroz-doce, que estava quentinho e liberava uma fumacinha com cheiro de canela. Jussara aproveitou para explicar que Luzia e outros amigos aprendem a cozinhar com pessoas voluntárias da comunidade, que vão até o Sítio duas vezes por semana. A atividade pode, inclusive, virar profissão para os abrigados. As veias de Luzia andam orgulhosas pelo novo aprendizado. "Eu já aprendi a fazer arroz, feijão, frango grelhado, frango com molho, mousse, lasanha, gelatina e brigadeiro. Eu vou anotando tudo e guardando as receitas." Apesar de gostar dos doces e outras coisas apetitosas que aprendeu a fazer, Luzia se policia. "Eu adoro essas comidas, mas tenho de tomar cuidado, né? Por causa do colesterol." O colesterol elevado também é um efeito causado pela medicação anti-Aids e, por isso, os funcionários do Sítio precisam cuidar para que a alimentação das crianças e jovens seja equilibrada. "Agora já quero aprender coisas mais difíceis no curso, porque gosto de desafios", avisou Luzia, já saindo da sala.

Jussara anda preocupada com os jovens que já estão com idade próxima aos 18 anos. O ano de 2007 ficará marcado pela primeira geração do Sítio a completar os 18. E é com essa idade que os jovens precisam sair da instituição, pois ela cuida deles até os 17 anos. "Claro que a gente não vai colocá-los na rua de uma hora para a outra, mas a gente quer que eles tenham uma profissão, aprendam a sobreviver e possam morar sozinhos, pagando aluguel, assumindo as coisas da vida." Além de aulas proferidas dentro do Sítio, a instituição também firmou parcerias com empresas que oferecem cursos profissionalizantes em áreas como informática e administração de empresas para os abrigados.

Minutos depois, Luzia bate no vidro da sala novamente. Era para perguntar se o arroz-doce estava bom. Eu e Jussara fizemos sinal de positivo, apesar de Jussara ter me dito que gostaria de um pouco mais de canela no seu copinho.

Algumas rugas de expressão marcam o rosto miúdo de Jussara, de 43 anos de idade. Mas o sorriso dela é largo e os olhos grandes e castanhos brilham quando ela fala sobre certas crianças do Agar. Apontando para um *folder* do Sítio que contém fotos de várias delas, a coordenadora disse: "Eu tenho que acreditar no Rogério e no Daniel, que têm problemas neurológicos. Tenho que acreditar no Vander, que não anda e não fala. Nosso trabalho aqui não é só afagar as crianças. Mas nós temos que andar de mãos dadas com elas pra caminhar juntos. E é só acreditando que a gente se abre e aprende a estar ao lado de alguém." Para Jussara, é importante o incentivo à capacidade de cada um. "Não temos que ter dó, porque dó é um sentimento derrotista. Parece que não há mais nada a ser feito pela pessoa quando se tem dó. E aqui não é assim. Nós podemos fazer muitas coisas pelas crianças e elas por nós." Jussara tem quatro filhos, que costumam freqüentar o Sítio. "Eles já me disseram: 'Mãe, realmente, as crianças do Sítio precisam mais de você do que a gente'."

Dias depois de nossa conversa, voltei ao Sítio, num fim de semana, para falar com outras pessoas. Agnes era quem coordenava os trabalhos, pois estava de plantão. Jussara estaria de folga na ocasião. Mas no sábado, no final da tarde, eu a vi por alguns momentos. Havia chegado da festa no Emílio Ribas para as crianças menores e ainda iria levar, em seu próprio carro, comidas para uma festa para outras crianças do Sítio, que seria realizada numa cidade próxima a Cajamar, à noite.

Sônia e as medicações

Pontualidade britânica. Às 18 horas, cai uma cápsula branca dentro de um copo de plástico transparente. Em seguida, cai um comprimido azul em outro copo. Uma drágea cor-de-laranja é a primeira a ser atirada num terceiro copo. Pouco tempo depois, o fundo de cada recipiente vai ficando recheado por medicamentos de todas as cores, de vários nomes. Também há remédios líquidos. Cada copo está identificado por uma etiqueta, contendo o nome de cada um dos 24 abrigados da casa 2 de Agar. A sala de medicação é um pouco apertada. Num quadro na parede há uma tabela enorme que especifica quem toma o que e em quais doses. É uma receita especial, nominal e intransferível, e que não pode ter falhas.

Os olhos negros vão para a tabela. Depois, para potes com remédios. Depois, para os copinhos. E, de novo, da tabela para potes e para copinhos. "Parece fácil, mas não é. Qualquer conversa e sai erro!", avisou Sônia, a responsável por distribuir a medicação às crianças e jovens. Entendi que não deveria interferir no trabalho da mulher concentrada e que pouco sorri, pelo menos naqueles momentos.

A planilha que contém o que os soropositivos vão tomar é passada para Sônia pela enfermeira do Sítio, que os acompanha no hospital durante o controle da carga viral. A carga refere-se à quantidade do vírus HIV circulante no sangue e as variações nela são um indicador confiável de progressão do HIV ou da Aids. O controle da carga viral é feito por meio de exames, e com ele, portanto, é possível saber quando a pessoa deve tomar os medicamentos e se o tratamento que faz está funcionando. Quando o tratamento é feito de forma correta, pode manter a carga viral em níveis muito baixos e as pessoas podem viver sem nunca manifestar a doença.

Começa um entra-e-sai de crianças. Vânia é uma que entra irritada. "Tiiiiiia, cadê minha medicação? Já passou das seis horas!!!!" Sônia não hesita e responde: "Dá licença, menina! Ainda não terminei!". Vânia obedeceu, mas outros continuavam a ir e vir, ansiosos por tomar os remédios.

Enquanto a morena Sônia espalhava cápsulas entre os copinhos, Luís fazia sua inalação. No quadro, ao lado da planilha de medicamentos, havia também recados. Um deles era um atestado médico indicando uma dieta para Luzia, que estava com taxas altas de colesterol e triglicérides. O outro era também um atestado, só que para Luís, indicando que deveria fazer inalação seis vezes ao dia. Ele estava lá, de chinelos azuis e calça de moletom e blusa de manga comprida que sobravam sobre suas mãos e pés. Cantarolou no inalador, fez sinal de positivo, brincou com duas meninas que apareceram na janela da sala e, depois de uns minutos, cansou-se. "Tia, já tá bom? Posso parar?" Sim, ele já podia parar com a inalação.

Sônia terminou de distribuir os medicamentos pelos copinhos depois de meia hora, quando avisou, em voz bem alta, na porta da sala: "Medicaçããããããão! Vamos, medicaçããããããão!"

Forma-se uma fila de inquietos de veias saltitantes, que lotam a salinha e quase esmagam a "tia" Sônia. Vão pegando seus copinhos e tomando, com água, seus comprimidos. Alguns, ingerem sete ou oito deles de uma só vez, sem nem fazer cara feia. Esse ritual se repete sempre às 6 horas e às 18 horas, horários que foram adequados de acordo com a rotina escolar dos abrigados do Sítio, tanto na casa 1 quanto na 2. Para eles, o hábito é tão comum quanto o de escovar os dentes.

O coquetel anti-Aids é formado por vários medicamentos. Recentemente, o governo brasileiro conseguiu quebrar patentes (reconhecimento de propriedade intelectual sobre os medicamentos) de alguns deles, para reduzir os gastos e permitir que laboratórios brasileiros, públicos ou privados, pudessem produzir os remédios e mais pessoas fossem medicadas. Mesmo assim, os gastos com o coquetel no país chegam a um bilhão de reais por ano e, em alguns hospitais, faltam certos tipos de remédios.

Atualmente, cerca de 160 mil pessoas recebem gratuitamente o coquetel no Brasil. No entanto, estima-se que existam no país 600 mil pessoas vivendo com HIV ou Aids – 240 mil seriam mulheres (www.aids.gov.br). É provável que muitas dessas pessoas não saibam que estão infectadas, já que um portador pode ficar até dez anos sem desenvolver a doença e apresentar seus principais sintomas. Isso acontece porque o HIV fica "adormecido" e controlado pelo sistema imunológico do indivíduo. Já outras pessoas sabem, mas não querem ou não têm oportunidade de se tratar.

Sônia tem várias atividades na casa 2 do Sítio, orientada pela coordenadora Eliane. Aliás, cada casa tem uma coordenadora que orienta educadoras, cozinheiras, ajudantes etc. Sônia é uma espécie de faz-tudo. O trabalho dela no momento da medicação, ao menos, parecia estar encerrado, depois que a grande maioria das crianças tomou seus remédios. Mas ainda faltava medicar Vander, de 14 anos, que veio numa cadeira de rodas empurrada por amigos. Para ele, o remédio é líquido. Sônia coloca a cabeça dele para trás, fecha suas narinas e derrama o líquido em sua boca. Ele parece não gostar, numa cena um pouco angustiante, porém necessária. Pouco se sabe sobre a história de Vander. Acredita-se que, um dia, já tenha andado e falado, mas ele já não os fazia quando chegou ao Agar. Uma cirurgia em 2005 permitiu que ele pudesse dar alguns passos, usando um tipo de tala, mas sempre recebendo auxílio de alguém. Provavelmente, Vander não teve medicação nem cuidados adequados antes de chegar ao Agar.

Luís tem baixa estatura para um garoto de 14 anos. Nele, a Aids se manifestou. Enquanto eu ainda observava as crianças tomarem a medicação, ele me puxava pelo braço, com vontade de mostrar papéis com informações acompanhadas de ilustrações que pegou na internet. "Olha, tia! Eu tô tomando Pirazinamida, Rifampicina e Izoniazida. Pesquisei na internet, óóó!" Eu estava certa de que esses remédios faziam parte do coquetel, mas Luís depois complementou: "Eu tô com tuberculose".

O franzino Luís, de veias sofridas, foi o primeiro abrigado do Sítio Agar. Chegou quando tinha 1 ano de idade. Pegou um bom tempo da era anterior à do coquetel. Os funcionários do Sítio, na época, achavam que ele não viveria muito e hoje se orgulham ao vê-lo andar pra lá e pra cá, empinando pipas, um de seus passatempos prediletos. Mas como tem a Aids manifestada, está suscetível às chamadas doenças oportunistas.

Quando o sistema imunológico de um portador do HIV começa a ser atacado pelo vírus de forma mais intensa, começam a surgir os primeiros sintomas. Os principais são: febre alta, diarréia constante, crescimento dos gânglios linfáticos, perda de peso e erupções na pele. E quando a resistência começa a cair ainda mais, várias doenças oportunistas podem aparecer: tuberculose, pneumonia, alguns tipos de câncer, problemas neurológicos, perda de memória, dificuldades de coordenação motora, sarcoma de Kaposi (tipo de câncer que causa lesões na pele, intestino e estômago) e citomegalovirose (que leva à cegueira).

Se não tratadas de forma rápida e correta, essas doenças podem levar o soropositivo à morte rapidamente. O HIV atua nas células CD4, que são as de defesa do organismo. A população de células CD4 diminui à medida que a infecção pelo HIV progride, diminuindo a capacidade do organismo de combater diversas doenças, as oportunistas. E cada vez que o vírus se multiplica, ocorrem alterações genéticas, o que leva a uma resistência aos medicamentos (www.roche.com.br).

O cheiro de comida caseira começou a se espalhar pela casa 2. Era hora do jantar. As mesas comportam quatro ou cinco crianças, que fazem uma oração e atacam os pratos. Luís sentou-se com outros amigos e comeu muito arroz e feijão. Prometeu contar mais sobre sua história mais tarde.

Sônia e a coordenadora Eliane deitaram Vander num sofá. Colocaram um aparelho especial nele, chamado *parapodium*, que lhe permite ficar na posição vertical para fazer as refeições, com o prato apoiado num suporte de madeira. O objetivo disso é fazer que o peso do corpo fortaleça a musculatura das pernas.

Fiquei um tempo sentada no sofá da sala enquanto todos jantavam. Assim que terminou de comer, Luís, de respiração difícil, sentou-se ao meu lado.

— O que você acha do Sítio, Luís?
— Legal e chato.
— Por que legal?
— Ah, porque é um lugar grande, legal. Eu posso empinar pipa, jogar bola. Quer dizer, agora eu não tô podendo jogar, porque eu tô com tuberculose e eu fico logo sem fôlego.
— E por que é chato?
— Sei lá.
— Qual o seu maior sonho?
— Sair daqui e morar com a família. E eu quero ter a minha casa um dia. Queria morar em Alphaville.

Luís conhece a família. Tem padrasto e quatro irmãos. Todos trabalham e não têm tempo nem condições para cuidar do garoto. A mãe é falecida e o pai biológico ele não conheceu. O padrasto sempre vai visitá-lo no Agar.

Aos poucos, várias crianças se aproximaram de nós dois. Vânia veio por trás do sofá e ficou com a cabeça entre as nossas. Outras sentaram-se no sofá ou ouviram a conversa sentadas no chão. Luís contou que soube pela psicóloga e pelo frei Antonio que estava doente.

— O que você sentiu quando soube?
— Nada, foi normal.
— Nem teve medo?
— Não, foi normal. Aqui todo mundo é assim. Já cresci assim. Normal.

Realmente tive essa sensação de que, para as crianças do Agar, saber da doença ou do vírus e conviver com isso é normal. Como estão cercados de pessoas com o mesmo problema, sentem-se amparados, igualados, entrosados. Após ter lido vários depoimentos em reportagens na internet e em revistas sobre a Aids, concluí que é mais complicado e traumático quando a pessoa fica sabendo que é soropositiva na fase adulta e depois de ter tido uma vida "normal". Creio que essa situação seja semelhante à de quem perde a visão. Quando se nasce sem ela, o único mundo que se conhece é o da escuridão, das formas e dos cheiros e sabores. Mas quando ela é perdida depois de se ter visto as cores do mundo, o choque é muito maior.

Apesar de ter sido o primeiro a chegar ao Sítio, Luís também não se lembra muito das perdas. "Eu era muito pequeno quando os outros morreram. Eu não entendia muito." Luís pareceu não estar com vontade de falar mais. Saiu do sofá e foi andar pela casa. Logo que ele saiu, quem colou em mim foi a menina Tamara, de 11 anos, que já espiava, com olhos arregalados, minhas anotações no caderno quando eu falava com Luís. Tamara contou que teria um privilégio que é sonho de muitos – ou de todos – os moradores do Agar. Ela se preparava para deixar o Sítio, em breve, para morar em Itu com a mãe, que passou por dificuldades financeiras mas se reestruturou para receber a filha alta e magra, de cabelos encaracolados.

– Vou sentir muita saudade do Sítio. A única coisa que eu não gostei foi de uma tia, mas ela não trabalha mais aqui.

– O que você aprendeu aqui?

– Aprendi a respeitar os outros.

Tamara sonha ser modelo profissional. Soube que era soropositiva aos 7 anos, pela psicóloga. Assim como Luís, disse que encarou o problema numa boa, sem traumas. Depois de tomar o coquetel anti-Aids, costuma sentir dores de barriga. "A barriga dói quando o remédio está se desfazendo." Muitos dos soropositivos têm efeitos colaterais por causa da medicação. Como já citado, um deles pode ser a lipodistrofia, que não causa dores, mas que prejudica a auto-estima. Mais incômodos devem ser os efeitos como tontura, náusea, inflamação do fígado e, em casos mais graves, delírio.

Chegava a hora de eu ir embora. No momento em que eu me despedia das crianças do sofá e da sala em geral, senti uma coceira no meu pé esquerdo. Esfreguei um pé no outro, enquanto a garotada ainda me abraçava e dizia tchau. Resolvi olhar para baixo e vi que meu pé estava bem vermelho, pois havia sido picado por um pernilongo.

Um calor subiu pelo meu corpo. Uma angústia travou minha garganta, como se fosse um nó bem apertado. Tive a sensação de que a vermelhidão do pé havia subido para todo o corpo, chegando às minhas orelhas quentes, chegando aos meus cílios...
Meu coração bateu mais rápido. Comecei a suar. Fui discreta, mas me despedi de verdade e saí da casa 2 muito preocupada. Senti-me até hipócrita pelo receio de ter sido picada e por ter ficado preocupada com uma forma de contágio que não existe. Eu sempre soube que mosquito não transmite a Aids, mas fiquei encucada, pensando: "Meu Deus, eu estou ao lado de muitos portadores do HIV. Será que o mosquito pode ter picado um deles e imediatamente ter me picado?". Mas perdoei-me por ser humana e ter minhas fraquezas.

No mesmo dia, acessei a internet e tive a comprovação, por meio do site www.hiv.org.br, de que o HIV não pode mesmo ser transmitido por picada de inseto. "O mosquito pica a pele para ter acesso ao sangue e sugá-lo, mas ele não injeta sangue de uma outra pessoa na picada. Os mosquitos injetam saliva e é ela que causa a coceira no lugar da picada. O HIV não chega nas glândulas salivares e a quantidade de vírus no mosquito é insuficiente para infectar. Além disso, os mosquitos podem demorar dias entre a picada de um indivíduo até a sua próxima picada. Como o HIV não vive muito tempo fora do organismo do paciente, o vírus acaba não sobrevivendo no intervalo de dias entre as picadas."

O vírus está presente no esperma, em secreções vaginais, no leite materno e no sangue. Todas as formas de contato com estas substâncias podem gerar um contágio. As principais formas detectadas até hoje são: transfusão de sangue, relações sexuais sem preservativo, compartilhamento de seringas ou objetos cortantes que possuam resíduos de sangue. O HIV também pode ser transmitido da mãe para o filho (na chamada transmissão vertical) durante a gestação, parto ou amamentação. De acordo com dados do Ministério da Saúde (www.aids.gov.br), no Brasil, a epidemia de Aids está perdendo força em três grupos: adultos jovens, usuários de drogas e transmissão vertical. O principal fator de transmissão de HIV continuam sendo relações sexuais, principalmente heterossexuais.

Os abrigados do Sítio têm consciência a respeito de cuidados que devem ter consigo e com os outros. Quando vão para a escola, por exemplo, levam um *kit* com luvas para o caso de se ferirem. A escola é orientada sobre como proceder nessas situações. Os funcionários do Agar também são treinados para lidar com as crianças em caso de machucados, apesar de não estarem livres de fatos surpreendentes. De acordo com a coordenadora Jussara, certa vez, uma funcionária do Sítio foi mordida por uma criança. Ficou preocupada. Fez exames e teve acompanhamento médico e psicológico por seis meses. Ficou constatado que ela não foi infectada e isso só poderia ocorrer numa circunstância excepcional: para que a mordida seja perigosa, deve ser profunda até o sangramento e a pessoa contaminada deve ter também sangue na boca.

Quando deixei a casa 2, após o jantar, o céu ainda estava claro. Vi Sônia no jardim tendo sua atenção disputada por umas quatro ou cinco crianças querendo brincar. Ao sair pelo portão, encontrei Jussara, que havia passado o dia todo no Hospital Emílio Ribas. "Pois é, estamos com o Leandro, de 8 anos, no Hospital. Ele não está muito bem. Está deprimido e só come e se anima quando eu estou lá. Eu viro as costas e ele não quer mais nada. Vamos ver. A gente fica triste, mas faz parte da vida, né?"

A flor da primavera que Rogério me deu está no meio do meu caderno. Já está seca, é verdade, mas nem por isso deixa de me lembrar do quanto é bom receber um abraço.

Nota

1. Todas as crianças desta reportagem tiveram seus nomes trocados, conforme foi pactuado com a instituição.

Teatro das esperanças

MARIA LÍGIA PAGENOTTO

Mas há a vida

Mas há a vida
que é para ser
intensamente vivida,
há o amor.
Que tem que ser vivido
até a última gota.
Sem nenhum medo.
Não mata.

CLARICE LISPECTOR, *A DESCOBERTA DO MUNDO*

Cada vez que Sueli bebia além da conta, era vítima de violência sexual, quase sempre por parte de patrões e capatazes. Assim ela conta: ficava caída na roça e sofria um abuso, como prefere dizer. Foi abusada até pelo pai, alcoólatra. Sueli tem 34 anos e é mãe de cinco filhos. Agora operou as trompas, para não correr o risco de parir mais.

Mora nas ruas de São Paulo com Rogério, radialista formado pela Unicamp, companheiro preocupado e dedicado.

Elton é um moço de feições bonitas e olhos verdes que chamam atenção. Tem 25 anos e se veste, se maquia e se comporta como mulher. É pai de uma menina de 4 anos que mora com a mãe.

Sua amiga, Regina Rosa, mãe de quatro filhos, já foi alcoólatra e viciada em *crack*. Agora conta que está limpa. Viveu na rua, hoje está num albergue.

Regina Iara, enfermeira, mora no mesmo lugar da xará Rosa, depois de perambular por quatro anos no bairro dos Jardins, juntando sucata para sobreviver. Ezequiel diz que sua vida é muito complicada, difícil falar dela. Para resumir, esse moço agitado, de olhos injetados, relata que mora no Brás, com a mãe, e que é irmão de um *rapper* americano muito famoso.

Tanto faz

Quando têm fome ou sentem-se sozinhos, querem ouvir música, relaxar, reclamar de maus-tratos, desabafar suas angústias ou buscar algo para fazer além de caminhar pelas ruas. Sueli, Rogério, as duas Reginas, Ezequiel, Elton e mais algumas centenas de pessoas adentram a porta quase sempre aberta de um antigo teatro, construído nos anos 1950, na Rua Riachuelo, no centro de São Paulo.

Ali sabem que poderão ser elas mesmas, sem volteios, sem mentiras e, melhor de tudo, sem cobranças.

Naquele espaço, tanto faz se são negros, pardos ou brancos, gordos, moços ou velhos. Serão tratados da mesma forma por Ricardo e Irmã Terezinha — se perderam a cabeça por causa de mulher ou homem, se cansaram de trabalhar, se bebem até cair ou usam drogas compulsivamente, se não sabem ler ou se são universitários, se acreditam em Deus ou se nunca tiveram fé em nada na vida, ninguém vai checar essas informações. Tanto faz.

No salão do teatro, todas as tardes, recebem de graça um lanche, composto por um generoso sanduíche e um chá que inunda o ambiente com seu aroma de cravo e canela. Chá sempre quentinho e pão fresco, oferecidos em louça impecavelmente branca.

Na Rua Riachuelo, 268, uma escultura grande de São Francisco de Assis, em madeira, postada na lateral do palco do teatro, parece querer lembrar a todo momento a essas pessoas que se reúnem ali que, mesmo vivendo nas ruas, elas têm o direito, sim, de fazer planos e sonhar. Também devem lutar por moradia, ensino e saúde gratuitos e condução mais barata, se assim desejam e acham justo, como qualquer cidadão.

Tudo isso sem correr o risco de ser chamadas de feias, sujas e malvadas.

O corpo que fala

As unhas da mão dela são bem curtinhas, um pouco sujas, roídas. Cabelos presos num pequeno rabo-de-cavalo. Sueli Aparecida Carlos é uma moça miudinha e magra de 34 anos que sorri por falta de jeito, e seu riso transmite timidez e nervosismo. Em pé, não descruza os braços de jeito nenhum.

Nem é preciso ser muito observadora para perceber que algo muito sério perturba Sueli. Seu olhar é triste e cansado. Mesmo assim se entrega à conversa. Quer falar de sua vida, sem nenhum receio de ser julgada, sem medo de se expor.

Conta, com voz mansa, quase infantil, que numa noite dessas foi assaltada na rua, perdeu um par de tênis e um dente. Balança a cabeça e lança seus olhos em direção aos do companheiro, o radialista Rogério Aparecido Nogueira Souza, de 36 anos.

Num dos corredores laterais que dão acesso ao palco do antigo teatro onde conversamos, ele mostra o local da falha na boca de Sueli. Depois aponta para os pés da mulher, enfiados numa sandália branca de tiras, uns dois números maior do que o que ela usa.

Ela olha para os próprios pés, meio incomodada por não ter mais seus tênis. Depois chacoalha os ombros, como quem se conforma.

O corpo de Sueli fala mais do que ela. Ela parece sentir dores, de todas as ordens. Se contorce, de braços cruzados, e uma vez levou a mão ao peito, aflita. Por fim, diz que luta pela guarda dos cinco filhos.

Disfarça as lágrimas que aparecem nos olhos e declara que não dá mais para viver assim.

— Sou mãe. Qual mãe não sente falta dos seus filhos?
— O que aconteceu com eles, Sueli?

Em vez de contar uma história mirabolante, cheia de mentiras, é direta em sua simplicidade: fala das "muitas besteiras" que fez na vida, das vezes em que bebeu até cair e foi estuprada, dos filhos que foi deixando por aí. Humilde, triste, ela abaixa os olhos. É mãe de Tainá, 11 anos, Douglas, 8, Tiffany, 5, e dos gêmeos Hillary e Richard, de 3.

—Vivia bêbada, não sabia o que fazer da vida. Agora sou operada.

Rogério vem em seu socorro. Passa o dorso da mão no rosto dela, faz um carinho. Diz que ela está mais magra do que de costume. Ela apenas sorri. Um pouco antes, quando conversávamos a sós, o radialista apontou para mim a Sueli, à distância, com a cabeça, mostrando quem era sua atual mulher.

— É aquela tranqueira ali, ó, de azul — diz ele, brincando. — Consegui arrumar uma mulher mais complicada do que eu.

O casal parece ter uma forte cumplicidade, daquelas que incomodam, e chega a provocar uma ponta de inveja. Dos casais que conheço, quais são capazes de demonstrar de forma tão verdadeira e espontânea esse carinho que parece haver entre eles? Penso nas mulheres solteiras também. Sei de muitas que dariam tudo na vida para ter um companheiro que equivalesse ao que Rogério é para Sueli.

— Andamos trinta dias a pé, ida e volta de São Paulo a Jataí, em Goiás, para tentar recuperar a guarda dos filhos dela. Olha meus pés como estão.

O hálito de Rogério tem um cheiro forte de álcool. Seus olhos estão muito vermelhos. De bermuda, camiseta e havaianas, vejo feridas nos dedos. Pergunto se ele andou de chinelo. Ele diz que sim, que gastou quatro ao todo. Mas era preciso todo esse esforço, conclui.

As crianças estão espalhadas, os maiores com a avó paterna, Tiffany com o pai e Hillary e Richard numa instituição para menores. À exceção dos gêmeos, eles têm pais diferentes.

— Não agüento mais ver ela chorar por causa das crianças, ter dor de cabeça e no peito. E imagina que ela nem tinha advogado. Fomos até Goiás para acertar essa disputa, vamos brigar por esse direito dela de ficar com as crianças. Ajudei a Sueli a constituir advogado.

— Primeiro preciso arrumar um trabalho e uma residência fixa, senão não vou conseguir pegar meus filhos — explica Sueli, que mora na rua com Rogério.

— Nós vamos arrumar um quarto, vai dar tudo certo.

Enquanto isso não acontece, nas calçadas do centro de São Paulo, ele se vira como pode para livrar a mulher do assédio sexual de outros homens e mesmo de mulheres.

— Na rua todo mundo é meio quebradinho. A Sueli é ajeitadinha, querem abusar dela. Você não imagina o que eu pelejo para não fazerem nada com ela.

Quero saber por que não dormem num abrigo. Rogério diz que nesses lugares é pior, ninguém respeita ninguém.
— Preferimos ficar na rua.
Para sobreviver, juntam latas para vender. Com o que ganham, compram comida, mas raros são os dias que não passam fome.
— Sofremos muito, de frio, tristeza e fome, muita fome. Ninguém imagina como. Acham que na rua dão comida, esmola. Que nada. Ouço muito xingamento. Sofro. E essas dores no peito? Vou ao posto de saúde, mas me atendem muito mal, porque sou moradora de rua. Quem respeita a gente?

Rogério tem mistério

O timbre da voz e a entonação que dá às palavras não deixam dúvida: Rogério nasceu para trabalhar no rádio. Pergunto como conseguiu aquela voz. Ele gargalha e conta que é de nascença.

De estatura média, queimado de sol, Rogério usa os cabelos bem curtinhos. É um moço de aparência forte.

A opção pela profissão foi feita ainda jovem, quando trabalhava como radialista numa emissora de Campinas, sua cidade natal.

Com 15 anos já era locutor. Mas não quis investir no autodidatismo. Achou que tinha de estudar, fazer faculdade. Prestou vestibular para Rádio e TV (e foi aprovado) na Unicamp, PUC de Campinas e Unip. Escolheu obviamente o curso oferecido pelo Estado – "por sua qualidade e por ser gratuito", me explica, sem esquecer de contar que pegou o 12º lugar na lista de aprovados.

Formado, trabalhou na Bandeirantes, na Gazeta e na Transamérica, entre outras emissoras de rádio. Depois resolveu ir para o Rio e lá foi assessor da governadora Rosinha Matheus.

Voltou para Campinas, para cuidar do pai doente, com câncer na próstata. Foi aí que sua vida se transformou radicalmente, diz.

— Era meu pai adotivo, tudo pra mim nesta vida. Não conheci minha mãe, tenho dois irmãos que não conheço e dois casamentos que não deram certo. Sinto muita falta dele.

A expressão de seu rosto muda. Seus olhos se enchem de lágrimas que transbordam, escorrem pelo rosto. Soluça. Fica sem jeito, vira-se para a parede, se recompõe.

— Fiz umas besteiras por aí.

E mais não quer falar. Nem precisa. Está claro que há um "mistério" na vida de Rogério que só a ele pertence, que ele não compartilha. Deve estar aí a explicação para a pergunta que martela na cabeça de quem conversa com este radialista: por que Rogério vive nas ruas?

Antes de se postar na estrada com Sueli, recebeu uma proposta de emprego numa rádio no interior. Recusou, pois, para ele, mais importante do que um trabalho naquele momento era ir até Goiás.

Rogério fala que não tem filhos porque não pode. Mas jura que vai se casar com Sueli e cuidar dos cinco filhos dela como se fossem seus. Ela lança um sorriso cheio de esperança para ele. Não fala nada, mas descruza os braços, suspira. Parece aliviada. Seu corpo diz que torce para que esse dia chegue logo.

Elton, Regina e o chá

Na entrada do teatro, Elton Dias aparece sorridente. Ele é um rapaz de olhos claros, 25 anos, cabelos longos bem tratados, jogados pelos ombros. Nas duas orelhas, brincos que brilham, em forma de estrela. A pele de Elton é lisinha, toda depilada. Sua sobrancelha é cuidadosamente desenhada. Fala de forma bastante afeminada, capricha no gestual.

Parece ter intimidade com Regina Rosa, uma negra de pele bem escura e cabelos longos trançados, 32 anos. Juntos, fazem capoeira. Elton é tranqüilo e educado, as amigas parecem ver nele uma liderança. Diz que tem orgulho de ser quem é, ter estudado até o segundo grau. Já foi promotor de vendas e operador de *telemarketing*. Sonha em ser assistente social.

Com Elton e Regina Rosa estão também Cícera de Souza, nordestina baixinha, muito tímida, 34 anos, que escapa sorrateira da rodinha antes que eu possa abordá-la, e Regina Iara, uma elegante mulher de 55 anos, delicada, com aparência de dez anos a menos.

Os quatro vestem impecáveis jalecos brancos sobre as roupas e touca na cabeça, para evitar que os cabelos caiam no lanche que irão servir daqui a pouco para outros amigos — entre eles, Rogério e Sueli.

São mais ou menos 14 horas de uma quinta-feira de sol quente. Eles fazem as vezes de garçom todas as tardes no interior deste charmoso teatro, hoje um ponto de encontro de homens e mulheres que vivem em situação de rua.

Onde era o lugar da platéia – agora vazia e sem cadeiras – são colocadas mesas brancas de plástico. Cada uma delas comporta quatro pessoas e eu chego ao local bem na hora em que tudo está sendo ajeitado.

O barulho de xícaras e pratos de louça – impecavelmente brancos –, batendo uns nos outros, toma conta do lugar. No ar, um cheiro forte de chá, cravo e canela.

Ao todo, o espaço comporta duzentas pessoas sentadas. Elas formam fila na porta do teatro para desfrutar daquele lanche cheiroso. Na cozinha, pães fresquinhos estão sendo cortados e recheados por Eufrosino da Silva e Benedito Pereira da Silva, encarregados da tarefa.

Toalhinhas brancas de papel evitam o contato de pratos e xícaras com a mesa. Tudo é preparado com esmero.

Os "cozinheiros" me estendem o pulso para um cumprimento, porque têm as mãos molhadas e ocupadas.

Já no salão, sento numa mesa com os quatro "garçons". Estão esperando o salão abrir para começar a servir as mesas.

Enquanto isso, espontaneamente, vão soltando algumas coisas sobre suas vidas. Regina Iara conta que adora cantar, mostra um pouco de seu talento, e diz que é enfermeira de profissão. Cícera é quietinha, mas revela que já foi faxineira. Ali se sentem em família.

– A gente briga, fala mal do outro, xinga. Isso aqui não é o paraíso, não, nem somos santos, explica Elton. Às vezes chega um mais exaltado para o chá e batemos boca mesmo. Mas é como irmão, dali a pouco já estamos todos de bem de novo.

Em situação de rua, em sua maioria desempregados, moram em lugares variados – Elton, numa moradia provisória, fornecida pelo Estado; Cícera, na rua com o namorado, e as duas Reginas, no abrigo administrado por frades franciscanos, que funciona na Baixada do Glicério, no bairro do Cambuci, em São Paulo.

Regina Iara me puxa para um canto, quer conversar, falar, contar sua vida. Diz que foi enfermeira do Hospital Nove de Julho, Hospital do Servidor Público e também do Hospital São Luiz, onde trabalhou na UTI neonatal.

Um dia, precisou ir para Santa Catarina, em socorro da mãe doente. Largou o emprego aqui e, em Florianópolis, tentou montar um negócio com o dinheiro da indenização. Não deu certo, perdeu tudo. A mãe foi morar com uma irmã casada, ela resolveu voltar a São Paulo. Quando chegou aqui, não conseguiu mais trabalho. De repente, diz, se viu sozinha, perdida. Sem saber para onde ir, foi para a rua.

— E seus amigos, Regina, você não tinha ninguém para lhe dar uma força?

— Até tinha, mas quem disse que eu queria? E o orgulho? Não procurei ninguém.

— Nem a família?

— Imagina! Até hoje não sabem nada do que passei: quatro anos na rua, sozinha, sofrendo. Ninguém tem idéia disso. Tenho vergonha que saibam.

— Você morava aqui no centro?

— Ah, não, credo, aqui é muito feio, sujo! Eu era uma mendiga chique, morava nas ruas dos Jardins. Os seguranças das lojas me protegiam à noite, as senhoras me davam roupas, comida. Eu tomava banho nos chuveiros dos atletas do Parque Ibirapuera e as roupas pesadas eu mandava lavar nas mesmas lavanderias onde as madames lavam as delas, para não ficarem fedendo.

Gargalha. Ela realmente acha graça do que acaba de contar.

— Você pedia dinheiro?

— Nunca pedi! Logo ganhei do síndico de um prédio um carrinho para juntar sucata. Com isso consegui sobreviver por quatro anos, até que conheci esse lugar maravilhoso. Faço um bico aqui de recepcionista e batalho por emprego na minha área. Na minha idade, é mais fácil arrumar para *home care*. Mas quem pode pagar por isso tem preconceito. Afinal sou negra, morei na rua. Quem vai me querer, não é?

Regina Rosa

O sonho desta Regina é se formar em Educação Física.

— Você vai voltar a estudar este ano, não vai? — cutuca Elton, piscando para mim.

— Ai, só de pensar nas aulas de matemática, naqueles números sem fim, fico desanimada, com preguiça...
— Que nada, boba, vai lá e faz de uma vez! Tem de estudar! — incentiva o amigo.

Regina é forte e briguenta, segundo ela mesma. Fala que é invocada, desconfiada. É assim que me olha, a princípio. Depois senta ao meu lado e, sem que eu peça nada, solta o verbo.

— Tenho quatro filhos, que estão espalhados, com os avós. Morava na rua, gosto de morar na rua. O abrigo é bom, mas a gente só tá lá porque precisa. Não tem o que fazer lá, é cheio de regras. Odeio regras... Enchia a cara, fui viciada em *crack*. Nunca faltou dinheiro pra isso. Pra comida faltava, mas não pra droga ou pra bebida. Depois me tratei. Fui camelô, balconista, empregada em casa de família. Mas disso eu não gosto, não, os patrão abusava de mim, tinha assédio. Êpa, tenho de sair correndo, ir servir a mesa, tchau!

Ezequiel na casa da rua

O salão é aberto aos convidados. Ezequiel Honorato, um gaúcho alto de 21 anos, também está de jaleco e parece coordenar a entrada das pessoas.

Um pouco alterado pela bebida e talvez pelo uso de drogas, Ezequiel fala de forma pouco clara e tem um hálito desagradável. Saliva muito, revira os olhos avermelhados, balança os braços compridos, dá risada e diz que só faz o que quer da vida.

Largou um emprego de empacotador de supermercado no Rio Grande do Sul, onde nasceu, porque não suportava "acordar cedo e ganhar uma miséria".

— Eu tenho várias casas. Agora moro com minha mãe no Brás. Mas quando me dá na cabeça saio por aí, moro na rua, onde dá. Mas casa não me falta. Sou *rapper*, irmão de um famoso cantor americano.

Fala para mim o nome do suposto irmão, mas não consigo entender, ele se irrita com minha ignorância e cansa de repetir o nome. Eu canso de tentar compreender. Resmunga, levanta, senta de novo. Está inquieto. Sempre chacoalhando os braços longos e negros.

Francisco de Assis

Natal

Feliz de quem, quando o ano termina,
possui um doce e acolhedor abrigo:
a companheira, o filho, a avó tão rara
ou mesmo o amigo
com quem possa se reunir em Cristo
e sua vida interior desperte viva
de dentro de si uma alma de São Francisco;
o amor generoso, o heroísmo estranho
de beijar um leproso.

De lembrar-se de que há no mundo
criaturas de Deus pelo Natal
sem companheira, e sem a avó tão rara
e sem um beijo de mãe ou um beijo de filho,
e até sem um livro que substitua o amigo.

Feliz de quem, quando o ano termina,
pode ver a estrela no céu
e tem olhos ainda
para encontrar Jesus.

Jorge de Lima (1895-1953)

Frei Augusto Koenig, ministro provincial da Ordem Franciscana do Brasil, diz que estar ao lado dos pobres faz parte do carisma franciscano. Francisco de Assis, o santo católico, viveu na pobreza radical depois de sua conversão e queria que os frades, seus seguidores, fizessem o mesmo.

No Brasil, há trezentos anos os franciscanos atuam em prol dos pobres. Segundo frei Vitório Mazzuco Filho, Francisco de Assis concretizou a Fraternidade Franciscana a partir de 1205, na Itália.

– O grupo primitivo de Francisco não passou despercebido porque teve um modo original de se expressar socialmente. Seus companheiros e, pouco depois, Clara de Assis e suas companheiras vieram de várias categorias sociais; mas o seu propósito, tão claro, criou uma única classe humana: a dos que fazem o Amor ser realmente Amado – explica, frisando as maiúsculas.

Os seguidores de Francisco, segundo o frei, escolhem a itinerância como um modo de vida e isso os ajuda a viver o desprendimento, a mobilidade, a liberdade, a caridade e uma visão de mundo muito sensível. Porque decidiram viver nas ruas e pelos caminhos de Assis, pelas estradas do mundo, perceberam os malvistos e malcuidados, os banidos, vítimas de preconceitos.

Ele ressalta que a verdadeira fraternidade humana, para Francisco, se ampara na comunhão de valores e de bens fundamentais para a vida: a terra, a água, o ar, o fogo, a luz, o verde das plantas, o mundo limpo, partilhado e cuidado para oferecer a todos as melhores condições de vida.

O chá oferecido na Rua Riachuelo e o albergue do Glicério integram o Centro Franciscano de Reinserção Social e são dois dos muitos projetos do Serviço Franciscano de Solidariedade (Sefras).

Ambos foram pensados para atender àqueles que estão em situação de rua, sem residência fixa – na cidade de São Paulo, segundo dados da prefeitura, há pelo menos doze mil pessoas vivendo nestas condições.

Mas nem só de chá e pão vivem os freqüentadores do centro de reinserção social. No velho teatro, que funciona nas dependências do Convento São Francisco, no largo de mesmo nome, no coração de São Paulo, eles podem participar de oficinas de capoeira e música, além de disporem de um espaço para leitura e debates, assistir a filmes e consultar a internet.

Durante a refeição, os freqüentadores podem se pronunciar por meio da Rádio Franciscana do Chá 100% Alegria, comandada por Rogério.

– É 100% alegria mesmo, veja só. Não quero ninguém triste, faço de tudo: piadinhas, brincadeiras. Esqueço todos os meus problemas para que essas pessoas se divirtam nessa hora – assegura o radialista.

Na rádio, de alcance apenas interno, se apresentam artistas, como Regina Iara, cantora, Elvin Jones, cantor e baterista, ou Marcelo José Rodrigues, violinista com passagem pela Universidade Livre de Música Villa-Lobos, do Rio, e Universidade Livre de Música Tom Jobim, de São Paulo, agora coordenador da oficina de música.

Foi à frente da rádio, aliás, de olho na platéia, que Rogério vislumbrou Sueli, tomando seu chá quietinha.

– Olhei e logo pensei: quero essa mulher pra mim.

– Na rua há muitos talentos musicais e literários – explica o coordenador do centro de reinserção social, o psicólogo e mestre em Psicologia Social Ricardo Mendes Mattos.

Tanto é assim que todos os artistas que pisam o palco do teatro na hora do chá e os coordenadores das oficinas são pessoas em situação de rua.

– Abrimos estes espaços para eles se expressarem mesmo – afirma Ricardo.

Ao todo, entre chá e oficinas, cerca de quinhentas pessoas são acolhidas pelo centro.

Terezinha, toda ouvidos

Quando saiu de Taubaté, sua terra natal, Irmã Terezinha, de 38 anos, foi morar e trabalhar numa casa destinada a pessoas portadoras do vírus HIV, mantida pelos franciscanos na cidade de Ubatuba, litoral paulista.

– Tive de me despir de todos os meus preconceitos para viver ali. Minha tarefa era lavar a roupa suja dos doentes.

Foi difícil para ela, mesmo sendo uma irmã franciscana. O desafio, conta, foi vencido com base nos ensinamentos de Francisco.

– Ele se sentia em paz, feliz, entre os leprosos. Pensava muito nisso. Eu também sinto felicidade participando da vida dos excluídos da sociedade.

Terezinha é serena, fala com mansidão. O hábito esconde seus cabelos pretos. Tem a pele muito alva e um jeito ainda de menina. Conta que os freqüentadores do chá e do albergue enxergam nela um porto seguríssimo.

– Sou a primeira pessoa que procuram quando chegam aqui – diz sorrindo, com orgulho.

Pedem-lhe roupas e dinheiro para tirar fotos para documentos. Também lhe pedem orientação espiritual.

– Querem partilhar a angústia de viver longe de suas famílias. Querem contar coisas que têm vergonha de falar para outras pessoas, falar que usam drogas e álcool, por exemplo. Eu ouço, ouço e ouço... Mas também oriento, ensino, dou afeto, muito carinho. Com isso, sei, tenho conseguido mudar comportamentos difíceis, transformar vidas.

Ricardo, o acolhedor

Junto de Irmã Terezinha, ele é considerado pelos usuários do centro uma referência quando o assunto é acolhimento. Há seis meses no cargo de coordenador da organização, Ricardo Mendes Mattos tem horror à palavra assistencialismo.

De *jeans*, camiseta e tênis, conserva um ar de estudante mesmo já tendo passado dos 30 anos. Ele conta que desde jovem militou em movimentos de esquerda.

Identifica-se com Leonardo Boff, um dos idealizadores da Teologia da Libertação, corrente da Igreja Católica que coloca no centro de suas reflexões os pobres do mundo. Cita Domenico De Masi e o *Ócio criativo* e é fã do sociólogo francês Michel Maffesoli, autor de *Nomadismo: vagabundagens pós-modernas*, e de Paul Lafargue, que escreveu *O direito à preguiça*, entre outros pensadores da mesma linha.

Diz que o Centro Franciscano de Reinserção Social acredita nas idéias desses teóricos.

– Só é possível haver reinserção social a partir da participação na sociedade como cidadão. E para ser cidadão não é necessário ter residência fixa.

É isso, em suma, o que os franciscanos querem que as pessoas em situação de rua acreditem.

– Aqui lutamos por trabalho, moradia, saúde, educação, cultura. E damos a cada um a chance de escolher o que quer – se optar por ficar na rua, vai ter esse direito. Toda pessoa em situação de rua pode e deve participar da sociedade, sem que para isso seja preciso deixar a rua.

Centro de Reinserção

Com parcerias firmadas com os governos municipal, estadual e federal, além de empresas privadas, o Centro de Reinserção Social dos franciscanos emprega pessoas em sua sede e busca recolocar no mercado quem assim deseja.

Também oferece seus próprios projetos de geração de renda aos freqüentadores, como a comercialização do chá, biscoitos, trufas e sanduíches feitos por eles e vendidos em feiras de trocas e eventos de cunho social.

Crítico do "onguismo", Ricardo acha que muitas organizações se beneficiam da miséria alheia para crescerem. Também é cínico quando se refere ao governo.

– A polícia agride quem perambula pelas ruas, quando deveria proteger. A Secretaria da Habitação não tem projeto de moradias populares e sabemos que para o Estado é muito cômodo ter ONGs na área social, estimular o voluntariado e fazer campanha para ninguém dar esmola nas ruas, como tem sido feito agora.

O centro, ressalta, valoriza a escolha de cada um. É esse talvez seu diferencial em relação a outras instituições que trabalham com pessoas em situação de rua.

– Para quem quer deixar a rua, mostramos as possibilidades, damos oportunidades. Mas sabemos que há os que não querem também ou não conseguem e os respeitamos da mesma forma. Assim como não discriminamos quem bebe ou usa drogas.

Segundo ele, há pessoas que escolhem um modo de vida nômade e assim desejam permanecer.

Tudo o que querem os franciscanos, enfatiza Ricardo, é ver os freqüentadores do centro felizes, sentindo-se respeitados e agentes da construção de um mundo melhor, onde quer que estejam.

– Em conjunto com eles, questionamos as promessas que o sistema faz e não cumpre. Deixamos as pessoas falarem, educamos para a originalidade, cuidamos da sua singularidade para que elas sejam cada vez mais elas mesmas e não apenas uma vítima da sociedade – resume.

O chá está para terminar e o "programa" da Rádio 100% Alegria também. O radialista Rogério, com voz empostada, em pleno exercício de seu trabalho, dá o seu recado, seus votos de um 2007 feliz a todos os presentes.

– Acho que para um mundo de ternura e paz precisamos de menos seres perfeitos sobre a face da Terra. O que está faltando são mais seres falíveis, dispostos a aceitar as fraquezas dos outros e as suas próprias, com menos arrogância e onipotência. Aqui é a sua Rádio Franciscana 100% Alegria. Veja só pessoal – nada de 99%, não. Aqui somos 100% Alegria. Uma ótima tarde a todos, aquele abraço e até amanhã!

Aos poucos, o grupo se desmancha. Alguns permanecem no lugar, conversam, pegam o violão para tocar. Outros querem falar com Ricardo ou Irmã Terezinha. Os voluntários apressam-se em arrumar o salão, lavar e guardar pratos e xícaras. O ruído da louça branca batendo recomeça.

O outono de Fernanda

FELIPE MODENESE

> The river's tent is broken: the last fingers of leaf
> (A tenda do rio rompeu-se: os derradeiros dedos de folhas)
> Clutch and sink into the wet bank. The Wind
> (Agarram-se e enterram-se na margem úmida. O vento)
> Crosses the brown land, unheard. The nymphs are
> departed. (175)
> (Atravessa a terra parda, sem se ouvir. As ninfas
> partiram.)
> [...]
> My friend, blood shaking my heart
> (Meu amigo, sangue a agitar-me o coração)
> The awful daring of a moment's surrender
> (A tremenda ousadia de um instante de entrega)
> Which an age of prudence can never retract
> (Que tempos de prudência jamais revogarão)
> By this, and this only, we have existed (405)
> (Foi por isto, e só por isto que existimos)
> [...]
> These fragments I have shored against my ruins (431)
> (Com estes fragmentos escorei as minhas ruínas)
> [...]
>
> T. S. ELIOT, *THE WASTE LAND*
> (TRADUÇÃO: GUALTER CUNHA)

> Por isso, o sábio trava conhecimento sem afirmações
> categóricas e lança seus ensinamentos sem palavras
>
> LAO TSE, TAO TE KING

Mas que raios uma paciente com uma cirurgia pela frente está fazendo fora da cama? Como assim? Se fosse ainda qualquer coisinha, tipo umas pintas no pescoço, ou um belo par de novos seios, ou uma redução de estômago, um transplante que fosse... Sei lá. Não está andando pelo quarto, ansiosa, nem fazendo algum exame pré-cirúrgico. "Ela deve estar por aí, deve voltar já já", responde alguém.

Como pode uma pessoa prestes a encarar uma cirurgia na cabeça estar assim, zanzando pelo hospital? Médicos vão abrir seu crânio, investigar as condições, tentar resolver o problema e lacrar! Como se não bastasse, ainda tem mais: tudo isso com a pessoa acordada...! Essa mesma pessoa que está aí, a passear pelas alas. Vai entender... Só resta esperar...

Por uma janela do corredor do quinto andar, tufos de nuvens nublam um pouco o céu deixando ainda um calor ressecado de dezembro passar pelo vidro: a testa está ensopada. Pode-se ver a plantação verdejante em curvas de nível. Parece cana. Uma torre esquálida de energia ergue-se em meio ao cultivo. Num primeiro plano, embaixo, o sobe-e-desce das telhas de Eternit do terceiro andar tem manchas de musgo e sujeira, num *dégradé* de tons de cinza. Tons que fazem lembrar aquelas imagens chocantes das circunvoluções do cérebro, que lembra cirurgia, que faz lembrar a desconhecida Fernanda.

No leito 528A da neurocirurgia, a pia ao lado da cama tem tubo de sabonete líquido, lenços para as mãos. Na mesinha, uma jarra de plástico transparente. Do outro lado, uma bela poltrona estofada.

Então chega uma senhora de cabelo curto, loiro "batidinho" parecendo tingido, rosto queimado, blusa clara sem manga, calça azul-escura de tecido leve. Dona Dirce chega antes da filha. Pergunta, sonda e, segura, chama Fernanda.

A moça de 26 anos entra no quarto de havaianas, calça bem folgada amarrada na cintura, blusinha bem fina e cavada, uma pulseira branca com algo escrito à caneta. A pele muito branca, supercuidada. Rosto pronunciado, com salientes maçãs, olhos pequenos e claros, cabelos curtos, bem penteados pro lado. Como os da mãe, os cabelos são tingidos de amarelo-claro, contrastando com as raízes escuras. O topete loiro é impecável. Senta na cama, puxa as pernas cruzando-as e explica-se.

Estava conversando com uma "mocinha" na psiquiatria, com quem fez uma amizade nova durante os dias de internação. Tornou-se uma espécie de "muro das lamentações" do hospital. Fez vários amigos, em diferentes alas, e todos gostavam de sentar e conversar. Fernanda adora falar. E diz saber ouvir. Requisitos essenciais a uma psicóloga, sua futura profissão, depois de entrar na faculdade e fazer o curso, assim que "sair dessa, se Deus quisé".

Se Ele quiser e ajudar Seu emissário, Seu instrumento, um anjo cujas asas não cabem aqui no quarto. A confiança de Fernanda no neurocirurgião Helder Tedeschi é tamanha que a moça está à solta pelo hospital. Não remói mais os perigos da jornada que virá. Entregou as responsabilidades, eximiu-se de ter de sofrer diante dos possíveis últimos dias de vida. "Doutor Helder" afugenta pesadelos, apazigua os rompantes de temor, os acessos de insanidade diante da certeza de estar com um problema cerebral.

Ao lado dessa afeição incondicional, desse abandono à veneração, Fernanda conta com uma confiança nos traços do futuro, na incapacidade de alterar o que está definido em outras instâncias. Dos gestos, postura e fala, desprende-se certa passividade frente ao inalcançável, uma calma que chega a causar incômodo. Sentada na cama, de pernas cruzadas, e braços esticados pra trás, a moça abre o peito – está largada aos desígnios do que está muito além de sua vontade. E as longas fechadas de olhos entremeando a conversa atestam seu apego ao "que tivé que sê".

Assim, sobra tempo, humor e livre-arbítrio para uma conversa, para várias conversas com todas as enfermeiras, para conselhos esparramados por várias alas, para gargalhadas que ecoam pelos corredores e que parecem ser um quebradiço escudo ao medo, uma fantasia sobre a carne trêmula de um trapezista na corda bamba, não fosse Fernanda tão convicta em sua devoção ao médico e ao seu destino.

À luz da graça

– Eu era louca pra ter um filho! Sempre quis!

Enquanto esfria a bandeja de comida que mereceu uma boa careta ao chegar e Dirce está sentada na poltrona mais a ouvir que falar, os fatos que trouxeram mãe e filha até o quarto começam a aparecer.

É janeiro de 2004. À tarde, Fernanda tem aos olhos o "positivo" do teste de gravidez. Está "de semanas". A euforia reverbera, toma conta da casa; um êxtase faz a imaginação voar: há dois anos tentam. O sonho de ser mãe está confirmado: o bebê, a renovação, o estado de graça... À noite, chega uma manifestação, uma mensagem. A grávida teve sua primeira crise: dores de cabeças, mal-estar, dificuldade pra falar, língua enrolada, perda da consciência, queda. Tão estranho...

O susto não foi tão grande, já que poderia muito bem ser o primeiro dos desmaios típicos da gravidez. A irrigação sangüínea cerebral diminui em favor da nutrição do feto que se forma e ocorre perda de consciência. Mas não, depois de passagens inconclusivas por ginecologistas, de mais algumas crises (recorrência), de dificuldades em fazer exames de imagens do cérebro, provavelmente pela falta de convênio, optou-se pelo tratamento de "epilepsia".

O termo vem do verbo grego *epilambanein*, ser apossado, atacado ou dominado. Para os gregos antigos a epilepsia era um fenômeno milagroso, já que apenas os deuses poderiam derrubar uma pessoa, tirar sua razão e consciência, fazer que seu corpo se agitasse sem controle, para depois deixá-la como antes. Hoje, embora sombras de ignorância e religiosidade dificultem o fim do preconceito, a medicina reconhece epilepsia como uma doença neurológica perfeitamente tratável na grande maioria dos casos. É marcada por crises recorrentes e sem uma causa aparente (esta última, uma parte da definição importante para Fernanda).

Diante do aviso de que drogas antiepilépticas podem provocar defeitos no bebê, Fernanda cisma e escolhe proteger a perfeição do esperado filho: relutou por um mês em tomar a medicação. Entretanto, os riscos de uma crise para a mãe e o feto são muito maiores que o risco do uso de anticonvulsivo[1]. A mãe, dada a continuação das crises, aceita os conselhos[2], começa a tomar remédios e continua a proteger a cria.

Para surpresa geral, a freqüência das crises aumenta durante a gravidez. Mas não importa... Com atenção e cuidados redobrados por todos na casa, guiada por desejo grandioso de ser mãe, Fernanda dá à luz: Caíque nasce dia 3 de novembro de 2004 aos berros sadios, enchendo a sala de alegria e de uma boa dose de alívio.

A nova vida de mãe entusiasma, entorpece, exige entrega total. A alteração do ambiente corporal sai de cena, o corpo retoma sua forma, desincha. A normalidade retoma seu lugar, as crises cessam por um tempo. Para nutrir com o leite imaculado, Fernanda "deixa para lá" a medicação e deixa-se inebriar do êxtase de amamentar, de cultivar e cultuar seu filho. Assim, um ano se vai.

Uma só mensagem

— Sou meio neurótica com esse negócio de peso...

As medicações têm mudado as medidas de Fernanda: "Esse ano mudei tudo!" Vaidosa, altura e peso não saem da ponta da língua: 1,72m e 63 quilos. Pesava 54, "eu só comia miojo, virei um palito". "Ah, se você visse as fotos de bailarina da minha filha..." Dirce não perde a chance.

Apesar dos desvios, naturais para quem está à beira de uma cirurgia tão delicada e precisa deixar de aspirar os vapores da morte, as minúcias do que as trouxe até aqui são retomadas.

Todavia, certo tempo depois do parto, o terror das crises está de volta, aumenta, assusta. A idéia de algo relacionado só à gravidez tem de ser revista. É janeiro de 2006. O "digníssimo" consegue realizar um convênio médico em 2006 e, sem mais qualquer medo de efeitos sobre a gravidez, chega a hora da verdade: o médico particular pede o exame de tomografia.

Raios X atravessam a cabeça de Fernanda, virtualmente esquartejam os detalhes dos tecidos, desvendam o que jaz na escuridão da caixa craniana. Nesses momentos cruciais, de risco de vida, é que aparece a importância de investimentos a longo prazo em ciência e tecnologia. Aí se revelam as justificativas de tanto esforço e tempo dedicados à elucidação de certas dificuldades técnicas. É no momento de crise que a vagarosa evolução histórica das descobertas e do conhecimento ganha relevância ante a longevidade da raça humana; é em meio à profusão da vida, com suas vontades e angústias, laços e gargalhadas, temores e indignações, gestos e crenças, prantos e almoços em família, que os frutos de uma civilização tecnológica ultra-especializada e impessoal podem fazer a diferença.

A idéia de se conseguir extrair informação das condições internas de um corpo sem provocar qualquer dano é uma das mais marcantes nos últimos tempos para a precisão do diagnóstico médico, vital, em certos casos, para um tratamento definitivo do que deixou de ser normal. A radiação emitida pelo aparelho atravessa o corpo e carrega detalhes do que está escondido. Computadores conseguem interpretar os sinais coletados e montar uma imagem, um mapa que, longe de ser mágico, imita aquilo que é invisível. As fatias dos "cortes" do cérebro mostram ao especialista o que não se podia saber: Fernanda tem um tumor no cérebro!

— O meu trem aqui é do lado esquerdo...

Descobre o "trem", o que está levando às crises, às aterrorizantes perdas do controle de sua fala, à possessão de seu corpo, o que está conduzindo-a para longe de si. As realidades das imagens e do veredicto médico estraçalham os sonhos de uma mulher de 20 e poucos anos e despejam os planos da recém-mãe na fornalha do desespero; trazendo engatada consigo uma miscelânea desconexa de tantas histórias de tumores e cânceres com finais nada felizes e já partes do saber popular, os resultados do exame turbilhonam a mente numa sentença de morte devastadora. A vertigem de uma locomotiva tão potente e que não pode retroceder embarca Fernanda.

Não se poderia ter certeza de que a primeira crise no mesmo dia da descoberta da gravidez era o apito do "trem", mas um médico bem informado deveria suspeitar... Se as pessoas que atenderam Fernanda há dois anos estivessem realmente preparadas, saberiam que "a maioria dos tumores expande consideravelmente durante a gravidez e freqüentemente manifesta-se pela primeira vez em pacientes grávidas"[3] e que, além de outros, crises epiléticas são sintomas comuns de tumores cerebrais iniciais[4]. Poderiam ter exigido o exame de imagens e descoberto que as crises tinha uma causa não aparente sem imagens, mas ainda assim uma causa... O que faria com que o diagnóstico não fosse de epilepsia...

"De semanas", o corpo de Fernanda já se preparava para gestar... Retinha líquidos, inchava... E, como um sábio pássaro, compunha o ninho uterino, preocupava-se com a nutrição da criança ao ritmo alucinante dos hormônios estrogênio e progesterona. Entretanto, o tumor já estava lá... E também inchou... E também foi estimulado pelos hormônios...[5]

Com as alterações que acompanham a gravidez, o tumor de Fernanda cresceu, invadiu, comprimiu ou destruiu tecidos cerebrais por perto e desencadeou alguns sintomas[6]. Já que algumas funções do cérebro humano têm um foco, um centro controlador, o efeito do tumor crescido baratina algumas dessas funções.

Como na maioria das pessoas, o lado esquerdo do cérebro de Fernanda comanda sua linguagem[7]. As crises de Fernanda começam com dificuldades de fala[8] – o tumor tranca-a numa mudez insuportável, crescente com a vontade de falar – e, algumas vezes, são alastradas (ou generalizadas), o que provoca as convulsões. Fernanda sente um grande mal-estar, fica com o corpo duro, cai, estremece o corpo todo, treme braços e pernas. Então, cai em sono profundo. Acorda sem saber o que aconteceu, zonza, sem ação[9]. Assim continua, desde o dia em que soube que seria mãe até hoje, três anos depois. Com altos e baixos, continua...

Todavia, uma coisa ainda está no ar: da coincidência do "positivo" no teste de gravidez e da primeira crise no mesmo dia, a ciência tem quase nada a explicar. Talvez as emoções de se ver futura mãe tenham ajudado a desencadear a crise... Talvez... O fato é que a gravidez sinalizou o tumor! É que o feto em formação avisou o problema já instalado. É que a criança apitou o "trem" que chegava. Gritou, esperneou. A gestação acelerou, sim, um processo silencioso de crescimento do tumor, desencadeando as crises. Caíque foi concebido arauto, com a notícia de um perigo em gestação. A mensagem foi entregue. Se sabiam interpretá-la, dar o significado certo, é outra coisa. Mas Caíque arriscou a vida da mãe (e a própria) para deixar uma mensagem importante... Há dois anos, nasceu herói: "Ele é iluminado".

Abraços imbricados

O que o atraso de dois anos significa para a vida de Fernanda? Agora, nesta segunda-feira, no leito 528A do Hospital Universitário, pouco se pode dizer. Fernanda senta-se na poltrona:

– Queria trabalhá como voluntária. Cê qué vê eu ficá feliz é ajudá os outros.

Depois da sentença médica, o "digníssimo" sai correndo. Não quer saber! Desde que começou com esse negócio de espiritismo, surgiu a suspeita: "Meu digníssimo achava que eu tinha crise por causa dos espíritos que descia ni mim". Brigou muito com Dona Dirce, que apoiava qualquer iniciativa que deixasse sua filha mais forte e confiante: "Isso tudo é uma prova, uma coisa que tenho que aprendê". O marido sai de perto, fica a mãe.

— Tenho medo da reação das pessoas. Fico sem jeito, um pouco com vergonha, medo de olhar nos olhos.

Depois da tomografia, contando com o convênio, o exame de ressonância aprimora o trabalho da tomografia, define melhor a condição do tumor, seus limites e regiões afetadas, os vasos, as redes, possíveis danos e seqüelas. Qualquer detalhe pode ser vital.

Ainda assim sem muita precisão sobre a irrigação vascular do tumor, em 23 de março de 2006 Fernanda é internada para a cirurgia. A complexidade do caso dela é tanta que os contrastes das imagens dos exames atuais não conseguem especificar o tipo de abordagem, se é possível extrair o tumor ou parte dele. Só mesmo abrindo e vendo o que está acontecendo.

Diante do "trem", Dr. Helder hesitou. Os tecidos do tumor e artérias estão tão imbricados que qualquer corte incerto, sem saber exatamente que regiões e funções podem ser afetadas, coloca em grande risco fala, cognição e vida da paciente tão jovem e da mãe mais nova ainda. O "trem" englobou artérias que alimentam outras áreas também, distribuem o sangue, os nutrientes para outras habilidades e capacidades. O cirurgião retrocede. Fecha a cabeça de Fernanda e prefere preparar outra cirurgia, com a paciente acordada e falante para minimizar os danos ou até afastar os males de vez. A complicação do caso é grande!

— Eu tô no pique de fazê festa. Aproveitá enquanto pode, né?!

"Ai que saudade! A gente é tão festeira", completa a mãe. Dona Dirce faz tudo pra festas. "Pode procurá na Listel: Q Delícia." Bolos, doces e salgados. "Cê precisa comê a bala de coco da minha mãe com recheio de nozes. Uhmmmm." Desde a cirurgia, Fernanda tem ajudado bastante a mãe nas encomendas e entregas. De um lado a outro da cidade, mãe e filha levando as guloseimas, as delícias, casadinhos, brigadeiros, olhos-de-sogra, empadinhas, coxinhas, esfirrinhas, bolo de nozes, floresta-negra, prestígio... Queimaram muito a palma das mãos "puxando bala de coco". Muitas festas, alegrias, crianças...

Vem um choro espremido, difícil de sair. As sombras da invalidez e da morte da mãe sobre o menino indefeso de 2 anos, as festas, o que se pode perder, condensam-se nos olhos claros e, mal saem e escorrem no rosto, são puxadas pelos dedos. Minam expulsas e são esfregadas nas maçãs do rosto como pragas.

Da cirurgia até novembro, as dores e as crises continuam como antes. Nada mudou. Até que no dia 22 de novembro, em casa, Fernanda tem os sintomas que antecedem as crises. Já não conseguindo falar, aperta o botão de rediscagem do celular e, por sorte, quem atende é o marido. A língua está enrolada e a ausência da fala denuncia o que está acontecendo... Braço paralisado e rosto puxado, anda pelo corredor da casa com forte dor-de-cabeça e corpo formigante. "Tocô minha mão e desmaiô", continua Dirce.

Caíque apenas brinca.

Esta crise convulsiva ou "grande mal" de Fernanda não acaba. "Pensei que ela não ia voltá mais..." O espanto da mãe vendo a filha despencar num abismo bem ali na sua frente sem poder fazer nada é angustiante. Todas as súplicas e rezas deixam de ser serenas para se tornarem raivosas, indignadas. Quarenta infernais minutos e tudo que fica é a cara baixa, a impotência, a certeza de uma ciência pueril diante da potência do "trem" que teima em levar a moça para longe do aqui e agora.

Poucos dias se vão até estarmos nesta segunda-feira, no leito 528A, a menos de 48 horas da cirurgia em que Fernanda deve estar acordada e conversando com o pessoal na sala enquanto Dr. Helder investiga possíveis soluções para um caso tão complexo e imbricado em possíveis complicações.

— Cês vão tê que ficá tudo cantando comigo, a cirurgia intera.

De pernas cruzadas e mãos apoiadas uma sobre a outra e esta sobre a barriga, a mãe de Caíque oferece um bombom. Enquanto se levanta da poltrona, abre o armário e tira um saco de bombons:

— Não tenho coragem de operá com outra pessoa... Dr. Helder estudô tanto tempo, levou não sei pra onde, não foi pra perdê!

Depois de um abraço zeloso, quem dera possa transmitir qualquer coisa de bom, Fernanda fica sozinha no quarto e logo pode zanzar pelo hospital e conversar à vontade sobre o problema que não é seu, antes do desafio de uma vida.

Maré subindo

Diz o cartaz pendurado na frente da casa branca, com portão de tábuas e outros detalhes de azul, inclusive a placa com "237" de branco:

Q Delícia
Tudo para sua Festa
* Bolo Doce
* Bolo Salgado
* Salgadinho Frito / Assado
* Docinho
* Bala / Bala gelada

Crianças brincam na rampa da garagem, logo depois do portão bem azul. A entrada é tumultuada. Leonardo, Vinícius e uma menina são três dos sobrinhos de Fernanda. Junto com Caíque, estão de férias, passando e "infernizano" a tarde na casa da avó Dirce. Muitos carrinhos, correria, brincadeiras novas em seguida, gritaria, uma energia sem fim.

O acetinado da cortina balança, levando junto o pano enredado sob outro acetinado vinho. Um bafejo de vento empurra o pano numa barriga intrusa na sala da casa alugada em maio, um mês após a primeira cirurgia. Sentada no sofá combinado com o pano vinho, a avó de Fernanda assiste, em meio a seus 92 anos, a algum desenho animado de fim de tarde, a poucos dias do Natal.

Sim, Fernanda está viva. Não, ela não morreu ou ficou muda.

Fernanda está toda maquiada, com lápis nos olhos e rímel, pó, *blush*, batom, cabelos superpenteados. Blusa rosa sobre outra branca, calça três-quartos e salto alto. Unhas feitas com um tom prateado, brincos grandes com pedras rosas. Resta, no sofá, com uma postura de torpor, uma certa languidez, uma "largueza" no estofamento.

Não, a cirurgia não aconteceu. Sim, ela ainda está com o tumor.

Problemas técnicos no hospital, em algum aparelho essencial ao procedimento, aconteciam enquanto Fernanda já estava sendo preparada no centro cirúrgico. Adiamento.

— Fiquei muito puta. Xinguei todo mundo, viu!

O caderno de anotações incomoda, ela tenta ver que tipos de coisa estão escritos. Diante da relutância em se reconhecer um "objeto de estudo", de pesquisa, em falar do tumor e das expectativas da cirurgia remarcada para o começo de 2007, diante da necessidade de ver-se uma pessoa normal, sem problemas graves e debilitantes, o caderno fica fechado, escondido, sem intimidar e invadir o que precisa ser esquecido.

Enquanto Vinícius mostra seus livrinhos de banho, fica claro que Fernanda queria começar o ano sem o "trem", sem as crises, os remédios, as dores, o tormento de fitar no espelho uma incerteza, o descontrole, a invalidez.

— Eu fico presa, né?!
...
— O que eu fiz esse ano?
— Naaaada.
— Não posso trabalhar com esses remédio que tô tomando... Às vezes saio de carro e deixo minha mãe quase loca.

O buço melado de Caíque é retocado várias vezes por uma toalha ou pano. Leonardo, de 4, não larga a chupeta. Acaba de voltar de mais uma consulta ao médico particular, "pra pegá umas receita". Continuam os cuidados, os medos e correntes enquanto a maré da mocidade vai sorrateiramente subindo, ano após ano, até que vai de vez e não pode voltar. Os impulsos e ímpetos refreados pela anomalia de algumas poucas células podem deixá-la "encalhada" numa rotina atrofiada por algo que está além de seu controle. Indignada.

A moça pergunta, descontrai, se solta numa amizade antiga, íntima. É o seu jeito de ser, de precisar ser... Na cozinha, sentados à mesa a comer bolo de cenoura e suco de manga, Fernanda continua a investigar, aniquila qualquer relação observador-objeto e desprende-se, mesmo que por pouco, em gargalhadas e deixa escapar os encantos de uma pessoa atenciosa, detalhista e desapegada, pronta para usufruir os bens de sua vida suspensa.

Os bichos de pelúcia tomam a claridade da janela escancarada do quarto em que está o livro que Fernanda teima em mostrar, teima em expor sua intimidade, as relíquias de sua meiguice e as nuanças e texturas de uma jornada usurpada. Tudo ali, aos céus, exposto...

— Eu não devia tá lendo romance... Tô encalhada! Talvez um drama, né!?

Outono e seus brotos

No telefonema pra saber como estão as coisas, Fernanda confessa:
— Me deu uma criiiise de choro depois que você foi embora... Esse fim de ano foi as duas piores semana da minha viiida.

Até hoje, quinze dias depois do começo de um novo ano, ainda nada se falou da cirurgia. Há três anos, Fernanda está num outono, ao sabor de seu sistema nervoso perturbado pela desregulação de algumas das células cerebrais.

Tal qual folhas secas, os desejos e planos, de pedúnculos rompidos, desligados do tronco da vida pelos chacoalhões de vendavais de crises, caem rodopiando. E, ali, decaídos, só podem restar ao vazio de sua natureza minguada. O Brasil tropical está no mês de praia, música e cerveja gelada, mas restam alguns em pleno outono. Durante as poucas e rápidas brechas da devoção a seu cirurgião e destino, surge a estação da alma de Fernanda.

À espera da convocação para a cirurgia de um tumor tão imbricado em sua carne, o sabor parece fraquejar, os perfumes das flores não devem ter muito cheiro, as palavras têm pouco efeito. Do grau de penetração do tumor e da habilidade de um experiente neurocirurgião, dependem a alegria dos almoços de domingo da casa com "237" de branco, os sorrisos sinceros de uma mãe toda abobada, as explosões sentimentais de uma vida retomada.

Ainda assim, o verdadeiro, os espontâneos, numa conversa "toda ouvidos", num bombom oferecido, numa fala penetrante, nas unhas muito bem esmaltadas, na ondulação perfeita da franja, nos bichos de pelúcia na janela ao sol e no pano melado na boca do filhote, fazem brotar a essência inabalada, o instinto iluminado pela certeza na sutil penetrância dos pequenos gestos.

Ainda que esteja num outono de incertezas, a postura de confiança e devoção ao "que não pode ser entendido" contagia, ensina certa leveza diante da vida e suas desrazões. A sabedoria de Fernanda, denotada nas sutilezas, ante o inevitável, a contrariedade é seu poder, sua mensagem, seu grito ao descalabro.

Diante do nebuloso, o sorriso de despedida ou a gargalhada no telefone ecoam, não pedem resposta ou infiltram qualquer pena. São nada mais que o ser de Fernanda, os brotos de uma natureza que não pode ser destruída.

PS: A cirurgia foi realizada em maio de 2007 e Fernanda passa "muito bem", de acordo com os termos do próprio Dr. Helder.

Notas e referências

1. ISLA et al. "Brain tumor and pregnancy". Obstetrics and Gynecology, v. 89, n. 1, jan. 1997, p. 22.
2. "A condução do tratamento de mulheres epiléptica deve ser realizada com clareza, instruindo a paciente sobre os riscos de uma gestação, salientando que mais de 90 % tem filhos saudáveis". ComCiência. Disponível em: http://www.comciencia.br/reportagens/epilepsia/ep20.htm.
3. KARNAD et. al. "Neurologic disorders in pregnancy". Critical Care Medicine, v. 33, n. 10 (Suppl), 2005, p. 363.
4. STEVENSON, Charles B.; THOMPSON, Reid C. "The clinical management of intracranial neoplasms in pregnancy – neurologic disorders in pregnancy". Clinical Obstetrics and Gynecology, v. 48, n. 1, mar. 2005, p. 26. ["Uma seqüência de crises pode ser o sintoma inicialmente apresentado em 20% dos pacientes com tumor cerebral".]
5. KARNAD et. al. "Neurologic disorders in pregnancy". Critical Care Medicine, v. 33, n. 10 (Suppl.), 2005, p. 362. ["Tumores cerebrais invariavelmente crescem durante a gravidez por causa da retenção de fluidos e presença de receptores para estrogênio e progesterona nas células tumorais".]
6. STEVENSON, Charles B.; THOMPSON, Reid C., op cit., p. 25. ["As alterações hormonais e fisiológicas que acompanham a gravidez têm efeitos profundos sobre o crescimento de um tumor existente, exacerbando sintomas neurológicos".]
7. DAMÁSIO, Antonio. O erro de Descartes. São Paulo: Companhia das Letras, 1996. ["Em mais de 95% das pessoas [...], a linguagem depende em larga medida das estruturas do hemisfério esquerdo".]
8. STEVENSON, Charles B.; THOMPSON, Reid C., op cit. ["Invasão tumoral localizada ou compressão de tecido cerebral adjacente eventualmente leva a achados neurológicos focais determinados pela localização do tumor. Por exemplo, lesões do lobo frontal podem causar diminuição cognitiva, hemiparisia contralateral, ou até afasia expressiva (inabilidade de produzir discurso) se localizadas no hemisfério dominante".]
9. SANDER, J. W.; HART, Y. M. Epilepsia: um guia prático. Londres: Merit, 1999, p. 21, 57.

Futebol que se joga na rua

Luciana Noronha

> *Ele morava embaixo de uma das pontes de Pinheiros, indo pra Santo Amaro. Lá tem um arco mais ou menos do tamanho desta sala, embaixo do trilho do metrô, e na frente tinha um pequeno buraco. Ali ele fez um buraco maior, construiu uma porta e aquilo se tornou um cômodo grande. Depois ele fez um jardim na frente. Plantou bananeira, e todo ano ele plantava feijão. Todo mundo via ele ali plantando feijão. Então, no muro onde não tinha nada ele começou a desenhar uma casa. Pintou um telhado. Não tinha janela, e ele desenhou a janela. Quem olhava de longe pensava que tinha uma casa ali mesmo, com jardim e tudo. Era como se aquela casinha já existisse dentro dele há muito tempo.*
>
> Rezende, vendedor da revista *Ocas"*

1

Nove e pouco da manhã de um sábado um pouco mais quente do que seria o desejável na cidade de São Paulo. O metrô está lotado (por que tantos resolvem sair a essa hora?), entra gente, sai gente, e finalmente o condutor anuncia com voz metálica: "Próxima estação: Brás". Salto do trem, desço as escadas. Embaixo tem uma praça, de onde se pode ouvir o metrô passar acima das nossas cabeças. A construção de cimento que suporta aqueles enormes trilhos faz sombra na praça de cimento fervente.

Algumas quadras adiante, rapazes de meiões vermelhos esperam, com uma satisfação barulhenta, o técnico Pupo, que mora na cidade de São Roque, mas vem pra São Paulo duas vezes por semana só para treiná-los. Enquanto esperam, eles resolvem formar um círculo e bater uma bola. São oito os jogadores uniformizados: quatro estão de camisa azul e quatro vestem camisa preta e laranja. As chuteiras são variadas, algumas bem surradas. Já os meiões vermelhos e o gosto evidente pelo futebol são comuns a todos. Alguém avisa:

— O Pupo deve chegar lá pelas 10 horas.

São várias as idades e estaturas: o loiro é muito sério e barbudo, o baixinho é castanho, tem a cara cheia de espinhas e não aparenta ter mais que 16 anos, os dois negros são simpáticos e bem magrinhos, mas um é alto e parece bravo e outro não é nem uma coisa nem outra. Também tem um moço grande e moreno, que eu iria conhecer dali a alguns instantes.

Este time heterogêneo é formado por jogadores que atualmente não têm onde morar. Eles estão vivendo "em situação de rua", como preferem definir, e passaram a fazer parte do time por meio da Ocas" (Organização Civil de Ação Social), que edita a revista de mesmo nome, vendida por pessoas em situação de rua. Alguns deles vieram de outros Estados, chegaram à cidade de São Paulo e, de repente, não tinham para onde ir. A maioria deles atualmente mora em albergues administrados pela prefeitura. Um deles é Ivo, o goleiro do time.

2

Ivo veio para São Paulo há menos de um ano. Ele nasceu no Norte de Minas Gerais, perto da divisa com a Bahia. É um "baianeiro". Veio pra São Paulo pra tentar arrumar um emprego e melhorar de vida. Mas, ao chegar à agitada e fumacenta São Paulo, viu que não seria tão fácil: o emprego não veio, o dinheiro também não, e ele teve de ir morar em um albergue. "Infelizmente", ele diz.

Ele não gosta de morar em albergue, como quase ninguém gosta, mas precisa. Só por isso vive assim até hoje. Ele chega todo santo dia ao albergue às 4h30 da tarde. Não pode atrasar nem meia-hora, nunca, ou corre o risco de ver seu lugar ocupado por outra pessoa.

Ao chegar, vai tomar banho. Depois corta o cabelo e faz a barba, mesmo que não queira ou não precise. São as regras: ou cumpre ou cai fora. Ninguém quer pegar piolhos ou qualquer outro bicho que se abrigue no ser humano. No começo da noite, chega a janta. Depois, cama. Se Ivo levar as chaves ou uma toalha consigo, paga multa. Se brigar ou usar qualquer tipo de droga lá dentro, é expulso.

Às segundas-feiras, Ivo lava suas roupas. Como ele deu entrada no albergue pela primeira vez neste dia da semana, todas as segundas serão dia de lavar roupa. A máquina de lavar então ficará disponível para que Ivo e alguns outros moradores lavem até dois quilos de roupa. "Tem lugar próprio para tudo: para lavar roupa, para fumar e para jogar."

Ivo precisa ir dormir cedo, caso contrário terá dificuldade em estar na rua no dia seguinte às cinco da manhã. A esta hora todos precisam deixar o albergue, todos os dias. A regra não muda, nem que seja um domingo gelado ou um feriado chuvoso. Todo o esquema é muito rígido e burocrático. Ivo acha que o albergue "parece uma cadeia em regime semi-aberto". O crime que ele cometeu foi chegar a São Paulo sem ter lugar pra morar.

Os moradores "fixos", como Ivo, têm sua cama garantida se chegarem até o horário oficial de entrada no albergue, que é por volta das 4h30 da tarde. Se não, os funcionários esperam por, no máximo, meia hora. Quem não chegar perderá a vaga naquela noite, e no dia seguinte terá de justificar por que faltou no dia anterior. Se um morador ficar doente e passar a noite no hospital, terá de levar um atestado comprovando que esteve mesmo doente, ou não poderá dormir lá no dia seguinte.

A vaga do faltante é preenchida por outra pessoa, que poderá passar um pernoite ali. Ivo atualmente é fixo de um albergue, mas conta que já "pegou" muito pernoite. É muito difícil conseguir uma vaga pra dormir assim, já que pouca gente desiste da sua vaga. Quem tenta passar um pernoite em um albergue já chega lá com poucas esperanças. Só conseguirá ficar pra dormir se der muita sorte. "Tem de saber morar em albergue, porque não é fácil."

Desde que chegou em São Paulo, Ivo já morou em dois albergues. O anterior era o Albergue Morro das Pedras, onde ele tinha amigos como a Pilar, que eu conheceria naquela manhã, durante o treino. Ivo morou lá por pouco tempo, mas saiu quando se interessou por uma mulher. Hoje ele acha que foi uma besteira, mas na época achou que ia dar certo. Iam viver juntos e pagar aluguel. Mas o romance foi por água abaixo, e ele voltou ao velho e ingrato esquema.

Porém, ficou com vergonha de voltar para o mesmo lugar de onde tinha saído (falando que ia dar um jeito na vida). Resolveu então mudar de albergue, e foi pra outro, parecido com o primeiro. Ivo acha todos os albergues municipais parecidos, com pequenas variações na qualidade da limpeza, da comida e de algumas atividades. Alguns albergues têm jogos e cursos, e a comida é boa. Tem alguns em que é preciso fazer fila pra tudo. Em outros não.

Antes de conhecer os albergues de São Paulo, Ivo morou em Belo Horizonte. Lá sua situação era ainda pior, porque não havia albergues. O que existe lá são "casas provisórias", onde ninguém pode ficar mais de quinze dias. Quando um desabrigado chega até eles, é encaminhado para uma assistente social, que lhe tenta arrumar um emprego. O processo é complicado, e nem sempre dá certo. Ivo tem sorte por possuir algumas experiências registradas em sua carteira profissional, como vigia e porteiro. De qualquer modo, tem de ser "ligeiro".

Se, passados os quinze dias, o emprego não chegar, a assistente social oferece ao desabrigado uma passagem de volta para sua terra natal. Ele não poderá ir para outro lugar. Terá de voltar para o lugar de onde veio. Também não poderá mais ficar abrigado naquela ou em qualquer outra casa provisória da cidade.

3

Um pouco depois das 10 horas da manhã, Pupo chega à sede da Ocas", onde todos o esperam. Suas roupas e sua figura não deixam dúvidas de que é ele o treinador do time. Talvez os óculos e o cavanhaque destoem do "conjunto". A essa hora, os rapazes já estão impacientes: a bola de futebol não pára um segundo. Um chute me acerta. Tudo bem, afinal sou eu a intrusa ali.

Pupo, que responde pelo nome de Flávio Rodrigues, é simpático e bem-disposto. Ele pretende me contar toda a história do time, e é a pessoa mais indicada para tal, afinal, acompanha os jogadores desde o início. Este início aconteceu às vésperas do segundo campeonato mundial de futebol de rua (Homeless World Cup) organizado pela INSP (Organização Internacional de Jornais de Rua).

A INSP congrega projetos e publicações voltados a moradores de rua de todo o mundo. A partir de 2003, passou a promover este campeonato mundial, paralelamente a fóruns de discussão sobre a exclusão. "Mas a competição cresceu em pouco tempo, e a INSP já não dá conta de arcar com a organização do evento sozinha", diz Pupo. "Por isso, a Uefa (União das Associações Européias de Futebol) passou a patrocinar o evento. A Nike também ajuda."

Graças a esta competição, alguns dos jogadores de meiões vermelhos e chuteiras surradas que eu acompanho neste sábado já puderam conhecer países como a Escócia, a Suécia e a África do Sul.

A equipe brasileira foi ao mundial pela primeira vez em 2004, na Suécia. Naquele ano, participaram vinte e seis países, representados por times vinculados a projetos e publicações de cunho social. Por isso neste campeonato, e também no seguinte, em 2005, a escalação que representou o Brasil foi toda escolhida dentre os vendedores da revista *Ocas*".

4

Entre as ruas do Brás, debaixo do sol escaldante, treinador, jogadores e eu caminhamos em direção à quadra onde o time costuma treinar. Enquanto isso, Pupo conta a trajetória do time: "Durante as primeiras participações do Brasil no mundial, o critério para escolha dos jogadores dependia mais do envolvimento deles no projeto da Ocas" e, claro, de sua condição social. A qualidade do futebol vinha em último plano".

A habilidade com a bola fez falta. Isso rendeu algum estresse ao time, que carregava o peso do futebol brasileiro nas costas e, o que é pior: vestia a própria camisa canarinho. Antes das partidas os jogadores brasileiros distribuíam autógrafos e tiravam fotos com torcedores. O estádio ficava lotado. Quando o time brasileiro entrou em campo, foi ovacionado e arrancou gritos da torcida. Mas foi só a bola rolar para que a torcida se perguntasse onde estavam os craques. O time ficou em 15º lugar.

A cobrança foi tanta que na copa da Escócia, em 2005, a camisa foi trocada. No lugar do amarelo, foi escolhido o preto e o laranja. No lugar do pesado escudo brasileiro, suspenso por cinco estrelas históricas, apenas um nome: Ocas".

A tática funcionou, e a pressão desta vez foi menor. Mas a torcida e a imprensa continuavam querendo ver o time do Brasil com a velha camisa amarela. Ninguém viu. Em compensação, puderam ver, em campo, um time com mais treino e melhor qualidade, que alcançou o 11º lugar na competição.

Desde a sua primeira participação, o time brasileiro foi se aperfeiçoando. Para a terceira copa do mundo de futebol de rua, que aconteceu ano passado na África do Sul, os jogadores treinaram mais e chegaram a realizar uma concentração de uma semana em um sítio em São Roque, no interior de São Paulo. A seleção do time foi aberta a pessoas não-vinculadas à Ocas", com a participação de jogadores escalados a partir de um campeonato entre usuários de albergues.

O goleiro Ivo foi um dos selecionados para a última copa. Antes de ir para a África, que tem um clima bem diferente do daqui, ele participou de um treinamento intensivo, que durou três meses. Ele teve também um treinamento especial como goleiro durante o período de concentração.

Ivo acha que o time foi mal nos anos anteriores porque faltou entrosamento. O tempo de treinamento não foi suficiente para acertar os ponteiros dos jogadores. "Alguns times não têm tanta técnica, mas são bem unidos, e acabam se saindo bem. O Cazaquistão e o Afeganistão são dois exemplos."

No ano passado a copa recebeu quarenta e oito países, e o primeiro lugar ficou com o time da Rússia. Mesmo com um desempenho ruim, que rendeu ao time brasileiro o 16º lugar na classificação geral, o goleiro mantém a empolgação: "Adorei a experiência. E este ano vou fazer de tudo para ir para a Dinamarca".

Esta motivação não é privilégio de Ivo. Desde o ano de 2004, a organização da Homeless World Cup tem realizado um estudo de impacto social, cerca de um ano após o término do torneio. Esse estudo investiga as conseqüências e reflexos positivos que a participação no mundial provocou na vida dos jogadores. E os resultados são surpreendentes.

O último estudo, realizado em Edimburgo (2005), mostra que 94% dos jogadores acreditam ter uma nova motivação para viver e 77% consideram ter mudado sua vida para melhor. Dentre aqueles que mudaram para melhor, 38% passaram a ter um emprego regular, 40% melhoraram sua situação de moradia e 28% decidiram desenvolver sua educação.

Atualmente o campeonato mundial de futebol de rua é considerado a "copa dos excluídos". Já não participam dele apenas moradores de rua, mas também imigrantes, refugiados, ex-usuários de álcool e drogas. Esta "abertura" sofrida pelo torneio deve ter seu reflexo no time brasileiro, pelo menos no que depender de Pupo e da direção da Ocas": "Este ano vamos trabalhar com pessoas em situação de risco, como moradores de favelas. A idéia é fazer parcerias com entidades que trabalham com estas pessoas, como a Fundação Cafu e a Gol de Letra. Assim, a gente consegue valorizar a qualidade do esporte sem perder a preocupação social. A tendência é melhorar".

A tendência é melhorar, mas o caminho é longo. Durante todas as edições do campeonato mundial, os participantes se depararam com circunstâncias e problemas reais, que reafirmavam o apelido de "copa dos excluídos" dado à competição. Alguns são tão excluídos que não conseguiram sequer participar de seu próprio campeonato, como as seleções de Burundi, Zâmbia, Quênia, Camarões e Nigéria. Em 2005, na copa da Escócia, os jogadores destes países tiveram o visto negado, e foram impedidos de entrar no país para jogar. O crime cometido por eles foi ser mais pobre que os outros pobres do mundo.

Mesmo com as despesas de hospedagem, transporte e alimentação pagas pela organização do evento, algumas dificuldades persistem. Na última copa a própria seleção brasileira quase teve de desistir de viajar por falta de patrocínio para as passagens aéreas dos jogadores.

Em cima da hora a própria organização do campeonato resolveu bancar este custo, e os jogadores conseguiram chegar à África do Sul, um dia após o início da copa. Os jogadores seguiram do aeroporto direto para o campo, e tiveram que enfrentar, de cara, três adversários: o clima, o fuso-horário e o time da África do Sul. Mesmo assim, o Brasil derrotou os donos da casa, por 6 a 5.

5

Caminhamos por alguns minutos e enfim chegamos ao local onde acontecem os treinos do time. A quadra cinza, de cimento, fica no meio de uma praça. Ao redor dela as árvores mirradas e a grama pouca tentam resistir à secura do tempo e ao sol a pino. Pupo dá a ordem:

— Vamo aquecer, gente, correndo em volta da praça!

Os jogadores logo se mexem, obedientes. Saem pela lateral da praça, um atrás do outro, contornam rapidamente os muros grafitados com desenhos coloridos que protegem os pedestres das torres de energia, passam por casas antigas (algumas parecem abandonadas), cortam a praça desviando dos passantes por canteiros de terra, e logo fogem à minha vista.

A pequena quadra não jaz ao sol, para a sorte dos jogadores. Ela é coberta pela estrutura que ergue os trilhos do metrô. Ali o trem expresso não corre por debaixo da terra, mas acima da superfície, como um viaduto. A sombra criada pelos trilhos cobre toda a quadra e boa parte da praça, e segue adiante, permitindo a existência de outras praças e outras pequenas quadras esportivas mais à frente. O único problema desta "cobertura" é o barulho ensurdecedor provocado pela passagem dos trens, a cada dois ou três minutos.

— Vruuuuuummmmmmmmmmmmmmmmmm.

Enquanto os jogadores correm e suam ao sol, Pupo e eu permanecemos conversando sob a cobertura barulhenta da quadra. Ele faz planos para o próximo campeonato mundial de futebol de rua, que acontecerá no final de julho deste ano, na Dinamarca: "A competição está crescendo a cada ano, e os times estão se profissionalizando rapidamente. Por isso, este ano queremos levar jogadores de nível, pra chegar e fazer bonito no mundial".

Pupo tem plena consciência de que não pode esquecer o lado social do projeto, que considera o mais importante. Mas ele acredita que, se alcançar resultados positivos em campo, a visibilidade da revista *Ocas"* vai aumentar. "Quem ganha com isso é exatamente o vendedor da revista, que é quem mais precisa."

A "profissionalização" do time já é um processo em andamento. Desde o campeonato passado a escolha dos participantes do torneio têm sido mais rígida, ao mesmo tempo em que começou a ser aceita a participação de não-vendedores no time.

Pupo interrompe a explicação. Depois de três ou quatro voltas em torno do quarteirão, os jogadores voltaram à praça. O treinador grita:

— Parô! Agora dá uma volta andando aí. Aí fora mesmo. Andando, andando!

Enquanto eles caminham, Pupo volta a explicar que, daqui pra frente, a idéia da Ocas" é buscar parcerias com outras entidades e organizações. "Essas entidades treinariam um pessoal e depois a gente faria um torneio, entre vendedores da *Ocas*" e de outras entidades, para escolher os melhores jogadores. No Rio de Janeiro faríamos a mesma coisa, e depois um torneio nacional, em que escolheríamos os oito melhores pra treinar para o mundial."

Mas a seleção que o técnico procura não depende apenas da qualidade dos jogadores. Ele também quer garantir que todos eles estejam ligados a algum projeto social. Esta ressalva não é sem motivo. No ano passado, ele teve uma experiência decepcionante: "Levamos conosco quatro não-vendedores, que tinham ficado com a gente na concentração, e eram muito legais. Mas, chegando na África, dois deles aprontaram comigo. Na hora eu até entreguei o passaporte na mão deles, quase mandei embora. Fiquei muito bravo". Como nenhum dos "transgressores" era ligado a qualquer instituição, não havia quem os pudesse punir, nem ninguém que se responsabilizasse por seus atos.

6

Neste momento, os jogadores passam por mim, exaustos. Andam mais um pouco e param. O garrafão de cinco litros de água é disputado a tapa. Minutos depois, o técnico sentencia:

— Vamo lá, alongando!

Finalmente os rapazes poderão se livrar do sol. Eles entram na quadra, cercada por uma tela capenga, que estremece a cada lateral ou escanteio. Aquele invólucro de metal torto parece sucumbir aos chutes de um garotinho magricela vestido de azul, que pegara emprestada a bola reserva do time pra brincar do lado de fora da grade.

Uns tapumes de madeira improvisados ligavam a tela ao chão, e vez ou outra deixavam a bola escapar pelo rodapé da quadra. Nestas situações, o garotinho de azul assumia o papel de gandula, e corria pra alcançar a bola na rua.

Enquanto os jogadores se esticam na quadra, Pupo explica que sua intenção é que, dentro de alguns anos, estes treinos ocorram em praticamente todos os Estados do Brasil, por meio da Ocas" e de outras organizações. Dessa forma, o lado social do projeto poderia ser mantido e ampliado. "A gente quer trabalhar com pessoas que realmente queiram sair da rua. Nossa idéia é dar um meio pra que eles consigam dar a volta por cima e se insiram na sociedade novamente. O esporte é um meio muito poderoso de resgatar as pessoas da marginalidade. Por isso, até 2010 nossa idéia é estar trabalhando com seis mil pessoas, de vários Estados."

A profissionalização do Homeless World Cup e a ampliação do evento estão sendo positivas, de uma forma geral. Mas Pupo lembra que, por outro lado, o caráter de confraternização que caracterizava o torneio nos primeiros anos está sendo perdido aos poucos, enquanto a disputa e a cobrança pelo bom desempenho têm se acirrado. "Agora as pessoas acham ruim se nós perdemos para o Afeganistão. Ninguém quer saber o que acontece aqui e o que acontece lá. No Afeganistão os jogadores já estavam treinando juntos havia um ano. Os nossos jogadores, obviamente não. Mas quando se representa o Brasil, existe muita cobrança."

Em maio vai haver um campeonato de albergues da cidade de São Paulo. A abertura do torneio será realizada no estádio do Pacaembu, e deste campeonato podem sair alguns jogadores que treinarão com a futura seleção brasileira de futebol de rua, para participar do próximo mundial, na Dinamarca. Ivo quer ser um desses jogadores. E sonha: "Se a gente for campeão um dia, vamos ser lembrados de alguma forma. Aí vai ser bom demais!"

7

— Vruuuuuummmmmmmmmmmmmmmmmm.
— Aí! Parô! Vamo lá! Todo mundo respirando! Inspira pelo nariz e expira pela boca... Tem quatro cones aí. Corre até esse cone, quando chegar nele arranca, vai até o terceiro e volta, ok? Cada um conta o seu, são seis, hein! Feito o último, relaxa, respira!

Os jogadores treinam a arrancada de velocidade, o que poderá ser útil em um contra-ataque repentino. O jogador Robinho, que lembra fisicamente seu xará mais famoso, é o primeiro a terminar a série. Pupo continua:

— Agora anda em volta da quadra, puxando ar pelo nariz, soltando pela boca!

Ok, feito. O treino do time parece mesmo bastante profissional. Os jogadores demonstram respeito ao técnico, como a um professor.

Entre eles há cumplicidade e a formação do time atual está entrosada. Entre um exercício e outro surgem brincadeiras, palavrões e xingamentos, como em qualquer time de futebol.

— Agora mais um exercício, vamo lá! Corre até aqui de costas, quando eu bater palma, vira e arranca!

Vai!

Vai!

Agora é o último, capricha!!!

—Vruuuuuummmmmmmmmmmmmmmmm.

O barulho do metrô atrapalha as instruções de Pupo, mas todos eles já estão acostumados a esta "circunstância". Os exercícios continuam, rápidos e intensivos.

— Agora joga a bola por cima da cabeça pra outra pessoa do seu time. Quando completar seis passes o time adversário tem de pagar flexão! Se a bola cair no chão, começa a contagem de novo! Vamo lá! Vai falando alto o número de passes!

— Um!

Três!

Cinco!

Seis!!!

—Time azul paga flexão! Dez!

Vejo que entre os jogadores treina também um nono atleta, que usa uma camisa diferente. É a camisa laranja com o nome Ocas" no peito, a mesma usada pelo time nos campeonatos mundiais a partir de 2005. Rezende foi um dos jogadores convocados para a última copa, que jogou quando já tinha 64 anos de idade.

Como era um dos jogadores mais velhos do torneio, Rezende disse que foi muito requisitado: "Fui entrevistado por gente do mundo todo, pelo Japão, pela Dinamarca, até pelos russos, italianos. E a gente tinha um intérprete lá, então quando os japoneses vieram me perguntar como era a minha alimentação e qual é meu esporte predileto, eu disse que sou vegetariano e meu esporte preferido mesmo é a natação".

Rezende foi criado na beira da água, e aos 8 anos aprendeu a nadar. "Não passo muito tempo sem nadar até hoje. Já participei de várias competições de natação e também já atravessei a represa de Guarapiranga", conta, orgulhoso.

Rezende é vendedor da *Ocas*", mas não vive em situação de rua. Na verdade ele sempre gostou de vender: "Já vendi de tudo: seguro, apólice, livros, anúncios, papéis de todo tipo. E nos últimos seis anos eu trabalhei com bijuterias. E um dia eu ouvi na rádio Nove de Julho que eles estavam precisando de vendedores pra *Ocas*", e que lá faziam um trabalho social. Isso faz uns três anos e meio. Aí vim conhecer o projeto".

Mesmo treinando com o time já há dois anos, Rezende diz que "tem de ficar esperto", porque, como é mais velho, os jogadores não passam a bola pra ele, e sempre tentam passá-lo para trás. "Mas como eu levo na esportiva, dá pra levar."

8

Acabados os exercícios, o time se prepara para o jogo. Pupo ataca:
– Agora vamo lá! Preto contra azul, um aqui em cada gol, sem pisar na área! Beleza? Pega essa bola aqui, tá melhor. Píííííííííí!

Começa a partida. Serão dois tempos de sete minutos cada um, com apenas um minuto de intervalo entre eles, segundo as próprias regras praticadas na Homeless World Cup. As medidas oficiais da quadra durante a competição são de 16 X 22 metros, tamanho parecido com o da quadra em que os jogadores treinam. Parece pouco, mas as medidas oficiais eram ainda menores (14 X 20 m), e foram aumentadas recentemente. Pupo acha que seria melhor se a aumentassem mais ainda.

– Sem falta, baixinho!

Um dos problemas provocados pela quadra pequena é o excesso de contato físico entre os jogadores, o que provoca mais trombadas, faltas e, conseqüentemente, contusões. Pupo havia acabado de me contar que a organização da competição estava tentando rever algumas regras do futebol de rua, principalmente com relação às faltas: "O jogo tava meio pesado, e agora a organização quer inibir as faltas com os cartões. Precisa ter mais critérios, dar cartão vermelho pra uma falta mais agressiva, ou suspensão no caso de uma briga".

São apenas quatro jogadores por time, três na linha e um no gol. Segundo as regras, os jogadores não podem pisar na área, e o goleiro não pode sair da área. Ivo, que é o goleiro do time de camisa preta, se atira no chão para buscar as bolas, com toda a sua força e tamanho, sem hesitar. Lembro-me do que havia me dito algumas horas atrás: "Não é difícil ser goleiro. Mas tem de ter confiança e responsabilidade. Porque vem bola forte, vem bola fraca, vem bola rasteira. Você tem de garantir ali. Se levar gol, você não pode esquentar com aquilo, não. Já pega a bola e sai jogando pra descontar o resultado. E não tem esse negócio de ser frangueiro. No mundial você vê bola passando embaixo das pernas do goleiro, ou batendo na mão dele e entrando, quando o chute é forte." Isso porque a bola também é diferente: é maior e mais leve do que a bola de futebol brasileiro.

A quadra do futebol de rua é como uma arena. A bola bate e volta, e os jogadores têm de aproveitar esses "tapus" pra dominar a bola. Não há lateral. O pênalti não é cobrado com a bola parada, mas é "corrido", e o gol tem apenas 1,20 metro de altura.

– Robinho, olha o gol, Robinho! Cuidado pra não pisar na área!

– Vruuuuuummmmmmmmmmmmmmmm.

O jogo é rápido, corrido, é lá e cá. Segundo Ivo, as regras imitam o futebol de rua, "daquele que você coloca duas pedras pra fazer de trave". Não há muitas regras. Se o jogador praticar uma falta muito violenta, é expulso do jogo. "Mas essas faltas que vemos por aí, só uma caidinha e é falta, isso não tem."

Ivo explica: "O jogo é fácil de aprender, é só pegar o ritmo. O importante é o gol. Teve time na última copa que marcou 28 gols em uma mesma partida. Foi 28 a 5. Mas, no futebol de rua, em questão de um minuto você faz três gols. A quadra é pequena, então se você chutar forte da outra área e o goleiro for ruim, aí é gol".

– Goooool!!!

9

Vejo se aproximar uma mulher negra com um sorriso bonito, brincos grandes e uma blusa azul-turquesa com um decote generoso, que vem conversar comigo. Pergunto se é ela que é a Pilar.

– Olha, já tô ficando famosa!

Pilar é amiga de Ivo. Eles moravam no mesmo albergue e Ivo já havia me falado sobre ela. Pilar é vendedora da revista *Ocas"*, e também é poeta. Ela foi a única mulher brasileira a embarcar para a África do Sul, e treinou com o time para o mundial. Procuro saber por quanto tempo ela treinou.

— Ah, nem sei, mas eu me matei de treinar porque eu queria viajar de qualquer jeito. Imagina! Ir pra África! Agora, o campeonato deste ano é na Dinamarca... Pra lá eu nem tenho muita vontade de ir...

Pergunto o porquê da preferência:

— Seria legal, mas eu não acho muita graça. Pelo que eu leio sobre lá, acho que não gostaria. Eu queria mesmo conhecer a África, a Grécia, o Egito... Nova Iorque eu tenho vontade de conhecer... A Inglaterra eu já não tenho vontade, não.

Marcos, que também é funcionário da Ocas", chega para participar da conversa, e pergunta:

— E o Brasil? Você tem vontade de conhecer o Brasil?

— Ah, todo ele!!! Mas um dia eu vou ter dinheiro pra ir viajar. Vou arrumar uma barraca boa e sair... Dá pra ir na caminhada mermo!

— Na caminhada é nóia!

— Nada! Eu queria ia parando em todas essas festas grandes, na Bahia, e no Nordeste inteiro!

10

Enquanto converso com Marcos e Pilar, o jogo termina, e fico sem saber qual foi o placar. Talvez nem eles saibam, porque não importa. Aquele foi só mais um treino. Voltamos para a sede da Ocas". Nos fundos da pequena residência existe um quintalzinho e um banheiro, onde os jogadores entram para tomar banho e trocar de roupa.

No vestiário entram os jogadores, heróicos representantes do país do futebol, suados, uniformizados e ofegantes, como estariam Ronaldinho ou Romário depois de um treino no verão. Então tiram o uniforme, as meias vermelhas, as chuteiras. As roupas permanecem na sede da Ocas". Aqueles que saem do vestiário vestem camisetas puídas, alguns calçam chinelos. Eles já não são mais heróis. Voltaram a ser parte de uma triste realidade de exclusão, e serão tratados como tal.

Lembro então do que Pupo havia me contado no treino. Ele explicou que durante as torneios mundiais os jogadores são idolatrados, e vivem por vários dias imersos em uma realidade de glória e reconhecimento. Entretanto, quando voltam ao Brasil, percebem que pouca coisa mudou. É claro que dentro deles algo mudou, mas a indiferença com que a sociedade e o poder público os tratam continua a mesma.

A experiência do campeonato os estimula a mudar suas vidas, mas quando eles saem à procura de emprego, percebem que as portas continuam fechadas. "Isso deixa um impacto muito negativo, e realmente mexe com a cabeça deles", Pupo lamenta.

Os rapazes saem do vestiário aos poucos. Se despedem e logo vão embora pelas ruas quentes do Brás. Eles devem se apressar, para que consigam uma vaga no albergue, por mais esta noite. Se conseguirem dormir, esses jogadores sorridentes poderão sonhar com o dia em que não precisarão mais participar de uma "copa do mundo dos excluídos", graças a um simples motivo: eles não serão mais excluídos.

De árvores e pulmões

KARINA MÜLLER

Uma pequena casa no alto de uma grande árvore. Essa poderia ser uma definição para a plataforma de um circuito de arborismo. Bosque do Silêncio, Campos do Jordão: a dezoito metros do chão senti o balanço do vento na copa de uma araucária. Não há outro apoio, apenas um pequeno ajuntamento de tábuas no tronco generoso que já abriga tantos seres: bromélias, orquídeas, pássaros, pinhas, cipós, plantas, filhotes de anfíbios, esquilos e liquens. Aos meus pés, fora da plataforma, uma enorme massa verde. Mata Atlântica nativa e as araucárias da Serra da Mantiqueira com seu emaranhado de arbustos, árvores e flores... Me escorei em um galho devidamente presa aos mosquetões, cinto de segurança e cordas que, segundo o guia, suportam até dois mil quilos, e foi ali, no meio das travessias pelas pontes e cabos de aço, que percebi a majestade das árvores. Na verdade, sua presença silenciosa, maleável ao vento, mas extremamente forte. Sua impavidez e domínio. Alta, forte, em pé. Quem é, é, sem adjetivos. Simplesmente é: "Eu sou". As árvores são assim. Elas *são*, simplesmente plantadas no chão.

O termo arborismo (vem de espécies arbóreas) foi criado na Costa Rica por biólogos e botânicos para se aproximarem das árvores de grande porte para pesquisas científicas. Só depois de algum tempo a atividade foi transformada em ecoturismo e está no Brasil há apenas cinco anos. O esporte consiste em caminhar sob a copa das árvores por meio de escadas de cordas, tirolesas, pontes e rapéis.

Queria olhar as árvores como elas vêem o mundo: de cima. No caminho até a primeira plataforma, a entrada no mundo verde e quieto, uma muda de árvore no meio da mata, um *podocarpus*, que só poderá ser vista como árvore por meu neto, uns sessenta anos mais tarde...

2067... Mais à frente, uma espécie pré-histórica, um exemplar de *licopolium*, crescendo ao lado de espécies futuristas... Eternidade, futuro, passado. Na mata o tempo se cruza a todo momento. O encontro é a certeza de que árvore e tempos distintos são transcendentes. Quantas árvores cabem nos meus dias? Se as velhas fiandeiras dos mitos tecem o fio de cada vida até o momento em que ele é cortado, uma árvore crescendo em mata fechada pode ser, da mesma forma, uma ampulheta para a humanidade.

Pontes de aço, madeira e tecnologia cruzam os troncos em uma teia de pequenas emoções e adrenalina. Ver o mundo do alto de uma árvore e depender exclusivamente dela para se manter em segurança é uma boa maneira de exercitar a humildade ante a natureza. Olhar uma árvore de baixo para cima pode limitar nossa percepção. Afinal, fazemos isso desde a infância, seja em balanços de madeira ou nos bancos das praças. Olhar uma árvore de cima é entender seu mundo, se é que um dia o entenderemos totalmente – é ver a complexidade de um ser vivo ao mesmo tempo tão forte e frágil. Passar alguns momentos nas copas de árvores é se tornar cúmplice delas. Não se sai ileso de relação alguma, é por isso que quando eu olhar uma árvore de novo lhe serei grata. Ela me sussurrou alguns de seus segredos... Um deles é o de se manter de pé, buscando as alturas sem se importar com as ameaças do solo, que podem ceifar seu futuro promissor rumo aos céus e a estatelar no chão desse mundo ameaçador.

Em tempos fragmentados e cinzas, que confinou os homens ao redor de prédios de concreto de onde não se pode ver o céu, as árvores ainda transmitem um silencioso fascínio. Fadado a viver setenta, oitenta, cento e poucos anos, o homem moderno acompanha de longe a vida das árvores. Algumas podem durar até mil anos... Em Santa Rita do Passa Quatro, interior de São Paulo, há um Jequitibá Patriarca com 3.020 anos. E elas sempre fizeram parte da história da humanidade. Em Gênesis, foi uma árvore plantada no meio do Éden, a Árvore do Bem e do Mal, que condenou o primeiro casal da humanidade para a vida longe do paradisíaco jardim; o livro do Apocalipse, o último da Bíblia, termina falando sobre a "Árvore da vida", "que dá fruto e cura as nações". No Japão, as cerejeiras estão nas lendas e suas delicadas flores simbolizam a vida efêmera do samurai feudal, que pode durar apenas três dias da primavera. E é também do Japão, apesar da origem chinesa, o costume de se cultivar bonsai, árvores em pequenas bandejas de madeira. Na África, um dos continentes mais devastados do mundo e que abriga no Congo a segunda maior floresta do planeta, a árvore é símbolo de paz; segundo uma antiga tradição, onde há um conflito o sábio da tribo planta uma árvore entre os dois lados da disputa, o cerimonial sinaliza o início da reconciliação entre as partes. Até nas latinas memórias de Gabriel García Márquez, mangueiras, castanheiras e amendoeiras figuraram nas recordações de infância dando sombra no pátio da casa de seus pais, no caribe colombiano, enquanto ele crescia na região de Aracataca. Coincidência ou não, Macondo, o nome da cidade do romance *Cem anos de solidão*, que o consagrou mundialmente, é, na verdade, o nome de uma árvore nativa de seu país.

O caráter pacificador e o símbolo de reconstrução também podem ser atribuídos às árvores. Elas simbolizam continuidade histórica e conectam a terra ao céu buscando sempre religar os elos rompidos. "Plantar uma árvore tem poder universal em muitas das culturas da Terra", frase de Al Gore no filme *Uma verdade inconveniente* (2006): esse pensamento se concretizou perfeitamente em 1951, seis anos após a explosão da bomba de Hiroshima. Entre os destroços de uma das maiores catástrofes da humanidade, Tasuo Morito, reitor da universidade local, resolveu solicitar mudas e sementes de árvores de todas as partes do mundo para começar um bosque na região devastada pelos efeitos nucleares. Uma carta pacífica solicitando espécies arbóreas foi a única reação ante os efeitos catastróficos da explosão.

No início, no final ou durante diversos episódios da humanidade há sempre uma árvore pelo caminho.

Árvores no chão

"As árvores são fáceis de achar, ficam plantadas no chão", frase do compositor Arnaldo Antunes, deverá virar palavra de ordem na próxima década. Neste início de 2007, a importância das árvores já é bem conhecida e se transformou em objetivo de estudos, debates e campanhas. Como a iniciativa da Prêmio Nobel da Paz de 2004, Wangari Maathai, queniana que convocou toda a humanidade a plantar um bilhão de árvores ao redor do mundo no decorrer desse ano que começa, com o apoio da ONU. Maathai já tem experiência, pois ela encorajou as mulheres de seu continente a plantar árvores e criou o Movimento Cinturão Verde, que devolveu à face da Terra cerca de trinta milhões de mudas em doze países africanos desde o ano de 1977. É que, como sempre se soube, árvore absorve o dióxido de carbono, um dos gases causadores do efeito estufa, que, aliado a outros gases e à atual situação de degradação dos recursos naturais do planeta, provoca o aumento da temperatura e, conseqüentemente, causa desastres ambientais que podem aumentar muito nos próximos anos. Seqüestrando o carbono da atmosfera, as árvores devolvem para o ar o oxigênio e ainda incorporam o CO_2 absorvido em sua biomassa (tronco, galhos e folhas), que passa a fazer parte de sua constituição. Como se vê, atualmente, é a árvore uma das protagonistas de mais um período de transição da história mundial.

Idéia meteórica

Em 1992, com a grande discussão causada pela Eco 92 (Conferência das Nações Unidas para o Meio Ambiente e o Desenvolvimento), que aconteceu no Rio de Janeiro, Txai Brasil, então estudante de engenharia elétrica na Escola Politécnica da USP, se envolveu de vez com o estudo das mudanças climáticas, um dos grandes temas da conferência internacional, seguido pela biodiversidade e pela desertificação. Assim que se formou, fez especialização em Energias Renováveis e pouco tempo depois se tornou diretor da área de desenvolvimento sustentável do Grupo Altran, empresa francesa de engenharia consultiva, onde gerenciou as ações ambientais por seis anos. Mas a empresa era apenas uma parte de sua "vida de Batman", como gosta de dizer; a outra era, e ainda é, a música. O violonista e compositor buscava nas canções de domínio público e nas rodas gingadas da capoeira sua linguagem musical. Depois de atuar com sucesso na capital paulista em bandas de forró e música popular e de ainda levar adiante seu trabalho na multinacional na área de meio ambiente, decidiu dar mais um passo – aliás, dois: em 2005 se lançou na carreira solo tanto na música quanto na área de consultor em mudanças climáticas.

Em contato com as pesquisas internacionais em tecnologia e meio ambiente, o engenheiro intuiu que poderia desenvolver conceitos ambientais inéditos dentro do Brasil. E o fez, junto com os amigos engenheiros da USP que faziam parte de sua equipe na Altran. Desde 2003 ele e sua equipe acompanharam as primeiras ações européias de neutralização de gases do efeito estufa. Na Europa, a neutralização é um negócio, que deve ficar cada ano mais lucrativo. Mas quando trouxeram a idéia para o Brasil, depararam com os primeiros obstáculos: a consciência do brasileiro ainda era mínima quanto aos efeitos das emissões de gases na atmosfera e, além disso, talvez mais sutil, no Brasil, uma ação de consciência ambiental não é bem-vista quando gera lucros. A solução então foi fundar uma ONG, a The Green Initiative (Iniciativa Verde). A partir daí "as coisas aconteceram muito rápido". Com três meses de existência, a ONG foi lançar seu primeiro projeto em Montreal. E a segunda ação já contou com uma parceria de peso: a ONU.

A idéia inicial foi adaptar o projeto de Créditos de Carbono, que derivou do Protocolo de Kyoto, de 1997, e que depois foi reconhecido pela ONU. O projeto original consiste em que os países desenvolvidos cumpram os títulos de redução de emissão dos gases do efeito estufa em países menos desenvolvidos. A adaptação veio com a inclusão de outro mecanismo já bem conhecido e aceito no meio ambiental, que é o de neutralizar o carbono por meio do plantio de árvores. Um projeto de doutorado compatibilizou os dois projetos e viabilizou para a ONG o início de sua vida produtiva com uma idéia pioneira, apesar de não totalmente original: viabilizar a neutralização de qualquer quantidade de emissão de gases do efeito estufa da atmosfera por meio do plantio de florestas nativas.

O cálculo verde

O computador, o carro, o celular e até mesmo a caneta e o bloquinho de anotações que uso diariamente podem ser convertidos em mudas de árvores para replantio. Hoje já se pode calcular qualquer produto, processo ou evento e chegar a um determinado número de mudas que devem ser plantadas para neutralizar os gases emitidos para que tal produto, processo ou evento existisse. Primeiro se faz um inventário de emissões de gases através da "Análise do Ciclo de Vida" de todos os componentes e depois se calcula o número de árvores necessárias para neutralizar essas emissões. O próximo passo é plantá-las em áreas disponíveis para a recuperação da mata nativa. Pensando em árvores, já que controlar todas as emissões de gases do efeito estufa é uma tarefa árdua que só poderá gerar resultados a médio e longo prazo, foi criado um cálculo para neutralizar os gases emitidos no planeta com o plantio de espécies nativas, para tentar atacar o problema por outro caminho.

E essa medida é urgente. Os dados do documento elaborado pelo PNUMA (Programa das Nações Unidas para o Meio Ambiente) sobre mudanças climáticas, da ONU, indicam que até o ano de 2100 a tendência é que a temperatura do planeta aumente de 1,4 a 5,8 °C devido ao efeito estufa, causado principalmente pelos gases dióxido de carbono, metano e óxido nítrico emitidos na atmosfera terrestre. Com o aumento da temperatura, além do calor, o volume do mar pode subir até 88 centímetros, multiplicar o surgimento de furacões, aumentar o volume dos rios e reduzir as áreas glaciais. Tantas mudanças em um relativo curto espaço de tempo podem afetar ecossistemas inteiros e até mesmo extinguir diversas espécies de uma só vez.

Diante do cenário apocalíptico das mudanças climáticas e suas conseqüências devastadoras, pode estar nas árvores uma das saídas para a questão. No documento da ONU, a recuperação das florestas nativas é apontada como o principal meio de combate ao aquecimento global, e também uma maneira para a recuperação da biodiversidade e da preservação dos recursos hídricos da Terra. As iniciativas já começaram. América Latina e Caribe são considerados pela ONU regiões de megabiodiversidade e a maior reserva hidrológica do planeta e são imprescindíveis para o "reequilíbrio" ambiental mundial. As duas regiões têm 576 milhões de hectares de reservas de terras cultiváveis e a maior biodiversidade do planeta; das 300 mil espécies de plantas no mundo, 190 mil estão na região (70% das formas de vida da Terra); dessa imensa massa verde em território latino-americano, um terço do total cresce nas florestas do Brasil e da Colômbia.

O momento é propício para iniciativas no setor ambiental, já que tentativas para solução do problema não têm mais como ser adiadas. A ONG Iniciativa Verde busca divulgar o conceito da carboneutralização e converter qualquer tipo de emissão de gases em árvores. A procura das empresas que desejam neutralizar suas emissões foi tão grande que o governo do Estado de São Paulo já disponibilizou o total de um milhão de hectares e APAs (Áreas de Preservação Permanente) para serem recuperadas dessa maneira. Transformando a área disponibilizada em árvores, o Estado cedeu espaço para o plantio de cerca de 1,5 bilhão de árvores de espécies nativas.

Segundo Txai Brasil, o processo está crescendo em ritmo acelerado e muitas outras organizações ambientais já estão desenvolvendo projetos semelhantes. Em 2006, a Iniciativa Verde plantou vinte mil árvores no Brasil, e só nas duas primeiras semanas de janeiro de 2007 já há mais cinco mil para serem plantadas da mesma maneira. O trabalho que já é imenso promete crescer ainda mais, principalmente depois do dia 24 de janeiro, quando a ONG vai trabalhar arduamente para neutralizar a São Paulo Fashion Week. Ou seja, as emissões referentes a todos os dias do evento, a revista e o jornal publicados irão se transformar em 4.290 árvores nativas da Mata Atlântica em algum lugar do Estado de São Paulo. Além disso, será no evento que a ONG irá lançar o projeto de Neutralização Individual. Segundo eles, qualquer pessoa poderá calcular as emissões provocadas por suas principais atividades pela Iniciativa Verde e saber exatamente quantas árvores devem ser plantadas para que a neutralização seja realizada. Se o indivíduo não sabe nem como encontrar uma muda e muito menos como manejá-la, a ONG disponibiliza o serviço, mediante pagamento, e planta as árvores.

Com tanta divulgação, a idéia é que em pouco tempo empresas dos mais diversos setores passem a neutralizar suas emissões como um diferencial de responsabilidade ambiental. Txai Brasil, um dos criadores da ONG, afirma que a Iniciativa Verde está em negociação com pelo menos uma grande empresa das principais áreas produtivas brasileiras. Para ele, a neutralização das emissões das grandes empresas é um caminho sem volta.

Mas ele afirma que, apesar do sucesso meteórico, a ONG está longe de ter lucros, já que o pagamento dos profissionais envolvidos durante todo o processo, desde o ato de plantar a muda até o acompanhamento dos primeiros dois anos de vida da futura árvore e o monitoramento via satélite das áreas restauradas, é caro e complexo. A ONG conta com quatro sócios fundadores e 1.500 profissionais cadastrados aptos para trabalhar em algum dos projetos desenvolvidos pela organização. "Já estamos com problema de pessoal, precisamos de mais engenheiros, físicos, geógrafos, biólogos, diversos profissionais para dar continuidade à demanda de projetos dos próximos anos." As projeções para os próximos anos são animadoras em termos de evolução dos mecanismos de preservação e conscientização ambiental na sociedade brasileira, mas, infelizmente, muito da atenção pelo assunto se dará pelas catástrofes ambientais que ainda estão por vir. Apesar disso, o ano de 2008 será muito importante para as futuras ações porque é um dos marcos estabelecidos pelo Protocolo de Kyoto para a análise das ações desenvolvidas pelos países que começaram em 1997, logo depois da assinatura do documento. É tempo de atenção, mas não de terror. "O que pudermos fazer para que o mundo melhore, todos nós temos de fazer, sem pensar no que nos espera no futuro."

Vivos correm perigo

No Brasil, em todas as instâncias do poder há uma legislação específica para a proteção das árvores. Talvez a mais esperada delas tenha sido a lei que protege a Mata Atlântica. Depois de catorze anos de discussão, no dia 29 de novembro de 2006 a lei entrou em vigor. Com a demora para a aprovação da lei, do 1,1 milhão de quilômetros quadrados da mata nativa, que cobria toda a região Sudeste e Sul do país, só restam 6,98%, segundo a SOS Mata Atlântica.

No governo federal existe o Código Florestal para a proteção das árvores nativas, além das ações do Ministério do Meio Ambiente. O Departamento Estadual de Recursos Naturais (DEPRN) controla o desmatamento no Estado de São Paulo. Além dessas medidas, muitas cidades possuem leis próprias para a conservação e até mesmo o tombamento de árvores. Mas, apesar de tudo, o desmatamento ainda se alastra como uma epidemia por todo o país. Em 2006, na Amazônia, treze mil quilômetros de florestas foram extraídos ilegalmente, e em 2005 a Polícia Federal descobriu um grupo de 130 pessoas que atuava havia catorze anos dentro do Ibama.

O pau-brasil deu origem ao nome do país e hoje quase não é encontrado nas matas e florestas, mas apenas em parques e vias públicas, onde são imunes ao corte. No período da colonização era essa espécie que sustentava a economia e era exportada aos montes para a Europa, de onde extraíam uma tinta vermelha muito apreciada para tingir tecidos. À custa dos portugueses, essa árvore foi quase exterminada das terras brasileiras, assim como diversas espécies arbóreas nativas. Atualmente o Ibama tem um banco de dados em que procura divulgar as madeiras brasileiras para o mercado interno e externo com base no manejo sustentável das espécies por meio do Laboratório de Produtos Florestais. Um grande desafio. O Ministério do Meio Ambiente disponibilizou um raio X da Amazônia pela internet, chamado de Zoneamento Ecológico Econômico, em forma de mapas. A proteção dos biomas (comunidade biológica) está se ampliando e as legislações também começam a se fortalecer. Todos os olhares estão voltados para os recursos brasileiros depois de anos de omissão.

O grande problema é que o desmatamento ainda é uma indústria, e muito lucrativa. Já a preservação é uma ação que começa a despontar como um caminho necessário apenas nos últimos anos dentro do também novo conceito de desenvolvimento sustentável. Só o Estado de São Paulo tem quase trinta parques estaduais, dezenas de estações ecológicas, florestas, hortos, reservas, viveiros florestais e estações experimentais. O Instituto Florestal, da Secretaria de Meio Ambiente, é o responsável pelo gerenciamento das unidades de conservação e também pela elaboração da gestão ambiental do Estado. Mas o grande problema é fazer que tantas determinações pautadas na lei sejam cumpridas. Muitas vezes são ações isoladas e até mesmo arriscadas que fazem que um exemplar não seja cortado.

A bruxa boa

Longe das legislações de proteção às árvores, muitos exemplares ainda conseguem crescer como cresciam no passado. O terreno de 3.600 metros está com a família há 140 anos e é a casa da escritora Ruth Guimarães há mais de 50. A casa ampla no meio do terreno é coberta de plantas e trepadeiras que não permitem a um curioso saber de que cor são as paredes do lado de fora. Os netos correm entre as árvores e, para os visitantes que ficam para o almoço caipira, o prêmio é uma soneca nas redes às sombras do quintal.

Com seus 86 anos de vida, dezenas de livros escritos e tantas outras traduções, a escritora é conhecida na cidade de Cachoeira Paulista, interior de São Paulo, como "bruxa boa". Ela assegura que não é por conta de suas inúmeras plantas medicinais e por seu livro *Medicina mágica*, resultado da pesquisa de plantas que crescem no próprio quintal de sua casa. Segundo ela, o apelido vem por sua intuição apurada e palpites certeiros. "É que eu adivinho", confessa, com a mesma calma com que passeia pelo terreno às margens do rio Paraíba para acompanhar o crescimento de seus pés de caqui, pau-brasil, araçá, pitanga, abiu, dedo de embaúba, acerola, laranjeiras, goiabeiras, mangueiras e suas bananeiras, "de cinco qualidades diferentes".

"Quando meu avô chegou de Portugal e comprou esse terreno, só havia um rancho, uma mangueira e um burro velho amarrado nela." A neta, criada pelos avós, herdou não apenas a propriedade como também o gosto pelas plantas. "Eu tenho o dedo verde, tudo o que eu planto nasce." Ruth Guimarães começou a carreira como jornalista, em São Paulo se tornou discípula de Mario de Andrade e seguiu seu caminho estudando a cultura popular brasileira e suas raízes universais. Depois de quarenta anos na capital paulista resolveu voltar para sua casa rodeada de árvores, que são podadas por ela mesma, atividade em que usa todo o conhecimento herdado do avô agricultor.

Além das sombras e da quantidade incrível de pássaros que as mais de trinta árvores proporcionam, embaixo delas é que a escritora gosta de contar as histórias fantásticas que ouviu e ainda ouve na região. "O caboclo que quer aprender a jogar cartas, tocar viola ou montar em burro bravo marca um encontro com o diabo aos pés da figueira. O trato é selado lá e, na Terra, o homem não vai perder mais nada na vida, a única coisa que já perdeu foi sua alma por conta do trato." A figueira-brava é uma das árvores que servem de ponto de encontro com o diabo. Segundo ela, essa árvore não dá fruto e foi dedicada ao demônio porque foi em uma figueira-brava que Judas se enforcou depois de entregar Jesus aos soldados de Herodes. Já a figueira-mansa é uma árvore mágica abençoada pelo Cristo, que dá poderes ao indivíduo que tratou com Jesus. Toda pessoa que sobe em uma figueira-mansa não desce mais até que lhe seja ordenado. Foi assim que o espertalhão Pedro Malazarte, personagem popular existente em diversas culturas, enganou o diabo, que foi até sua casa para cobrar seus serviços. "O malandro convidou o demo para subir na árvore e de lá não o deixou descer mais até que o bicho, desesperado, perdoou a dívida e pôde voltar pro inferno, a sua casa, bufando de raiva."

Sapucaias e seus segredos

Se não fosse o senso de preservação inato dos moradores locais, talvez o Bom Jesus da Bocaina nem existisse mais, já que seu maior patrimônio são quatro sapucaias gigantes. Entre os inúmeros caminhos que cortam a Serra da Bocaina fica o antigo bairro do Bom Jesus, antiga propriedade de um fazendeiro do século XVIII, em Silveiras, município que fica a 220 quilômetros de São Paulo, no Vale do Paraíba paulista.

Na praça central do povoado, de pouco mais de duzentos habitantes, estão plantadas as quatro enormes sapucaias. As árvores são símbolos do bairro e guardam histórias centenárias debaixo de suas robustas raízes e imensos galhos. Eram as preferidas dos indígenas da região, que aproveitavam o fruto, uma espécie de castanha muito saborosa, e a casca, uma cabaça bem dura que deveria ser uma cumbuca muito útil no meio da mata fechada. Ditinho Tropeiro, de 87 anos, lembra das imensas árvores desde os 7 anos de idade, já brincou muito em suas sombras e nem imagina a idade das árvores, já que os antigos do bairro sempre diziam que quando eram jovens "a árvore também já era daquele tamanho". Estudiosos calculam que as árvores devem ter aproximadamente 350 anos. Mas esses não são os únicos segredos das sapucaias: alguns moradores afirmam que embaixo das grandes árvores estão escondidas canastras repletas de ouro. O povoado era conhecido pelos tropeiros por se localizar em plena rota do ouro nos tempos de glórias da extração do metal, e as trilhas da região eram usadas para transportar o ouro encontrado nas Minas Gerais para São Paulo. Segundo conta-se no bairro, muitas cargas eram interceptadas e enterradas em fazendas, campos abertos e, por que não, ao pé das árvores? Outra história antiga prova que o ouro está escondido à sombra de uma das sapucaias: as outras árvores teriam sido plantadas para confundir os futuros "caça-tesouros" que chegassem ao local. Suposições, lendas, teorias. José Daniel, 83 anos, morador do bairro, tem uma certeza: sabe exatamente onde está o ouro. De sua casa, em uma rua de terra a uns quinhentos metros da praça central, ele recorda a noite em que foi acordado de madrugada por estranhas luzes flutuantes que o levaram até a praça do povoado. Sem entender do que se tratava, o homem seguiu as luzes que misteriosamente sumiram aos pés de uma das sapucaias. "A luz mostrou pra mim onde está escondido o ouro e não foi a primeira vez." Segundo ele, na fazenda em que trabalhava, em Minas Gerais, as mesmas luzes indicaram o local de outra fortuna no assoalho da casa onde era caseiro. "Mas não pego, não! Esse dinheiro não é meu. A luz mostrou, mas o ouro tem de ficar onde está." Outra certeza de José Daniel, que é conhecido no local pelo delicioso fubá que mói em sua própria casa, em uma engenhoca de pedras movida por um moinho de madeira, também construído por ele.

Tanto a história do tesouro escondido aos pés das árvores ficou conhecida na região que há uns vinte anos os moradores foram surpreendidos por um grupo de homens munidos de detectores de metais e enxadas para acabar de uma vez por todas com as dúvidas sobre o tesouro da sapucaia. Embora tenham tentado desenterrar a fortuna, não tiveram êxito, principalmente depois que alguns moradores chamaram a polícia para acabar com a caçada ao tesouro dos forasteiros. Como os outros moradores do Bom Jesus, José Daniel não aprovou a iniciativa. "Eles cavucaram no lugar errado. Eu sei direitinho onde está, mas não mexo. O que está enterrado, enterrado deve continuar."

Outras histórias

A Árvore Sagrada faz parte das tradições de povos como os maias, astecas e incas, os egípcios, os cabalistas hebreus, persas, druidas, povos nórdicos, chineses, japoneses, coreanos, maoris e nativos africanos e renderam inúmeras histórias, além dos significados mitológicos e simbólicos. A árvore cabalística dos judeus representa o homem cósmico, Deus e as realidades onde o próprio Deus se manifesta. A Bíblia também cita bosques sagrados e altares neles construídos, como os Carvalhais de Manre, de onde Abraão, um dos patriarcas do Cristianismo, recebeu a visita de anjos. Odin, dos mitos nórdicos, criou o mundo, os seres vivos e os dois primeiros seres humanos a partir de duas árvores sagradas e se enforcou pendurando-se na *yggdrasil*, árvore cósmica, para obter o conhecimento dos mortos. Os druidas também tinham um grande carvalho no centro de seus rituais que acabou dando origem ao símbolo natalino que adorna a festa cristã em diversos países, a Árvore de Natal. A árvore Bodhi, uma figueira da Índia, foi o local onde Buda recebeu a iluminação. Padre Antonio Vieira também utilizou a árvore como analogia de como deve ser um verdadeiro sermão: ter raízes fortes, troncos sólidos, ramos cobertos de folhas, flores, que são as sentenças, e, "por remate de tudo há-de ter frutos, que é o fruto e o fim a que há de ordenar o sermão".

Até uma história medieval teve seu desfecho nos troncos de duas árvores. Em *Romance da peregrina*, homem e mulher morrem de desgosto pelos inúmeros desencontros de um triângulo amoroso. A dama que restou da história, chamada de castelhana, enterrou os dois em covas bem fundas, mas os amantes não se separaram de fato. "Na campa do cavaleiro nasce um tronco pinheiral, e da campa da princesa um cheiroso laranjal. Um crescia outro crescia, as pontas a se beijar [...] A dona, que soube disso, mandava logo os cortar, um deitava sangue vivo, o outro, sangue real. [...] Mal haja tanto querer e mal haja tanto amar. Galhos, raízes e folhas tornavam a rebentar, uns se enlaçando nos outros no castelo à beira-mar. E a castelhana, à noite, os ouvia suspirar."

Quantas cabem?

Tudo começou com a lembrança de uma foto tirada embaixo da goiabeira quando tinha 6 anos e ainda morava em Santos com os pais e os outros cinco irmãos. Essa imagem da infância foi o marco para o início de uma viagem pelas próprias memórias. Em 1985, o engenheiro Daniel Tavares Bastos Gama ficou três meses na França a trabalho, longe da família e com tempo livre depois das 5 horas da tarde, o final do expediente de uma multinacional francesa. Para esquecer da saudade da esposa e dos filhos pequenos, Daniel decidiu embarcar em uma viagem pelas memórias pautadas nas lembranças de todas as árvores que já haviam passado por ele no decorrer da vida. A primeira, em Santos, foi a tal goiabeira onde ele gostava de posar para fotos com o cabelo cortado tipo "escovinha", o estilo mais popular da época. No Rio de Janeiro sua casa tinha um pomar e um lendário pé de sapoti. Na outra casa carioca foi uma mangueira na frente da casa que marcou a fase de sua infância de irmão caçula sapeca. Com toda a família vivendo em São Paulo, conheceu as bananeiras do quintal e fundou com os amigos orientais da vizinhança um clube de moleques que desenhavam símbolos japoneses em "pergaminhos" feitos de folha de bananeira. Algumas vezes as árvores eram cortadas, nas outras eram ele e a família que seguiam para outros lugares e conheciam outras árvores e, muitas vezes, era Daniel que mudava por dentro e se espantava vendo como as árvores também mudavam por fora. Plantou dezenas delas, por onde passava ele e a mãe começavam um jardim e semeavam mudas de árvores. Quando decidiu escrever suas memórias traçou um paralelo entre as árvores e a vida. Se inspirou na "Carta de Paulo aos romanos", da *Bíblia*, para refletir sobre sua vida e a das árvores. "As memórias acabaram e eu segui acompanhado por árvores." Hoje, Daniel é proprietário da Padaria da Árvore, em São José dos Campos. A padaria abriga um guapuruvu e um jacarandá, árvores grandes que têm lugar de honra no estabelecimento. Apesar da coincidência, o nome da padaria foi dado por causa da presença das grandes árvores no terreno e não pela relação de suas memórias.

"Mas tudo isso foi um prêmio para mim", afirma, com seu jeito tranqüilo, sentado em uma mesa embaixo do jacarandá. Já que as árvores estiveram com ele desde a infância, nada mais justo do que ele estar com elas até os dias de hoje, aos seus 55 anos de idade. Quantas árvores cabem em nossos dias? Inspirado no versículo de João 12:24, "Se o grão de trigo, caindo na terra, não morrer, fica ele só; mas, se morrer, dá muito fruto", Daniel tem as árvores de sua vida como uma prova de seu próprio crescimento. Muitas delas já nem existem mais "as bananeiras dos pergaminhos foram cortadas" –, outras resistem nos quintais onde ele quase não visita mais – "a mangueira do Rio de Janeiro ainda estava em pé". Mas todas elas estão em suas memórias, como marcos de outros tempos, e é dentro dele e em suas lembranças que todas as suas árvores ainda "dão fruto" e o inspiram a viver.

Memorial da madeira

Se as árvores estão nos mitos, nas memórias e no imaginário da humanidade, um estudioso sueco decidiu guardá-las em um museu para que elas não se transformassem apenas em histórias do passado.

Um oásis no meio da Zona Norte de São Paulo, entre os bairros Pedra Branca e Jardim Peri. De repente surge entre as centenas de comércios apertados da Avenida Santa Inês uma densa mata verde. É o Parque Estadual Alberto Löfgren, antigo Horto Florestal, onde árvores exóticas e nativas se misturam a tantas outras espécies em extinção do bioma da Mata Atlântica. O local existe desde 1896, simultaneamente com o Horto Botânico, que passou a Serviço Florestal em 1970 e depois para o atual Instituto Florestal, da Secretaria do Meio Ambiente. O parque é o marco inicial de uma longa luta de preservação. O Portão 7 tem uma pequena placa indicativa e apenas um guarda. Entra-se com a sensação de que se estará sozinho, o som dos carros e dos ônibus desaparecem e vão dando lugar a pássaros, cigarras e ao silêncio da mata fechada. Uma escada de pedra, um lago, crianças correndo pelo meio das árvores. Depois de uma curva, pessoas aparecem de repente, são outros visitantes do parque, muitas famílias e crianças que surgem como se fossem nativos de uma ilha verde instalada bem no meio de São Paulo.

No meio do parque está o Museu Florestal Octavio Vecchi, fundado em 1931, e administrado pelo próprio Instituto Florestal. Na década de 1920 o sueco Alberto Löfgren, comandando os estudos em botânica em São Paulo, já se preocupava com o destino da Mata Atlântica por causa da expansão cafeeira. As fazendas dos tempos áureos do café tomavam o espaço das preciosas árvores brasileiras. Octávio Vecchi se propôs a estudar como diminuir o desmatamento e, ao mesmo tempo, plantar para deixar registrado para sempre o maior número de árvores nativas presentes no país. Para isso criou o Museu Florestal, um museu de árvores e um memorial da madeira onde se conhecem móveis feitos com madeira nobre, técnicas artísticas orientais, como o charão (árvore da Indochina), alrunes ou arte natural, criadas por M. Korchovsky e Antonio Oppido e peças em xilografia de Adolf Kohler. Lustres de madeira, paredes pintadas com motivos de árvores nativas e portais feitos de troncos de árvores inteiras. Além de expor a arte em madeira, o museu tem um arquivo de muitas árvores brasileiras, as espécies estão todas gravadas nas pranchas de árvores nativas, que são o verdadeiro destaque do acervo com os impressionantes entalhes de Antonio Oppido e Antonio Alves, antigos funcionários da instituição. Em cada prancha de madeira nativa foram meticulosamente entalhadas as folhas, flores, sementes e frutos da própria árvore da qual a madeira é originária. A perfeição dos entalhes e a riqueza de informação de cada espécie retratada guardam as particularidades das árvores de uma floresta nativa dentro do casarão de dois andares.

A sensação é de estranheza, afinal, árvores em salas de museu nos levam a pensar como seria o mundo sem elas. E quem sabe foi essa a intenção de Löfgren, que por volta de 1931 deixou escrito o seu recado: "Estamos destruindo inconseqüentemente o que a natureza levou milhões de anos para criar. Em nome da civilização, precisamos deter essa devastação". Apesar da clareza de suas frases de exortação, ele não foi ouvido e, da década de 1930 até os dias de hoje, as árvores continuaram sendo destruídas em escalas cada vez maiores. Mas quem sabe o grito desse homem do século passado ainda ecoe pelo espaço, reverberando nos galhos, troncos e folhas das árvores do parque que ele mesmo ajudou a plantar.

Neste 2007, as ações ambientais começam a surgir com força para que as árvores não se transformem em raridades de épocas antigas principalmente depois da comprovação de sua importância para o reequilíbrio climático e também para a preservação dos recursos hídricos do planeta, os principais desafios dos próximos anos. Talvez no futuro, quando um garotinho do próximo século for visitar aquele museu florestal situado em uma casa velha e estranha para ele, terá uma crise de riso e perguntará ao pai por que no passado os homens guardavam as árvores em casas fechadas, tão longe das florestas, o seu verdadeiro lugar...

Dinossauros imortais

Zé Augusto de Aguiar

Companheiro de alegrias extremas. Confidente da dor. Terapeuta contra a neurose, competitividade extrema e estresse da vida urbana. Refúgio que nos faz lembrar do melhor do passado, sonhar e imaginar um futuro grandioso, tão cheio de vida quanto um solo de guitarra e um brado belo e apaixonado de um vocalista. Amigo rebelde e sábio que nos mobiliza contra a alienação, pasteurização e mediocridade da maior parte da música atual. Professor de nobres valores e atitude contra a apatia e conformismo da juventude e sociedade atual. Um amigo louco que nos convida a esquecer todos os problemas e apenas curtir. Um irmão sem idade que está sempre com a mão estendida: é só apertar o *play* ou sintonizar nossa rádio preferida, pois o *rock and roll* nunca nos nega a vida. A vida que é muito mais intensa quando traduzida e cantada sobre o poderoso trio guitarra-baixo-bateria. Ou alguém consegue sentir, pensar e imaginar na mesma intensidade com essa pobre música de massa que está aí, com o pagode, sertanejo e MPB melosos, com o *rap* que tem o discurso mas carece de melodia, com essa bossa nova moderninha e essa música eletrônica alienante e outras porcarias? Mais importante que tudo, o *rock* é talvez um dos últimos projetos por um mundo melhor, mais humano e igual, como é a luta hoje do líder meio messiânico do U2, Bono Vox, que já conseguiu fortunas e grandes melhorias para os mais que miseráveis da África Negra.

Utopia imortal

Sim, o *rock* também agoniza nesses tempos tão individualistas e vazios da sociedade de consumo, comunicação virtual, mídia imbecilizante e ditadura econômica global esmagadora. As novas canções são em geral melosas, depressivas, descerebradas ou engraçadinhas-moderninhas. Mas graças que o *rock* que queria melhorar o mundo ainda está vivo e não é esquecido. A jornalista goiana, Luci Santos, 24 anos, foi despertada pelo U2 ainda menina, com o manifesto "Pride, in the name of love", homenagem ao herói da luta por igualdade racial, Martin Luther King. "As causas dos oprimidos como a de Luther King sempre me comoveram."

Quantas bandas hoje cantam nossos heróis fundamentais? Quantos jovens hoje defendem os valores mais genuínos do *rock*, "uma certa idéia de marginalidade na contestação da sociedade repressiva e a luta contra o conservadorismo e conformismo", em que acredita a estudante de relações internacionais que trabalha em uma ONG para crianças órfãs em Lisboa, Susana Alves, 26?

"O *rock* está morrendo", afirmou, no início dos anos 1970, o genial crítico desse gênero, Lester Bangs. A frase resume o debate das décadas que viriam. A agonia do *rock* ou a bobagem dessa versão, porque grandes bandas ainda explodiriam: o viajante e contestador Pink Floyd, "quebrem os muros"; o *punk* anti-sistema dos Sex Pistols e Clash ou *just for fun* dos Ramones; a energia e poesia do Queen e U2; a genialidade e o *rock* sexual de Prince; o arrebatamento do Kiss e Scorpions; a virtuose e energia do Van Halen; a renovação do The Cure e New Order; a fúria metal crítica do Judas Priest e Metallica; o grunge angustiado de Seattle – Nirvana, Alice in Chains, Pearl Jam – e os irmãos que beberam na fonte primordial dos Beatles e assumiram, o Oasis. No Brasil, a atitude dos Mutantes e Raul Seixas e o *rock* de valores (contra a desigualdade, pelo amor, amizade e igualdade) ou pura diversão dos anos 1980: Barão com Cazuza, Legião, Titãs, Paralamas, Engenheiros, Plebe Rude, Inocentes, Ira, Lobão, Blitz, Ultraje etc. Depois disso, brilhos fugazes como o Guns' n' Roses e, no Brasil, o protesto social do Rappa. Mas os velhos dinossauros, claro, jamais se calaram.

O estilo musical mais popular do planeta sobreviveu, mas está ferido. "A globalização vai matando o *rock* de hoje, cada vez mais comercial e sem paixão. Antes, numa ilha isolada e com um clima de merda como a Inglaterra, a única opção dos jovens era montar uma banda. Será por acaso que os Beatles, Stones, Led Zeppelin, Ozzy, Iron, Pink Floyd e até o vizinho U2 vieram de lá?", indaga o cirurgião e ex-baterista quando moleque, André Cedroni, 35. Certo, André, pois em 1968, ano em que os jovens tomaram as ruas mundo afora – em protesto contra as guerras, sistema e sociedade repressivos – "na sonolenta Londres, o que pode fazer um garoto, senão tocar em uma banda de *rock and roll*? Aqui não há espaço para um lutador das ruas", berraram os Stones em "Street figthing man".

Grana e alienação

O mais belo seriado jovem de TV já feito, *Anos incríveis*, saga de um adolescente americano nos anos 1960, é uma esperança ao cativar as novas gerações com inúmeras reprises (no Brasil, na TV Cultura). A molecada pira já na abertura do seriado, com o vozeirão de Joe Cocker a proclamar que só continua vivendo "com uma pequena ajuda dos meus amigos". Nessa era de relacionamentos virtuais via net, ainda resistem as canções que celebram os amigos e os encontros reais.

Pena que os anos incríveis acabaram e novos estilos entorpecem a juventude. Música eletrônica? "O *rock* está imerso em meditações filosóficas e sutilezas estilísticas que estimulam o pensamento. A música eletrônica condiciona o pensamento. A batida é monocórdica, o que não possibilita uma fluidez mental/emocional. Aprisiona os sentidos. Enquanto o *rock* é universal, a música eletrônica é global, sem a preocupação de obter prazeres delicados como o próprio silêncio. Funciona como uma espécie de *fast-food* auditiva, para alimentar as massas indisciplinadas e adormecê-las (literalmente) sem que sonhem que o seu próprio cérebro está a ser devorado. As discotecas são locais de culto do egoísmo: ninguém conversa, a música é de uma intensidade asfixiante que não permite isso. São espaços cheios de gente sozinha (não é metáfora, é o fenômeno social). Milhões de jovens rebeldes sem causa (e sabe-se que o que não falta é causas para nos debatermos!). Se isso fosse uma teoria da conspiração eu interrogava-me, agora: 'A quem é que estes propósitos de uma juventude anestesiada globalmente servem?'", alerta Susana Alves.

Maxwell Nascimento, 17, freqüenta o Morrison (bar *rock* de acústica perfeita em Pinheiros, São Paulo) para curtir bandas competentes, como a Space Truckin, que fazem *covers* do Deep Purple e Led Zeppelin. "Os grupos antigos eram rebeldes de verdade. Lutavam contra os valores conservadores da época e faziam música com atitude e poesia, bem diferente dos CPMs, Hateens e Charlie Browns de hoje", afirma Maxwell. O *cover* é uma modalidade desprezada pelos críticos. Que se danem os críticos quando podemos passar a noite toda a ouvir os clássicos, interpretados com honestidade e amor. Assim tocou anos o guitarrista do grupo Children of the Beast (*cover* do Iron Maiden), Piotr Wiesniki, 34, louco pelas letras-histórias épicas, fúria, melodia e "vozes que emocionam" do *heavy metal*.

No coração das lojas de instrumentos de música de Sampa, a Rua Teodoro Sampaio, Alex Vasconcelos, 48, da loja Vibe Music, revela: "40% dos moleques que vêm procurar uma guitarra não têm convicção, só querem ganhar dinheiro, aparecer na mídia". Seu sócio, Marcelo Canal, 34, sofre pra encontrar espaço com sua banda, a The 3 (estilo Rage Against the Machine, a extinta banda de poderoso protesto social liderada pelos vocais de Zack de la Rosa). Quem sabe se tocasse o *hardcore* meloso das bandinhas *teens*...

A salvação no jardim

Todo ano o futuro do *rock* é anunciado em alguma nova banda "*hype*", moderninha. O papel já foi do Strokes, do Franz Ferdinand e agora paira sobre o Arctic Monkeys. Quem?! Essa é a pergunta de boa parte dos roqueiros desde crianças, que não estão nem aí para a crítica e para o *marketing* colossal das gravadoras e suas fiéis parceiras, várias rádios FM. O que essa galera quer mesmo é curtir os dinossauros. Os artistas que ainda mudam a vida de quem os descobre, mesmo depois de mortos. Os caras que seguem emocionando multidões em álbuns e *shows*-cultos apoteóticos, porque as fazem sentir, vibrar, pensar e sonhar com as melodias e letras mais envolventes, incendiárias e profundas. Com música.

Talvez sejamos nós, os dinos, radicais demais, porque "quem diz que o *rock* já morreu é porque nem percebeu que ele nasceu. A cada dia surgem bandas e, ao contrário do que se prega, muitas de extrema qualidade. Das novas gosto de Kaiser Chiefs. Killers é legalzinho. Muse e Ash são muito bons. E das brasileiras gosto de Cascadura e Astronautas", acredita o jornalista Luiz Cesar Pimentel, ex-criador de uma das melhores revistas de *rock* que o Brasil teve, a *Zero*, hoje subeditor da revista *Laboratório Pop*. Susana Alves, roqueira desde miudinha quando via enciumada seu pai namorar sua mãe ao som de Bob Dylan, "Lay lay lay", concorda. "O *rock* segue o seu curso natural. Expressa-se consoante a nova realidade. Deixou um poderoso legado. O *rock* não é um saudosista, tem raízes profundas e daí emergem ramificações. O importante é que a árvore cresça. Que existam maçãs para o gosto de cada um. Eu tenho experimentado novos sabores como Franz Ferdinand, The Hives, Kaiser Chiefs e tenho gostado."

Lamento, mas são todos grupos sem profundidade, trilhas sonoras perfeitas para desfiles de moda ou festinha de bacanas fúteis vip. O moderno que admiro mesmo sabe o valor de sorver o melhor do passado: é o guitarrista e pregador Ben Harper, com suas canções que mais parecem *gospels*, as orações ancestrais dos negros americanos nas igrejas. Versátil, ele trafega entre o *rock*, *blues*, *soul*, *gospel* e até *reggae* com o mesmo brilho e belas letras de amor e amizade. Pena que imitadores medíocres – como Jack Johnson e sua voz e violãozinho soníferos, além das letras infantis – fazem mais sucesso e impedem os jovens de pensar.

Quem ainda cuida melhor da imensa árvore e a ajuda a crescer são os velhos jardineiros. Esses que se reinventam e que atravessam as décadas e gerações sem perder a qualidade e atualidade em seu discurso e sonoridade. É o *country-rocker* Johnny Cash, "a voz que sai da terra", segundo Dylan, dando nova beleza aos clássicos antes de morrer, em 2000. É o U2 nos pedindo para deixar tudo o que é superficial para trás no álbum *All that you can't leave behind* (2001); Bruce Springsteen exorcizando a dor sem culpar ninguém no seu tocante trabalho sobre o 11 de Setembro (*The Rising*, 2001); Neil Young que, ao pensar que ia morrer (aneurisma cerebral), em quatro dias antes de ser operado (com sucesso), compôs e gravou a sublime reflexão sobre a família, amigos e vida, o álbum *Prairie wind* (2005) e agora faz seu mais duro ataque à estupidez e guerras de Bush com o álbum recém-lançado *Living with war*.

Rock'n'roll na escola

Rock é matéria obrigatória em minhas aulas de redação, em uma pequena escola paulistana, a Horizontes-Uirapuru. Precisava passar os nobres valores, sentimentos e a atitude que o *rock* me ensinou, ainda mais para essas novas gerações, bombardeadas com uma música cada vez mais vazia, superficial, "extremamente fácil". Rodo pra molecada então os clássicos e logo rolam os debates mais profundos antes de eles escreverem.

Como eu poderia discutir a exploração e provação do homem sem Bob Dylan, "quantas estradas um homem precisa atravessar, antes de ser considerado um homem" ("Blowing in the wind")? Sem Metallica em "The unforgiven" ("Os imperdoáveis"), libelo contra os poderosos que arruinam a vida do povão? Como não mencionar o genocídio comandado por Washington, em nome da falsa "defesa da democracia", sem Cranberries ("Zombie") mostrando as bombas que jogam sobre nós? Como mostrar os trabalhadores oprimidos sem Lennon, "Working class hero" ("Herói das classes trabalhadoras")? Como atacar a corrupção e os poderosos egoístas de nosso Brasil desigual sem Cazuza, sem Renato e sua Legião Urbana?

Matias Boledi era um garoto de 17 anos quando encontrou, sentado no chão da sala do 3º colegial, a canção que adotaria como guia de vida, o Lynyrd Skynyrd com "Simple man": "be a simple kind of man, be someone you love and understand", torne-se um homem simples, alguém que você ame e compreenda. "O *rock* tem conteúdo, como pouquíssimos estilos de música. O *rock* pode manter sua propriedade inicial, que era falar de amor, amizade, política e sociedade (críticas) e rebeldia, quebrando as regras. É muito mais interessante poder escutar uma música que faz sentido do que uma que nem letra possui ou que fale de bundas e sacanagem", ele afirma convicto.

"Nossas aulas são como um *show* de *rock*. O professor canta suas canções enquanto nós vamos percebendo a sensibilidade e entrega em cada palavra, mas sempre cantando junto, participando. Cantamos nossas músicas de protesto, aquelas selvagens, que ecoam em cada um de nós como um grito; e fazemos as melodias mais bonitas, celebrando a vida, o amor e valores essenciais, que são passados a cada aula", revela a estudante Bia Barbosa, 16 anos. "No verdadeiro *rock and roll*, é necessário entender a mensagem por trás de cada canção e saber em que período ela foi criada e contra o que eles lutavam", acredita Bia.

Quantos artistas ainda lutam por uma causa? "Eddie Vedder, do Pearl Jam, porque é um humanista. Um homem simples que transmite uma idéia de paz. Um homem cujo sucesso não abalou a humildade que é preciso para viver a vida, e isso é notório não só no seu comportamento, atitude, mas também nas letras e músicas. Um homem com uma maturidade emocional que me comove ate as lágrimas. Também Bono do U2, porque é um ativista convicto e empenhado na causa da paz mundial. E Bob Geldof, não tanto como músico, mas pela forma inteligente e sensível com que fez do *rock* um canal de expressão para o ativismo social", afirma Susana Alves.

Terra do nunca

Luiz Cesar Pimentel: "Eu tinha um herói roqueiro lá pelos meus 12 anos. Angus Young, do AC/DC. Ele era simplesmente o que eu queria ser na vida. Até deixei de comer queijo à época quando soube que ele era alérgico".

A hora do recreio – do relax, brincadeiras, paquera, futebolzinho e bate-papos gostosos – não deveria acabar nunca. Ninguém agüenta só coisa séria. O *rock* também é a terapia da diversão pura: dos gritos, cabeças a balançar e mãos a fazer solos imaginários de guitarra. Do confraternizar e zoar com os amigos nos botecos, celebrando as mulheres gostosas e outras delícias da vida. Do lembrar da época tão feliz dos primeiros amores.

Os clássicos do *rock* lembram a primeira comunhão musical do médico André, numa salinha mágica acarpetada com a namorada de adolescência, uma irresistível morena de voz rouca, formas sensuais e rostinho de anjo, Claudinha. Os amassos pegavam fogo embalados por Led Zeppelin, "Stairway to heaven".

Amigo do peito de André e cúmplice na arte de enrolar as menininhas da escola, o hoje economista Eduardo Migliaccio, 35, sorri sacana ao lembrar mais daqueles anos 1980 de muito som, paquera, diversão e amizade. "Nosso veículo era um Voyage cor cereja, toca-fitas Rio de Janeiro, equalizador Tojo, com o Luquinha (dono do carro), o Cláudio Cursino (ambos hoje gerentes de banco), o André e eu. Rodávamos pelas ruas de Sampa atrás de umas minas ou de alguns pequenos vandalismos, como pichar o muro da nossa escola, o Rainha da Paz, xingar os travecos no Jóquei, jogar papel higiênico molhado nos casais de namorados que saíam dos bares e esperavam o busão no ponto, tentar entrar de bico em alguma festinha, passar na Augusta e xavecar as putas e, eventualmente, dar uma de comportadinhos xavecando gatinhas no trânsito. Tudo isso regado a comentários quase sempre imbecis, porém divertidíssimos, que só a idade podia produzir. Rolavam também confissões de paixão por uma amiga ou simplesmente a descrição de alguma 'ficada' com uma amiga menos 'ortodoxa'... Aquele carro presenciou momentos de adrenalina e reflexão! A zoeira era certa, como a fita cassete do Iron Maiden rolando, entre outras, 'Wasted years', que tanto marcou uma fase onde o importante era estarmos juntos, conhecendo a vida e descobrindo que nossa amizade seria para a vida inteira."

O dono do saudoso Voyage, Luquinha, completa: "Cada grito do Bruce (Iron), do Ozzy e do Coverdale (Whitesnake) nos lembra situações inesquecíveis: viagens, *shows*, quebra-paus com caras que só gostavam de *pop*, fitas cassetes com compilações das grandes canções que rodavam de mão em mão, as ressacas e pai e mãe enchendo o saco no carro pra tirarmos aquele barulho".

O jornalista Luiz Cesar também já foi um moleque cabeludo metaleiro e não esquece do único *show* que fez na vida: "Nós éramos muito mais a vontade de ser do que uma banda de fato. Tanto que o baterista, que tocaria apenas naquele *show*, é claro que não foi. O batera da banda seguinte tocou de boa vontade, mas nunca tinha ouvido nosso som e foi aquela coisa. Mas por mais que tenha sido (talvez) um desastre sonoro, para nós foi uma grande recompensa, pois valorizávamos tanto o palco e a música, que nos sentirmos nessa situação foi especial demais. Mas nem sei se dava para chamar de *show* uma apresentação de três... uhn... músicas, sem vocal... Engraçado foi o pagamento: um frango a passarinho e uma garrafa de batida de maracujá, sendo que nem 15 anos eu tinha... he he he".

Os brutos amam

O advogado Ricardo Cantalice, 33, é um velho amigo de Porto Alegre. No início dos anos 1990, passava minhas férias entre Torres – praia das deusas gaúchas, futebol viril e porres de marisqueira – e o insano carnaval de Laguna (SC). A trilha sonora dos barracos que alugávamos em Laguna era o Ramones – o máximo em letras imbecis e divertidas – idolatrado pelo Dado ou Raimundos em sua melhor fase, no melhor estilo... Ramones. Lembro do Dado gritando na porta das igrejas evangélicas "viva o diabo", mais *rock and roll* impossível... Mas a cena definitiva dele vem do boteco em que nos refugiávamos do som poperô, bate-estaca, no inverno de Campos de Jordão (SP). O louco dono do bar não dava bola pra playboyzada, maioria de seus clientes, e repetia cem vezes a mesma fita. Ramones, claro! Pois foi num lugar desse que, de repente, tocou *Angie*, a baladaça dos Stones, e o Dado ficou mudo, "toda vez que toca isso eu choro".

Como não desabar se, até hoje, o próprio Mick Jagger ainda parece se emocionar ao cantar esse amor proibido dos anos 1960, pela mulher de seu grande amigo, David Bowie, a tal da Angie? Como não desabar com essa voz que nos faz acreditar, quarenta anos depois (!), no verso "Angie, I still love you baby, after all these years" ("Angie, ainda te amo depois de todos esses anos")? Poucas coisas soam tão verdadeiras como as velhas baladas de amor roqueiras. Mito do *rock* e *rock* de verdade é isso.

Verdadeiro é também o velho *guitar hero* canadense, Neil Young, em "Like a hurricane", memórias de um cara que pirou e explodiu porque viu fogo nos olhos de uma garota, não se sabe se uma antiga ou nova paixão; uma garota que parece um *hurricane*, um furacão. Com apenas um mero solo inicial-breve *riff* de guitarra, a vida toda começa a passar rápida em nossas mentes. Como um filme que não pedimos pra assistir de novo, mas de repente começa a rolar. Cada corda e melodia, uma lembrança. Amor, amizade, vida com significado, tristezas, alegrias. Basta o primeiro *riff*, parece que estou na estrada da vida vivendo tudo de novo. As grandes canções querem sempre nos dizer alguma coisa, suplicam por uma emoção compartilhada. Não é esse o poder da música? Nos contar histórias que parecem nossas?

Neil, até hoje, mais de 60 anos, canta o amor que jamais vamos desistir de buscar. Em "Like a hurricane", "there's calm in your eyes" ("existe calma nos seus olhos"). Fogo e calma nos olhos? Quem um dia já amou demais sabe do que Neil está falando. O fogo que consome, a calma que nos seduz e faz mergulhar onde os melhores mergulhadores jamais penetraram. O resultado? O cara explode, parte para algum lugar mais seguro, onde os sentimentos permanecem, é mais ou menos isso que Neil canta em "and I'm gettin' blown away to somewhere safer where the feeling stays". E no verso decisivo, ele admite o romantismo, "I am just a dreamer, but you are just a dream" ("sou apenas um sonhador, mas você é apenas um sonho").

Marquem um encontro com essa canção. Sim, a experiência vai ser dolorosa no início, mas há tanta beleza, garra e poesia nesse som que é impossível apenas olhar para trás e recordar. A beleza e o fogo de um hino do *rock* também nos fazem olhar pra frente, nos alimentam com a vontade de buscar de novo. Para conseguir reencontrar-nos com quem já fomos: nós mesmos em toda a nossa essência. Tudo isso veio com um *riff*. Mas, pqp!, que *riff*! Quem nunca foi acordado-iluminado por um solo de guitarra perde uma das formas mais intensas de se sentir vivo. Vivo como um furacão.

Canções que nos entendem

"Foi por meio do *rock* e de seus alucinantes solos de guitarra que comecei a entender como sou de verdade. O *rock* pode nos conduzir da mais calma balada para o mais infernal solo em segundos e isso é muito particular da minha personalidade. Num minuto posso estar tranqüilo e no outro explodindo, de êxtase, de raiva, de paixão e por aí vai. Mais do que inspirar, ele me empolga para viver. Depois de ouvir uma canção parece que podemos fazer o que quisermos, parecemos mais fortes, mais corajosos", afirma Matias, hoje estudante de engenharia ambiental em Santos (SP).

"Apesar de não tocar, cantar ou compor, sinto-me angustiada quando não tenho tempo para ouvir *rock* pelo menos uma vez por dia. Costumo selecionar músicas e letras que combinem com situações cotidianas ou que remetam a decisões importantes. Seleciono repertórios e cantores para ouvir antes de definir o que vou escrever, fazer ou dizer a alguém. Quase sempre o *rock* me dá a resposta, porque é universal. Fala de angústias, amores, conquistas. É feito por homens e mulheres com luzes e sombras, alegrias e tristezas, e destinado, do mesmo modo, a pessoas com as mesmas características. Ou seja, *rock* é bom e faz sucesso porque não busca a perfeição artística, baseada na técnica e na métrica. É feito por seres humanos pulsantes, com virtudes e defeitos, e consumido por gente que se identifica não só com a música, mas também com o artista humano, no sentido mais completo da palavra", acredita a jornalista Lucimeire.

Amor ao vivo

Paixão genuína é o que ofereceu Eddie Vedder e seu Pearl Jam num sábado de dezembro passado, em São Paulo. Nesses tempos de apresentações e festivais cada vez mais com jeito de baladinha social, foi quase um milagre sentir um homem e uma banda ainda tocando por amor e pelos fãs. Relacionaram-se com quarenta mil pessoas no estádio do Pacaembu como se estivessem com os amigos que os prestigiavam nos primeiros *shows* na cinzenta, gelada e chuvosa Seattle do início dos anos 1990. Ofereceram algo maior que o angustiado, belo, visceral e esperançoso *rock* de suas canções. Nos preencheram com a música em estado de oração. Uma imensa oração por pessoas perdidas como "Jeremy" ou por toda a esperança que ainda podemos ter, "Alive". Fez-se então do Pacaembu uma mininação de adolescentes que não são alienados, jovens eternamente *grunges* (os de 20 e poucos anos, quase 30), trintões avançados e coroas que não esquecem o poder e valor das canções feitas para pensarmos entocados no quarto ou mergulhados de peito aberto na vida. E sonharmos, porque Eddie Vedder jamais meterá uma bala no meio da cabeça como o outro porta-voz do *rock grunge* e de sua geração, Kurt Cobain.

> *O Pearl Jam erigiu um universo próprio, fora das rádios e gravadoras [...] Nesse domínio, há espaço para influências como Beatles, Ramones e Neil Young (os três representados em* covers *no* show *de sábado), [...] existe disposição para o engajamento em causas humanitárias. Os festivais dos últimos meses trouxeram ao Brasil muito do que de mais novo acontece no* pop/rock *mundial. Vários artistas claramente talentosos, mas que ainda não estocaram repertório, não sabem se postar no palco, nem tocam direito. Conquistam a platéia pelo "hype", não por méritos musicais. O Pearl Jam é o oposto de tudo isso. Porque seu* show *é tão simples e envolvente, e a banda toca com tanta naturalidade, que tudo se resume a uma palavra: música.*

As palavras são, incrível, do crítico obcecado em descobrir novas bandas, Álvaro Pereira Junior (*Folha de S.Paulo*, 5 dez. 2005).

Um mundo melhor

"O 'Imagine' do John Lennon um dia será real, mas é preciso agir: sonhar que é possível para que o seja. Se a Guerra do Vietnam mobilizou a geração dos anos 1960, a guerra no Iraque devia também nos mobilizar. O último trabalho do Pearl Jam (disponível na internet, *Isn't that ironic*) é muito político. No fundo, um grito pela liberdade. Estou convicta de que muitas vozes vão se juntar ao seu grito", sonha Susana Alves. A jovem estudante Marina Ricardi, 17 anos, tem menos fé. "Ainda há bandas que fazem o seu melhor para passar mensagens de mudança em seus *shows*, como o Green Day e o U2, mas muito menos que nos anos 1960. A salvação é que alguns artistas que viveram nos anos 1960 ainda existem e fazem muito ainda para ajudar, como Bob Geldorf e seus Live Aid (1985) e Live 8 (2005)."

Pena que são poucos os que se preocupam. Dudu Stryer, 30, editor da revista de *surf Hardcore*, é um raro surfista que se preocupa com algo além de ondas, pranchas, viagens e gatas. Seus olhos estão sempre abertos para a chocante realidade. "Miséria, crianças lavando vidros de carro para ganhar um trocado, violência 24 horas. As grandes cidades despejam a desigualdade social em nossas caras da pior forma possível. O ser humano a cada dia se torna mais egoísta. Por isso ouço as batidas das antigas. Me fortalecem, me ajudam a conviver com o mal do século XXI."

A canção da vida para Dudu é a mesma do menino Matias, "Simple man", do Lynyrd Skynyrd. "Tudo o que você precisa está em sua alma. Siga seu coração e nada mais. Seja um tipo de homem simples — essas palavras da canção ajudam a manter minhas raízes vivas e a ser uma pessoa melhor num mundo com tantos problemas."

Quantos ainda querem ser pessoas melhores? Talvez só mesmo os mortos, como todos os integrantes do Lynyrd Skynyrd (desastre aéreo nos anos 1970); como John Lennon, assassinado por um estúpido fã. Talvez só os velhos roqueiros de outras guerras pela paz e amor. E os raros jovens que não se entregam a essa criminosa sociedade individualista e alienada, baseada no consumo, competição brutal e nas relações virtuais. Criminosa porque ignora os que não têm quase nada, a maioria desse planeta.

Contra o descaso dos poderosos e alienados, esperamos que os dinossauros e seu bom e velho *rock and roll* sigam alimentando nossa alma e indignação.

"Quantas mortes serão necessárias até que o homem entenda que pessoas demais morreram? A resposta está soprando no vento" (Bob Dylan); e segue cantada pelos dinossauros imortais dessa religião tolerante e pacífica chamada *rock and roll*.

A clarividente Neiva

ISABEL FONSECA

Certo dia, Neiva estava indo trabalhar em seu caminhão, quando de súbito sentiu que havia atropelado alguém ao descer a avenida principal da Cidade Livre. Ela freou bruscamente no meio da pista. Um guarda que estava ali perto se aproximou para ver o que estava acontecendo e ouviu Neiva, assustada, dizer: "Passei por cima de alguém". Ele procurou em volta, debaixo do caminhão e ao longo da pista, mas não viu ninguém. Olhou para Neiva e disse: "Procura um terreiro, morena. Não tem nada aqui".

Neiva saiu dali e desceu em um posto de abastecimento, que ficava ao lado do bar de um casal de japoneses, para lavar o caminhão. Enquanto isso, ficou recostada na porta do bar bebendo café, fumando cigarro e observando as pessoas paradas do outro lado da rua, em frente ao ponto de ônibus da única empresa que havia na região. Elas estavam esperando a condução que as levaria para seus trabalhos.

Foi então que observou na cabeça de um jovem o que parecia ser uma tela imaginária. Nela estava sendo projetada uma mulher de vestido branco de bolas vermelhas, que caminhava sorridente, girando uma sombrinha azul-escura. Neiva viu na imagem quando a mulher se aproximou do tal rapaz e os dois se beijaram. Alguns segundos depois, a clarividente viu na rua do ponto de ônibus aquela mesma mulher surgindo de uma esquina, como havia acontecido no filme projetado na cabeça do rapaz. Com a sombrinha na mão, aproximou-se do jovem, apoiou os braços nos ombros dele, esticou os pés e o beijou, repetindo detalhe por detalhe o que Neiva tinha visto na projeção. "Tens o poder de prever o futuro", ouviu alguém dizer em seu ouvido.

A tela continuou a projetar o filme de um ônibus chegando na parada e o casal embarcando. O motorista deu partida, acelerou e seguiu caminho em alta velocidade. Na esquina da rua o ônibus tombou. Neiva viu seis mortos no filme, entre os quais estavam a mulher com o vestido de bolas e seu namorado.

Neiva teve um forte pressentimento de que aquela cena iria acontecer de verdade e, sem pensar em nada, correu ao encontro do casal para impedi-lo de entrar no ônibus, que já estava quase chegando. Ela correu até onde estavam os dois e puxou o braço do rapaz com toda força, levando-o para o bar. A namorada dele veio atrás, sem entender o que estava acontecendo. Nervosa, ela começou a agredir Neiva, que dizia "só estou tentando salvar vocês, aquele ônibus vai virar na esquina e pessoas vão morrer", mas ninguém entendia o que estava acontecendo.

Enquanto isso, o ônibus chegou e partiu. Neiva nem o viu passar, pois tinha que se desviar dos ataques da mulher. O casal japonês, dono do bar, foi socorrer Neiva e só então ela pôde explicar o que estava acontecendo. Todos pararam para ver o ônibus, que já estava quase dobrando a rua. Logo ouviram o barulho. Em seguida, pessoas na rua gritam e correm em direção ao ônibus, que tinha acabado de tombar. Quatro pessoas haviam morrido. Impressionado, o casal só conseguiu agradecer.

Extasiada, Neiva percebeu que sua missão era muito importante e que tinha uma responsabilidade muito grande a cumprir. Mesmo que não fosse essa a sua intenção, teria que trabalhar para se harmonizar e aprender a lidar com suas potencialidades. Deveria aprender a usá-las para melhorar sua vida espiritual e ajudar as pessoas.

No fim do dia, com a cabeça cheia de pensamentos, voltou para casa dirigindo seu caminhão e pensando no que iria fazer dali em diante. Chegou em casa, abraçou os filhos e contou tudo o que havia acontecido horas antes. Falou também de suas visões, dos espíritos que ela via e que conversavam com ela e dos pressentimentos. Choraram juntos e decidiram que iriam dar uma solução para o problema. Mal sabia ela o que ainda estava por vir. Seus dias nunca mais seriam os mesmos.

Olhar "inesquecível"

Na Casa Grande, onde ela vivia com sua família, fotos nas paredes de todos os cômodos, reconstituídos com precisão, contam sua história desde o princípio. Olhando assim, sem a conhecer direito, Neiva mais parece uma cigana de origem espanhola. É morena, robusta, bonita. Usa vários balangandãs, brincos grandes, daqueles que encontramos em feiras *hippies*, colares com pingentes que simbolizam várias religiões e pulseiras. Os cabelos negros de fios grossos refletem luz e caem nos ombros como ondas, que se quebram nas costas. As sobrancelhas negras, finas e imponentes, são feitas como tatuagem e lhe dão a impressão de ser uma mulher brava e severa. Todos que viveram ao seu redor comentam sobre "seu olhar inesquecível". Mas, para falar a verdade, a primeira impressão que eu tive foi a de estar vendo a ilustração da bruxa malvada dos contos de fadas dos irmãos Grimm. Os olhos castanhos são arregalados e extasiados, contornados com lápis e rímel pretos, e parecem estar vendo muito, muito além do que nós imaginamos. O nariz é grande, mas bem-feito e do tamanho certo para seu rosto largo. Já a boca é pequena, parece um morango bem vermelho. Do lado esquerdo dela, descendo para o queixo, tem uma pinta bem pretinha. Os sulcos na pele e seu olhar adiante revelam os anos percorridos em caminhos tortuosos. Poderia ficar dias e dias vendo aquelas fotos, que nos levam de descobertas em descobertas. Nos levam a mundos inéditos e secretos, que nos dão nova dimensão à compreensão sobre a vida e nos fazem imaginar os grandes mistérios existenciais.

Descobrindo a capital

Neiva nasceu no dia 30 de outubro de 1925, em Propriá, cidade conhecida como Princesinha do Baixo São Francisco, município do arroz e do peixe, localizado a 98 quilômetros de Aracaju, no Norte de Sergipe. Nasceu em família de muitos padres e freiras. Seu pai era Antônio Chaves, engenheiro agrônomo e fazendeiro, um homem rígido que seguia à risca todos os princípios da sociedade da época. Já sua mãe, dona Maria de Lourdes Medeiros Chaves, era uma mulher tranqüila, correta e caseira. Pessoas próximas não entendiam como Neiva tinha nascido tão diferente deles. Tinha princípios próprios e desde pequena já mostrava alto grau de independência. Diferente de seus irmãos mais velhos Nivaldo, José Eurico e Maria de Lourdes. Eles eram mais tranqüilos e viviam como os seus pais. Desde muito menina Neiva ia sempre à igreja católica de seu bairro. Nos dias de domingo colocava seu vestidinho mais bonito, modelinho anos 1940, combinando com o cabelinho *chanel* enfeitado com um laço gigante maior que a cabeça. Vivia sempre contente, marcando presença com seus passos serelepes de criança vivaz. Não deu muito trabalho para os pais, mas nem por isso passava despercebida pela casa movimentada.

Neiva passou apenas os primeiros anos de vida em Propriá, pois se mudou com a família para uma fazenda entre Jaraguá e Ceres, Norte de Goiás, onde cresceu. E entre um passeio ali e uma ida à igreja acolá conheceu um rapaz de uma tradicional família católica do interior de Goiás com quem se casou ainda muito nova, com 17 anos. Era sua paixão, seu norte, sua liberdade. Assim era Raul Zelaya Alonso para Neiva, o rapaz carioca, bebedor e engenheiro agrônomo como o pai dela. Teve quatro filhos com ele. O primeiro foi Gilberto Zelaya. Em seguida vieram Carmem Lúcia, Raul Oscar e a caçula Vera Lúcia. Com 24 anos já estava viúva, pois seu marido tomou gosto exagerado pela bebida até se tornar alcoólatra e morrer de cirrose hepática, deixando-a com os filhos e uma afilhada, a Gertrudes. Tistude, assim era chamada, foi morar com a madrinha recém-casada quando tinha apenas 12 anos e tornou-se sua fiel escudeira até o fim da vida.

Para cuidar de todos, Neiva teve que aprender os mais diversos ofícios, pois jamais voltaria a depender de seu pai. Foi costureira, fotógrafa, vendedora ambulante, motorista profissional, tudo o que se possa imaginar. Ainda bem que tinha Gertrudes, "moça boa", dizia Neiva, para ajudá-la a cuidar da casa e dos meninos. Em busca de emprego passou por várias cidades de Goiás. Morou em Anápolis, Goiânia, Morrinhos. Morou até mesmo em Paranavaí, no Paraná. Com o dinheirinho que juntou comprou seu primeiro caminhão, um International americano do final dos anos 1940, com o qual vivia viajando atrás de coisas novas para fazer. Depois ela conseguiu comprar mais um, da marca Chevrolet, ano 1951, cabine dupla para levar pessoas.

Num certo dia do ano de 1956, um amigo de Neiva chamado Bernardo Sayão, que ela conheceu por meio de seu marido e acabou sendo padrinho de casamento do casal, estava de malas prontas a caminho do Planalto Central junto com trabalhadores de todo o país. Sabendo que ela estava passando por dificuldades financeiras, a chamou para ir com ele trabalhar na construção da nova capital do Brasil.

Sim, depois de muita luta de Juscelino Kubitschek, Brasília seria construída no meio do nada. Ele, junto com outros políticos da época, como Israel Pinheiro, que seria o futuro comandante da Companhia Urbanizadora da Nova Capital, a Novacap, e Sayão, como seu engenheiro-chefe. Na época, como nos conta o escritor Ronaldo Costa Couto em seu livro *Brasília Kubitschek de Oliveira*, os dois tentaram garantir a transferência da capital do Rio de Janeiro para o Triângulo Mineiro, mas a região Centro-Oeste foi a escolhida.

Neiva aceitou o convite de Sayão sem pestanejar e foi com sua família e várias outras morar na Cidade Livre, sítio bem próximo de onde seria o plano piloto de Brasília, que já estava pronta e havia sido construída provisoriamente para receber os trabalhadores. Chamava-se Cidade Livre porque lá era permitido não só residir como também comerciar, sem precisar pagar tributação. Era considerado o lugar do comércio. Tinha de tudo que se pudesse imaginar: rapadura, sanfona, violão, rádio. A idéia original era que a cidade desaparecesse com a inauguração da capital. Mas não foi exatamente assim que aconteceu. Em 1960, quando Brasília foi inaugurada, os contratos de comodato foram cancelados; e os comerciantes, transferidos para o bairro Asa Norte. Os terrenos desocupados foram invadidos por famílias de baixa renda. Em 1961, o governo, pressionado pelo movimento popular, cria oficialmente a cidade com o nome de Núcleo Bandeirante. O Catetinho também já estava pronto para ser a residência onde o presidente da República, Juscelino Kubitschek, moraria provisoriamente até que a capital ficasse pronta.

Depois de muito batalhar, Neiva conseguiu fichar seus caminhões pela Novacap e tornou-se caminhoneira na construção de Brasília, sonhando com a capital, como sonhou um dia, lá no século XIX, o santo italiano fundador da Ordem dos Salesianos. Em seu sonho, Dom Bosco viu o surgimento de uma cidade entre os paralelos 15 e 20 graus, no centro do país. No local de sua visão hoje há uma capela em forma de pirâmide chamada Ermida Dom Bosco. Lá dentro tem uma belíssima imagem dele.

Ela dirigia pra lá e pra cá levando materiais de construção e operários para onde seria a Avenida W3, a Esplanada dos Ministérios e as quadras residenciais da Asa Norte e Asa Sul projetadas pelo urbanista Lúcio Costa. Ele foi o vencedor da disputa entre os mais de quarenta competidores que queriam ter seu nome lembrado para o resto da vida como o idealizador da primeira cidade planejada e construída para ser a capital de um país. Muitos dizem que Lúcio Costa venceu o concurso porque era muito perfeccionista. Tanto é que colocou em seu projeto detalhes como o modelo e a cor dos táxis e o uniforme dos motoristas de ônibus, que deveria ser cinza-escuro com braçadeiras e também um quepe. Do projeto do urbanista, e das linhas arquitetônicas de Oscar Niemeyer, nascia a cidade em forma de avião com suas asas, uma para o Norte, a outra para Sul, e o corpo, o Eixo Monumental, uma enorme avenida que abriga o Palácio do Planalto, a Esplanada dos Ministérios e o Congresso Nacional. E era assim, entre um intervalo e outro de trabalho, que Neiva, fumando seu cigarrinho, o charme social da época, foi descobrindo como seria a nova capital.

Luta e evolução

O dia acordou frio naquela quinta-feira, já anunciando o inverno de 1957, que batia na porta. Neiva sentiu o nariz arder por dentro e a boca seca. Mas não era só o clima do cerrado que a incomodava. Ela sentia o coração acelerado e um medo socando a boca do estômago. E toda aquela sensação estava deixando-a de péssimo humor. Acordou resmungando, reclamando pelos chinelos que não estavam debaixo da cama. Vestiu sua calça de brim, blusa verde de botões e foi trabalhar. A rota do dia era a Esplanada, para onde seguiu, levando argamassa, cimento e a carteira de cigarros extra que ficava no porta-luvas, para nunca faltar. Neste também tinha um revólver, que guardava para se proteger.

Estacionou o caminhão e abriu as portas traseiras para os operários retirarem o material de lá de dentro. Era o material que precisava para dar início à obra que seria a Catedral de Brasília. Ela estava tão absorta que nem se tocou que então começaria a criação da primeira igreja da cidade, que só seria inaugurada em 1967. Católica fervorosa, Neiva se emocionara ao saber que lá teriam lindos e gigantes anjos de gesso suspensos no ar, esculturas de Ceschiatti, vitrais coloridos de Marianne Peretti, pinturas de Athos Bulcão e Di Cavalcanti. Ficou extasiada, mas nesse dia não deu a menor atenção.

Desligada do mundo, Neiva acendeu mais um cigarro e voltou para seu caminhão, deixando para trás os operários que a olhavam e cochichavam espantados com aquela mulher caminhoneira, fato esse que ela adorava enfatizar, mesmo sendo motivo de deboche e preconceito. Só que os pensamentos mudam e anos depois ela seria orgulhosamente considerada pela revista *Quatro Rodas* a primeira caminhoneira do Brasil, com 32 anos de idade. Só que para ela o mais importante mesmo era poder trabalhar e conseguir sustentar seus filhos, que a esperavam em casa naquele momento.

O sol, já cansado, ainda iluminava seu caminho enquanto voltava para casa. Ela nem sequer deu bola para o céu que se exibia, se gabando de ser o mais bonito de todos, enfeitado com um gradiente de cores do azul, passando pelo lilás até chegar ao amarelo dos últimos raios do sol. Era mais uma anunciação do inverno frio e seco que estava chegando.

De repente, Neiva teve uma sensação estranha. Uma sensação de que havia alguém por perto. Olhou para o lado e viu uma pessoa estranha sentada no banco do passageiro. Não podia acreditar no que estava vendo e voltou seu olhar para a frente. Não podia ser, estava sozinha naquele caminhão. Olhou novamente de rabo de olho e viu uma velha senhora, mulata, cabelos presos num pano, com um braço fino apoiado no assento e o outro na janela, como se segurando o balanço do caminhão. Sem saber o que fazer e o que pensar, seguiu dirigindo. Neiva olhou novamente, com o coração a mil, e viu a mulher olhando para ela, com um olhar ansioso. Seguiu acelerando para casa, fingindo não estar acontecendo nada. Já na porta de casa largou o caminhão e foi correndo para seu quarto, apavorada.

Na mesma noite Neiva foi se deitar sem entender o que tinha acontecido. Jurava ter visto uma mulher sentada ao seu lado no caminhão. "Pobre mulher, parecia tão sofrida, parecia querer me dizer alguma coisa." Pensou ser o cansaço do trabalho, pois a jornada era massacrante. O presidente tinha dado um prazo e a cidade precisava ficar pronta dali a três anos e meio. Por isso resolveu dormir mais cedo e descansar o máximo possível para o dia seguinte. Tinha certeza que o estresse ia melhorar e ela pararia de ver bobagens. O dia seguinte transcorreu numa boa. Enquanto dirigia, Neiva olhava disfarçadamente para o banco do passageiro, mas não tinha ninguém lá, ficou aliviada. Mais contente, resolveu até esticar a noite numa festa que aconteceria na Novacap, onde tinha feito vários amigos, que admiravam sua luta diária em seu caminhão.

Todos estavam eufóricos nesse dia. O ritmo de trabalho era intenso e as construções iam de vento em popa. O aeroporto e o Palácio da Alvorada estavam quase prontos, e eles viviam nas capas dos principais noticiosos do país. Bem da verdade que quase sempre era falando mal. JK era chamado ironicamente de faraó e de louco por estar construindo uma cidade em tão pouco tempo, no meio do nada e com gastos exorbitantes que, futuramente diriam os políticos, iriam gerar uma inflação e a quebra da previdência do país, de onde, segundo eles, saiu quase todo o dinheiro.

À noitinha Neiva tomou um banho, se arrumou e foi ao encontro dos colegas da Novacap. Lá pelas tantas, entre músicas e conversas, veio um garçom com uma bandeja cheia de copos de cerveja. Animada, Neiva fez que ia pegar uma, quando ouviu uma voz mansa em seu ouvido dizer: "Neiva, não beba. Estes copos estão sujos, veja". Ela olhou ao redor e não viu ninguém assim tão perto. Estavam todos sentados à mesa e viram quando ela, na dúvida se pegava ou não a cerveja, deixou o garçom levar a bandeja embora. Um colega perto dela ainda fez menção de buscar ou chamar novamente o garçom quando seu copo virou, molhando ele e a calça bege que Neiva vestia. Para os colegas, uma situação normal em dia de festinha. Já Neiva passou o resto da noite calada, apenas ouvindo a conversa de um engenheiro que só falava sobre a nova capital e sobre a família que, lamentavelmente, deixara no Rio de Janeiro.

Passaram-se muitos dias, e as alucinações de Neiva só aumentavam. Foi quando ela e sua amiga jornalista foram juntas procurar o vigário da região, que lhe disse algumas palavras de consolo. "Descanse um pouco e cumpra penitência, que logo passa", disse ele. Não passou. Sayão, seu amigo, sugeriu que ela visitasse o psiquiatra do acampamento do I.A.P.I., o pequeno hospital de tábua para onde iam trabalhadores que sofriam acidente nos canteiros de obras, ou que passavam mal com a comida feita com o óleo Sol Levante, ou que estavam com alguma doença como lepra ou chagas.

Em frente ao médico disse que estava estafada, via e ouvia espíritos, contou tudo o que vinha acontecendo. Até aí tudo bem. Era normal nessa época o médico receber muitos candangos em crises de tristeza, depressão e até loucura. Estavam no meio do nada, longe de sua terra natal e cheios de expectativas do que seria o futuro naquele lugar.

Neiva respondia às perguntas do médico quando um "mortinho", assim ela chamava os espíritos que via, surgiu de trás do biombo, dizendo que se chamava Juca, que era o pai do médico e que havia morrido havia sessenta e dois dias. Neiva, fazendo mímica, pediu ao médico para olhar na direção do espírito e assim testemunhasse parte das causas de seus conflitos. O médico olhou para trás, mas não viu nada. Percebendo a agitação de Neiva, tentou acalmá-la:

— Fique quietinha, está tudo bem?

Neiva, desconsolada, querendo convencer as pessoas do que estava acontecendo, disse em voz alta o que estava ouvindo:

— Doutor, aqui está um defunto que diz ser seu pai. — E transmitiu as informações que o "mortinho" passava. O médico se levantou gritando:

— É realmente meu pai. Meu adorado paizinho. Fale mais, me diga como ele está.

Em reportagem, Neiva disse que, após a consulta, o médico tomou uma decisão inesperada. Depois de ficar lívido de espanto, apanhou seus objetos, fechou o consultório, deixou Brasília e nunca mais se ouviu falar dele. Já Neiva, ao mesmo tempo em que sentiu alívio por saber que aquele fato estava realmente se confirmando, ficou também decepcionada com o fato de isso estar acontecendo justamente com ela. Nenhum médico poderia ajudá-la. Saiu revoltada do consultório, quase levando a porta consigo. E agora? O que fazer se a igreja e a medicina não explicavam o que estava acontecendo? Ao sair de lá, foi andando esbaforida pelas ruas, quando ouviu uma voz já conhecida de mulher lhe dizer:

— Se você insistir em pensar no mal, na dor, na doença, você as atrairá para si mesma. A planta extrai do solo vários elementos curadores, no entanto, precisamos conhecê-los, porque muitos são mais venenosos do que a serpente. Nós temos de descobrir o nosso caminho, o caminho que traçamos, e segui-lo com nossos próprios pés. Não desanime diante dos obstáculos. Os obstáculos são atraídos pela força dos nossos tristes pensamentos. Seja otimista. Com o coração

esperançoso, teremos tudo das coisas boas e nobres que desejamos. O pensamento e a palavra têm o poder curador.
Em silêncio, Neiva preferiu que a voz a abandonasse. Ouvindo seus pensamentos, a voz sorriu e continuou:
— A Luz, filha, brilhará de dentro para fora. Mantenha seus amigos, seja forte nos embates da vida. A purificação está além de tudo. Está além dos falsos preconceitos sociais, das mesquinharias da vida. É muito longo o caminho do amor, principalmente para você, que será um enigma neste planeta. Vá, Neiva. Vá caminhando, distribuindo o bem, que Deus te concedeu, em gestos de carinho, usando sempre sua honestidade sã e pura. Seja alegre e confiante como sempre foi. Não deixe que a calúnia perturbe sua mente, não se nivele ao caluniador para que não seja igual a ele. Não responda, não se altere e vá. Continue a sua estrada mesmo com seus conflitos.
— Meus pais, como ficará tudo isto? Eles, que não gostam de macumbeiros, irão me expulsar novamente. Meus tios, meus primos, primas são padres e freiras, por que não me protegem? Será que terei alguém no céu que me ajudará diante de Deus, apesar de ser uma viúva e viver em sacrilégio com a Igreja?
— Neiva, deixe de hipocrisia. Isso não é do teu espírito. Quantos anos tem de vida na terra?
— Sou de 1925 – disse. – Nasci no dia 30 de outubro.
— Sim. Tens 33 anos!
— O que quer que eu faça? Vou deixar um mundo à minha frente. Um mundo que eu amo, que eu vibro? Serei uma beata curandeira?
— Sim, filha. Se não tiveres personalidade serás uma "mãe-de-santo", que é muito pior que uma beata, como você chama; pior sim, no teu caso, porque a mãe-de-santo veio preparada para cumprir seu papel de mãe-de-santo. E você veio para continuar a jornada de Amonrá, de Akhenaton do delta do Nilo.
Neiva estava muito magoada com seus conflitos para entender o que significavam essas misteriosas revelações. Chorava sem esperanças.
A notícia de seus poderes começava a se espalhar pela região e chegou aos ouvidos de Mãe Neném, uma senhora vidente que seguia a linha espírita kardecista e que ajudava muita gente ali da região. Mesmo discordando das conversas que Neiva tinha com espíritos de pretos-velhos, sua nova amiga estava disposta a ajudá-la, tornando-se

sua parceira por muitos anos. Foi assim que Neiva começou a aprender as primeiras lições sobre a vida espiritual.

E aos poucos a clarividente passou a não mais se preocupar com os valores sociais e se entregou ao mundo dos espíritos. Ouvia muitas críticas vindas de muitos lugares, até mesmo de seus pais, que não aprovavam as mudanças que estavam ocorrendo com ela. Em alguns momentos se sentia fraca. Espíritos sofredores a perturbavam e ela não conseguia lidar com eles.

Porém, com o tempo foi amadurecendo sua clarividência e seus poderes mediúnicos foram se aprimorando. Ela recebia espíritos que davam recados, que ajudavam outras pessoas por meio dela. E assim, cada dia alguém batia em sua porta pedindo ajuda. Todos iam lá em busca de uma salvação para seus problemas psicológicos e espirituais que médico e padre nenhum poderiam resolver.

Neiva já estava então preparada quando aqueles que seriam seus mentores espirituais para toda vida começaram a entrar em contato com ela. Um deles foi Mãe Yara, aquela que Neiva tinha visto em seu caminhão pela primeira vez.

Certa noite foi dormir ainda confusa com tudo o que estava acontecendo. Apesar de todo o conhecimento que vinha recebendo, não conseguia se sentir feliz. Muitos espíritos sofredores que apareciam para ela sugavam todas as suas energias, deixando-a esgotada. Ao deitar a cabeça no travesseiro, Mãe Yara apareceu e falou:

— Sem luta não há evolução. Neiva, já fiz de tudo para chegar aqui e penetrar o seu coração. Já me fiz de uma aleijada chamada Adelina. Mas desta vez saiba que o amor é a arma imponderável e invencível do espírito missionário, que não tem escolha. É uma divindade tua missão. Em nenhuma de suas vidas você foi piedosa, eis por que foi escolhida.

— Me ajude. Me ilumine para que eu seja como Deus quer e para que eu possa abandonar os tristes hábitos do meu passado.

— Neiva, haverá por acaso quem goste de sofrer? Não será preciso retirar seus tristes hábitos. O belo é o resplendor do verdadeiro, não saia do naturalismo, seja natural. Ame o que sempre amou. Recuse o que sempre recusou. A única diferença, Neiva, é saber tolerar os teus amigos e os teus amores até que te faças acreditada. Este será o período mais difícil de sua missão. Espíritos sofredores vão sempre te procurar. Tenha paciência com eles e saiba ouvi-los. E lembre-se que

Deus é o poder supremo em todas as coisas. Ele é energia luminosa que desencadeia reações.

Pacientemente, Mãe Yara tentava convencer a clarividente a dominar seu espírito rebelde e aceitar sua realidade missionária, transmitindo-lhe os primeiros ensinamentos sobre a vida fora da matéria. Nessa mesma noite contou a ela que seria uma missionária de Pai Seta Branca, um espírito de luz que há milênios exerce a missão de socorrer a humanidade em seus momentos de transição.

E foi assim que Neiva conheceu a história passada de Seta Branca, que havia surgido pela primeira vez na Terra havia mais ou menos 32 mil anos. Ele veio para liderar um grupo de homens e mulheres missionários, os Equitumans, seres que tinham de três a quatro metros de altura e com fisiologia diferente da nossa, que os tornavam quase indestrutíveis na Terra.

Está escrito na história do Vale do Amanhecer que os Equitumans vieram de um outro sistema planetário e desceram em naves chamadas chalanas na região andina, na costa ocidental da atual América Latina, onde viveram por mais de dois mil anos. E desapareceram num cataclismo que atingiu o planeta provocado pela aproximação de um corpo extraterreno, que parecia uma nave espacial. Ao circular sobre a Terra, sua presença provocou eclosões de vários tipos e sepultou o núcleo central da civilização Equituman na região da Cordilheira dos Andes, na área do atual Lago Titicaca, situado entre o Peru e a Bolívia. Essa nave ficou conhecida como "Estrela Candente" e o fenômeno da formação do Lago Titicaca como resultante de "uma lágrima da Estrela Candente".

Aproximadamente cinco mil anos após o desaparecimento dos Equitumans, Pai Seta Branca volta à Terra como líder de outro grupo de missionários, também de origem extraterrena. Eram homens e mulheres de muita beleza física, que viviam aproximadamente duzentos anos e não se reproduziam como os terráqueos. Os Tumuchys eram cientistas e artesãos, avessos à guerra e à luta física. O principal objetivo deles era a manipulação científica das energias planetárias em escala sideral. Eles conheciam o mecanismo de relações energéticas entre os corpos celestes e a Terra, principalmente a conjunção de forças entre o triângulo Sol – Terra – Lua.

Com seus instrumentos sofisticados, eles construíram grandes usinas de integração e desintegração das energias. Moviam-se na superfície do planeta com naves próprias e possuíam mapas, maquetes do Globo Terrestre e cartas astronômicas perfeitas. Criaram sua sede numa região que hoje é coberta pelo Oceano Pacífico, tendo ficado exposto apenas um pequenino ponto onde fica a Ilha de Páscoa, na Polinésia. Tanto nessa ilha como em outros pontos do Globo existem até hoje ruínas das construções Tumuchys, como Machu Picchu, as pirâmides do atual Egito e muito mais.

Mais seis mil anos se passaram e os Tumuchys desapareceram, deixando tudo em perfeito funcionamento, sem necessidade de intervenção humana. As máquinas por eles deixadas cumpriram e ainda cumprem sua finalidade. A Terra já estava povoada nos seus sete pontos de concentração energética e sua geologia já se tornara aquela de hoje. Povos, os mais variados, formavam raças e tipos. O que precisava então era preparar o ser humano para a civilização global. Para disciplinar as populações do mundo, vieram os Jaguares, cujo símbolo universal era a figura estilizada dos felinos. O Jaguar-Chefe, o Grande Jaguar, era mais uma vez o Pai Seta Branca.

Os adeptos do Vale dizem que em ciclos de dois mil anos as civilizações continuaram a nascer, a atingir o auge e a morrer. Chegou então a Era do "Cristo-Sol", do "Senhor Jesus Cristo", dos últimos dois milênios, e com ela um ser humano mais responsável e com mais consciência sobre seu corpo, sua alma e seu espírito. Contam seus seguidores que foi nesse período que Pai Seta Branca veio como São Francisco de Assis, no século XIII.

Em sua última encarnação na Terra, no século XVI, Pai Seta Branca era o Cacique Guerreiro Tupinambá, o Cacique Lança Branca, assim conhecido por usar uma lança com ponta de presa de Javali, um presente dado por um guerreiro de sua tribo. Ele comandava um povo indígena que vivia na fronteira do Brasil com a Bolívia. Era o período das grandes conquistas e dominações. Europeus atravessavam mares em busca de novas terras para conquistar. Nesse período os espanhóis chegaram à região dos Andes, onde vivia uma tribo Inca. Não demorou muito quando num fim de tarde um mensageiro dessa tribo chegou com o pedido de ajuda ao Cacique Lança Branca e seus guerreiros para lutarem juntos na guerra contra os espanhóis, que queriam dizimá-la. Segundo consta na história, a força espiritual de Pai Seta Branca salvara aqueles guerreiros, mostrando a supremacia da força do amor sobre a violência da luta armada. Ele conseguiu evitar ao menos uma batalha.

Adaptando o trabalho das antigas civilizações ao homem do século XX, Neiva teria a missão de colocar em funcionamento essa corrente de amor. Mais uma vez Pai Seta Branca está em ação, desta vez por meio da clarividente.

Jaguares e ninfas

Aproximadamente cinqüenta quilômetros separam Brasília da comunidade onde vivem os seguidores da Tia Neiva, na zona rural da cidade-satélite de Planaltina, pertencente ao governo do Distrito Federal. Um tapete verde de gramíneas cobre a superfície do longo caminho onde árvores e arbustos secos de troncos curvados e retorcidos, como um emaranhado de cobras, e de folhas grandes, cobertas de poeira avermelhada, como se maquiadas com pó de areia, se acomodam, emoldurando a BR-020. Eles brigaram com o vento, agora parado, triste e absorto, mas que não comove nem mesmo São Pedro, que pouco tempo atrás ainda chorava suas lágrimas.

Pelo caminho, paradas de ônibus, ilustradas com cartazes velhos e rasgados dos candidatos da última eleição, são a sala de espera do povo que aguarda sob o nascer do sol a condução que irá levá-lo para a lida diária, "vô atendê pessoa chique, lá no plano piloto". Mais na frente há uma placa dizendo "pamonha quentinha a dois reais – 3 km", onde tem um barracão velho com a porta aberta e uma senhora gorda de bermuda de laicra azul e blusão florido. Ela está sentada numa cadeira de ferro com a pintura vermelha descascada, arrancando a pele seca do pé, à espera de alguém para comer sua pamonha.

No quilômetro 10 da rodovia DF-15 está o Vale do Amanhecer, o culto tido como mais sincrético de toda a religiosidade brasileira e um dos mais destacados pólos de atração turística do DF. Uma sociedade civil de natureza beneficente.

Um outro mundo aparece à nossa frente, como se estivéssemos atravessando uma passagem mágica que leva para outra dimensão. O que antes era seco e sem cor, se torna vivo e inebriante, de um colorido sem igual. Um portão enorme de pedra, decorado na parte de cima com uma placa em forma de lua e outra em forma de sol, indica a chegada ao Vale. Distribuídas em seus 22 alqueires vivem mais de trinta mil pessoas. Muitas ali não fazem parte da doutrina, que se concentra do lado direito da cidade, uns duzentos metros após a entrada.

Do estacionamento de terra batida é possível ver a praça onde se reúnem e transitam jaguares e ninfas, num vai-e-vem sem fim. Divindades astecas, egípcias, pretos-velhos, princesas e caboclas do candomblé e da umbanda rompem barreiras do tempo e do espaço e encontram-se ali representados, lado a lado, nas indumentárias ritualísticas.

Do lado direito há o Templo do Amanhecer, uma construção de pedra e alvenaria, com formato de elipse e cerca de 2.400 m² de área coberta, cada milímetro traçado pelos mentores por meio de Tia Neiva. Aberto 24 horas por dia, por ali passam cerca de setenta mil pessoas por mês, entre aquelas que vão pedir ajuda para seus problemas espirituais e os médiuns seguidores de Tia Neiva, que ajudam essas pessoas.

Olhando de fora, o templo nem parece tão grande. Porém, lá dentro ele é imenso, todo colorido. O amarelo da concentração e o vermelho da energia são as cores reinantes no local. Ali é o coração do Vale do Amanhecer. Todos os dias os aparás, médiuns que incorporam os espíritos de pretos-velhos, e os doutrinadores recebem pessoas que necessitam de ajuda.

Pacientes entram na elipse, sentam em bancos de cimento coloridos desenhados como labirintos e esperam o trabalho começar. O primeiro a chegar senta lá na frente, na ponta do primeiro banco mais próximo dos vários tronos. Os outros pacientes sentam a seguir e vão montando a fila, até ocuparem todos os bancos que estão atrás. Quando o primeiro paciente lá do banco da frente é chamado pelo doutrinador e libera o espaço, os outros vão arrastando a bunda para o lado até chegar sua vez.

Em cada trono está um médium sentado à espera do paciente, que vai sentar ao seu lado, e um doutrinador, que fica em pé atrás do médium acompanhando a sessão para que nada de ruim aconteça. O calor é intenso, o ar abafado. Todos ali buscam uma explicação para seus problemas espirituais e físicos. Uma negra ao meu lado segura seu filho inquieto no colo, que olha para todos os lados, espantado, preguiçoso, querendo ir embora daquele lugar estranho. Faz força para chorar, talvez tentando mostrar sua insatisfação.

Um misto de dor e esperança. Insegurança e desespero. Curiosidade e vergonha. Os problemas são muitos e de vários tipos. Às vezes, quando o caso de um paciente é grave, ele pode ter prioridade de atendimento em relação aos outros, que entendem e aguardam, com o coração apertado de angústia. O suor escorre na fronte. O ar esquenta com as respirações desritmadas e nervosas; outras lentas, desiludidas. Aquele templo parece uma cápsula de energias flutuantes. Ali cada dor é a mais triste, a mais sofrida.

    Contou-me um jaguar da Falange dos Recepcionistas, espécie de guia turístico e protetor do Templo do Amanhecer, que certa vez chegou uma moça bem vestida, num carrão bonito, querendo ser atendida antes dos outros pacientes que esperavam na fila dentro do templo; alguns aguardavam havia horas. Essa mulher entrou esbaforida, quando um jaguar tentou acalmá-la, dizendo que chegaria sua vez de ser atendida. Porém, ela não se conformou e gritou dizendo "o meu cachorrinho morreu, morreu. Estou sofrendo muito com isso, preciso de ajuda" e as pessoas não compreendiam tamanha insensatez. Tia Neiva, que estava no templo se preparando para mais um atendimento, resolveu ver o que estava acontecendo e levou a moça para conversar numa saleta reservada para oração, concentração e preparação dos médiuns.

    Quando saiu da saleta, Tia Neiva levou a mulher para o início da fila e mandou que ela fosse atendida com urgência. Foi quando um paciente disse "mas, Tia, você vai deixar ela passar na nossa vez só porque ela é rica e tem problema com o cachorro?". "Não, meu filho, vou deixá-la ser atendida porque mesmo sendo apenas a morte de um cachorro, esta mulher sofre como se tivesse perdido a um filho, o caso dela é grave. E só cada um sabe da sua dor, seja qual for o motivo", disse Neiva.

    O trabalho ritualístico de cura espiritual tem início todos os dias às 10 horas da manhã e só termina com a saída do último paciente; quase sempre passa da meia-noite. Aquele que quiser participar sem ser identificado pode ir despreocupado, o seu anonimato será mantido. Também não existe seleção dos pacientes e qualquer problema merece atendimento. No templo de pedra, os trabalhos seguem os passos de acordo com o formato elipsoidal. Os pacientes, médiuns e doutrinadores entram pela esquerda e passam pelos tronos, onde o trino, hierarquia maior do Vale do Amanhecer, se acomoda para acompanhar o ritual. Em seguida passam pela cura, pela junção, pela indução e pela linha de passe, até chegar na saída, do lado direito da elipse.

Do lado esquerdo da praça central do Vale está a Casa Grande, protegida por cerca de arame, onde Tia Neiva morava com seus quatro filhos, sua afilhada Gertrudes e seu segundo marido, Mário Sassi. Na entrada da casa, uma estátua grande dela parece observar a comunidade, como se ainda estivesse ali. Um dia aquela casa já foi cheia de vida, de movimentação. Virou um museu. O quarto e o escritório são os dois ambientes que se mantiveram intactos. Móveis antigos que Neiva ganhava de amigos ainda guardam suas indumentárias de trabalho, suas saias longas, broches, brincos, prendedores de cabelo. Na sua cama uma rosa vermelha traz vida ao ambiente. As paredes dos outros cômodos estão completamente recheadas de fotos que apresentam momentos especiais da vida dela em família e no trabalho com a comunidade. Do lado de fora há uma mesa enorme e várias outras pequenas onde ela reunia sua família nos momentos da refeição. Hoje o local virou ponto de encontro para reuniões dos seguidores e de almoços para arrecadação de verba que será utilizada na manutenção da infra-estrutura do Vale do Amanhecer.

Outro dia, num domingo de sol, teve almoço para arrecadar verba para a reforma do templo. Por quatro reais, e mais um real se quiser refrigerante, você come uma comidinha deliciosa, daquelas que não deixam tempo para conversas. Quando a comida chegou em um prato pequeno de plástico, comi de me fartar enquanto observava aquelas pessoas religiosas confraternizando. De longe vejo Carmem Lúcia chegando imponente, peito estufado para a frente, uniforme impecavelmente arrumado, cabelos grandes e franja presa para trás por um prendedor. Chega olhando para os lados, uma mão na cintura, outra na saia longa. Senta e levanta várias vezes e conversa com todos. É a versão loira de sua mãe, mas sem sua clarividência. Algumas pessoas a olham de rabo de olho, mas ela nem dá atenção, fica por pouco tempo, e sai dali sem almoçar. Enquanto isso as pessoas comentam sobre suas rotinas diárias e falam do pouco tempo que falta para começar o próximo ritual.

Após o almoço, ninfas e jaguares se juntam em pares e fazem uma enorme fila. Atravessam a praça, passam por uma pequena rua de comércio – com biblioteca, casa de costura, elementos utilizados em rituais – e atravessam um portão do lado oposto à entrada principal do Vale. Já numa rua da cidade trilham o caminho que leva ao ritual da consagração conhecido pelo nome de Estrela Candente, onde os mestres manipulam as energias cósmicas. Cantando seus mantras e hinos, caminham uns quinhentos metros e logo avistam uma colina contendo a inscrição em letras monumentais "Salve Deus", saudação utilizada entre os membros da comunidade e com a qual Tia Neiva sempre iniciava e terminava suas cartas.

E o que está por vir nos deixa embasbacados. É o Solar dos Médiuns, um enorme descampado de terra batida sob a luz incandescente do sol que nos faz viajar pelo Egito, representado ali por uma enorme pirâmide. Mais à frente surge um grande lago artificial, o Lago das Princesas, com duas cachoeiras. E protegendo aquelas águas está Iemanjá, de quatro metros, vestido azul, cabelos longos e pretos, com os braços abertos a reverenciá-las. Mãe Yara também está por perto, para que ninguém se esqueça da mentora espiritual de Tia Neiva.

Os casais chegam em frente ao altar de pedra, fazem reverência ao sol e à lua ali representados, e vão aos poucos se posicionando nas pontas da Estrela de Davi, um enorme espelho d'água. Também estão posicionados nas extremidades da estrela, sentados em bancos de cimento, os pacientes que serão beneficiados com as energias cósmicas. Todos estão direcionados para a grande elipse que está no centro da estrela. Na elipse circulam as energias; energias que sobem e que descem.

Considerado um cartão-postal da comunidade, o Solar dos Médiuns acolhe, entre outros, o ritual da Estrela Candente celebrado diariamente, às 12h30, às 14h30 e às 18h30, com aproximadamente 45 minutos de duração. Um grupo limitado de pessoas não iniciadas na doutrina – de cinco a dez no máximo – podem assistir às cerimônias, de forma passiva, na condição de pacientes buscando se beneficiar com as energias manipuladas durante os rituais. Num cenário faraônico, caracterizado pela abundância de elementos cênicos, a cerimônia se desenrola sob o olhar atento de todos.

É nesse momento que jaguares e ninfas dizem sentir a presença de espíritos invisíveis, que aterrissam com suas naves espaciais e vão liberando as energias positivas. Como num passe de mágica, jaguares e ninfas entram em transe de maneira discreta, sem exaltação. Não dançam, não giram. Apenas tremelicam as mãos e recebem as energias com os braços erguidos para o céu. E oram em silêncio durante alguns minutos por aqueles que precisam das energias para se livrar de espíritos obsessores que infernizam suas vidas.

Em seguida, os médiuns enviam para outros planos as energias negativas e os espíritos nefastos, responsáveis por todos os males na superfície terrestre. As energias positivas acumuladas durante os rituais da Estrela Candente serão utilizadas posteriormente em todas as cerimônias e em particular nos rituais de cura praticados no Templo do Amanhecer. São essas energias que mantêm jaguares e ninfas firmes, sob as Leis do Amor e do Auxílio.

Mãe Neném

"E agora? O que fazer se a igreja e a medicina não explicavam o que estava acontecendo?" As visões não cessavam. Por mais que a mentora espiritual, Mãe Yara, tentasse lhe explicar seu dom, sua missão, Neiva não entendia por que e para que ela havia sido escolhida por esses espíritos que falavam ao seu ouvido, em sua mente. Não conseguia mais se livrar daqueles seres que ela via na rua, das premonições que a faziam salvar pessoas. Não sabia o que fazer nos momentos em que ficava em transe, possuída por algum espírito ruim que aproveitava sua fragilidade para se manifestar e falar com conhecidos ainda vivos com os quais tinha contas a acertar. Nesses momentos ela gritava, quebrava objetos em casa e até mesmo maltratava seus filhos. Já não dava mais conta de trabalhar. O medo dos espíritos era seu tormento.

"Você veio para auxiliar na preparação da fase de transição do milênio que termina para o milênio que se inicia. Sua missão é implantar uma doutrina alicerçada sobre os princípios básicos de Jesus, para a concentração unificada de forças espirituais, em favor de vidas do físico e do etéreo, pela cura desobsessiva", tinha ouvido Mãe Yara dizer certa vez. Mas o que significava tudo aquilo? Sua única esperança agora era Mãe Neném, sua vizinha, que já estava ajudando. Com a ajuda de Mãe Neném, Neiva iniciou seus estudos sobre o espiritismo de Hippolyte Léon Denizard Rivail, Allan Kardec, do qual essa era seguidora. Neiva iria agora descortinar uma realidade transcendental.

Ela aprendia todos os dias com Mãe Neném que os valores assimilados sobre o espiritismo deveriam ser praticados e não apenas discutidos e valorizados. Ela não estava sendo preparada para incorrer nos velhos erros já antes cometidos por outros espíritas que muito falavam e pouco faziam pelo próximo desamparado; que ensinavam, mas não praticavam. "A dor do próximo precisa ser sempre colocada acima de sua própria dor. A lei do auxílio é o princípio superior de todos os missionários", dizia Mãe Neném. Aprendeu também o que é técnica do transporte, com a qual o espírito se desprende do corpo e vai para outros lugares ou mesmo outros mundos. Só não sabia ainda como utilizá-la.

A cada dia Neiva compreendia um pouco mais sobre a vida após a morte, a reencarnação e as diversas dimensões onde viviam os espíritos desencarnados em suas diferentes fases evolutivas. Dessa forma, era lhe apresentado um mundo que ela nunca imaginaria que pudesse existir. Conheceu o lado ruim, a triste realidade de planos espirituais povoados de vidas deformadas pela incompreensão e pelo ódio, acorrentadas por seus próprios psiquismos, milhares a ponto de perder a própria forma humana.

No entanto, descobriu a existência das grandes legiões unificadas em Deus Pai Todo-Poderoso e conheceu com elas a Lei do Amor e do Perdão dos Mestres. "Legiões de espíritos indiferentes a conceitos ou preconceitos que dividem ou distanciam os seres humanos. Espíritos que têm a missão de auxiliar, que lutam para gerar o equilíbrio e a harmonia, emitindo o amor para o reencontro das vidas com elas próprias", dizem seus seguidores.

Durante esse tempo começaram a surgir pessoas vindas de todos os lugares em busca do auxílio de Neiva, que já estava conhecida pelos seus poderes espirituais. Foi se formando uma pequena multidão ao seu redor, que ela tentava amparar com o pouco conhecimento e técnica que já havia aprendido. Após se ajustar às manifestações de sua clarividência, e passando a entender o que os mentores espirituais lhe diziam sobre sua condição missionária, Neiva foi orientada por Pai Seta Branca a procurar um lugar para se instalar e dar o ponto de partida em sua obra.

O local designado estava localizado na Serra do Ouro, a 11 quilômetros de Alexânia, pequena cidade que fica entre Brasília e Anápolis. Com o coração na mão, Neiva tira seus filhos da escola, deixa sua profissão de caminhoneira na construção de Brasília, seus amigos e colegas, e vai embora com sua família, a nova comunidade que se formava, Mãe Neném e trinta crianças órfãs.

Durante muito tempo após sua mudança para aquela serra longe de tudo, Neiva ainda sofria e chorava muito, insegura de sua nova vida. Falava pouco, tentando não reclamar tanto dos problemas e aceitar a missão que a ela foi destinada, mesmo não entendendo bem que missão era essa. Procurava se harmonizar e pensar em coisas boas. Para sobreviverem, ela e sua comunidade plantavam batata, amendoim e fabricavam farinha e telhas de barro.

Vale do Amanhecer

Antes de começar mais um ritual da Estrela Candente, às 14h30, jaguares e ninfas vestidos com suas indumentárias ritualísticas aproveitam os minutos que faltam para se reunir em uma conversa descontraída debaixo de uma árvore frondosa, rodeada por mesas de madeiras velhas e bancos feitos de troncos cortados. O sol ilumina e aquece, preparando-os para a iniciação. Mas nuvens gordas e úmidas anunciam a chuva que está vindo do Sul, trazendo consigo os cheiros e as cores da primavera.

Aproveitam para tomar água de coco vendida na barraquinha ao lado ou comer um salgado acompanhado de um refrigerante da lanchonete mais à frente. Esse espaço de descontração fica do outro lado da calçada que leva jaguares e ninfas até o portão de entrada da Estrela Candente, no Solar dos Médiuns.

Entre eles está Zélia Vilarinho, assinando o caderno de bônus de um companheiro prisioneiro, enquanto aguarda o início do ritual. Já são mais de duzentos bônus, mas ele precisa atingir dois mil para cumprir sua missão. Ao redor, vários caderninhos Tilibra azuis ou vermelhos circulam nas mãos de adeptos em trabalho de prisão.

Logo se percebe quem é prisioneiro no Vale do Amanhecer. O jaguar usa uma calça marrom e blusa preta. Porém, o que realmente o caracteriza como prisioneiro é a capa que coloca nas costas e uma faixa de couro, chamada taca, que lhe cruza o peito, como um colete de duas tiras.

Já a ninfa usa um vestido longo de listras grossas e coloridas, uma capa e o echê, que é um arranjo para os cabelos feito com flores montadas em dois pedaços de organza, um deles sempre da cor da capa. Presa à flor há uma cauda, que cai pelo lado esquerdo da cabeça. Em seu braço esquerdo tem ainda uma corrente enrolada, simbolizando as algemas usadas em prisioneiros de verdade.

O povo do Vale conta que o trabalho de prisão tem como objetivo livrar um adepto de um espírito que se liga a ele em determinados momentos de sua vida para cobrar alguma coisa ou mesmo para se vingar. Geralmente o espírito cobrador atinge unicamente a pessoa que lhe fez mal nesta ou em alguma outra encarnação.

Para se livrar de um espírito cobrador, um dos tipos de espíritos considerados no Vale como das trevas, o adepto deve juntar dois mil bônus durante uma semana, prazo estipulado nas leis do Vale do Amanhecer. As formas de se conseguir os bônus são por meio da coleta de assinaturas de jaguares e ninfas, que vão levar em conta as ações positivas desse prisioneiro, ou por meio da participação em rituais, quando poderá ajudar o próximo.

Com os bônus, Pai João de Enoque, o administrador espiritual da doutrina, faz uma troca com o espírito cobrador. Assim como em outras religiões em que os praticantes dão oferendas a alguma entidade sobrenatural, no Vale do Amanhecer o adepto oferece seus bônus conquistados para ficar liberto desse espírito e ter créditos com o mundo espiritual. Os bônus como reparação de um mal feito.

A doutrina diz que para tudo no mundo, material ou espiritual, há uma troca. Até mesmo Pai Seta Branca se comprometeu com Jesus Cristo, dizendo que ajudaria os espíritos desencarnados a encontrarem seu lugar no plano espiritual e, assim, não atormentarem os que vivem na Terra. Em troca disso, pediu fortalecimento espiritual aos missionários, como Tia Neiva, que o ajudariam em sua missão.

E assim cada um vai cumprindo seu carma, na Terra, no céu, ou nas trevas. E, como nunca se tem apenas um carma, sempre que o adepto sentir necessidade, poderá vestir a indumentária de prisioneiro, assumir sua prisão espiritual espontaneamente e ir em busca de seus bônus. Porém, nem sempre os dois mil bônus pagarão por um erro do passado e ele precisará fazer mais de um trabalho de prisão.

Zélia já havia vivenciado dias como prisioneira, mas naquele momento seu papel era o de ajudar um colega da doutrina a viver os seus com menos dificuldade, e assinou distraída o caderninho de capa dura azul.

Sempre foi uma mulher espiritualizada, mas demorou muito para encontrar seu lugar em uma religião. Peregrina audaz e ferrenha, ela passou por diversas seitas, doutrinas e religiões existentes na cidade atrás de algo para preencher o vazio em seu peito, para compreender melhor sua existência na Terra. Também queria fazer o bem, soltar as energias acumuladas em prol de algum trabalho que ajudasse as pessoas e a fizesse se sentir útil. Estava em busca da renovação, da completude. Em busca da compreensão da vida pelo amor e não mais pela dor.

Primeiro foi integrante do catolicismo, mas lá não encontrou explicações para suas dúvidas. Por mais que ela achasse que a Igreja Católica tivesse lindas rezas e muitas ações de bondade para com a humanidade, ainda assim Zélia não se sentia satisfeita.

A verdade é que ela achava a visão da Igreja Católica bastante dogmática. Também não entendia o porquê do céu, do inferno, do purgatório, do pecado original, que eram para ela expressões sem sentido para o mundo real. "Essa questão de ir e não ter mais a oportunidade de refazer os caminhos, de me perdoar, de ir direto para o inferno e esperar o juízo final não me apaziguavam a alma. Sendo assim resolvi buscar em outros lugares esse lenitivo."

Partiu para a Igreja Evangélica, na qual passou bastante tempo. Podia ser para muitos um porto seguro, mas para ela os preceitos evangélicos a deixavam intrigada e inconformada. "Martinho Lutero tinha boa intenção ao se manifestar contra os dogmas catolicistas, passou seu recado, mas sua igreja se transformou em um ninho de fanatismo e de preconceito, levando milhares de pessoas a uma estagnação coletiva. Paulo de Tarso prossegue com esse entendimento quase que arcaico, dando aos seus seguidores uma gama maior de dogmas disfarçados de fé. Amor verdadeiro eu não encontrei lá."

Em meio a danças de caboclos, pretos-velhos, crianças, espíritos da água, eguns e exus incorporados em um terreiro vibrando ao som hipnótico dos atabaques, Zélia conheceu a umbanda. Nascida e praticada no Brasil desde o início do século XX, a umbanda foi um achado espetacular para ela, que via na junção de grupos afros, do kardecismo, da pajelança e do catolicismo um sincretismo de muita fé, na qual a busca pela evolução espiritual era intensa. Entretanto, não gostava de conviver em meio àqueles que usavam os espíritos para fazer o mal. Zélia não quis mais ficar.

"Não entendia como os membros dessa seita se prestavam a ir a uma casa, que se auto-apresenta como casa de caridade, para ver irmãos encarnados pedindo a irmãos desencarnados pela desgraça de outros." Para ela, esses trabalhos feitos na umbanda serviam para escravizar ainda mais o ser humano. "Se estou na Terra é para resgatar débitos passados e não adquirir mais e piores."

Escorrega daqui, tropeça acolá e lá vai ela novamente em busca de uma religião na qual pudesse se sentir acolhida. No entanto, agora sua busca tinha uma justificativa ainda mais desesperadora. Nesse ínterim, sua doença se agravou e ela teve mais uma crise. Jamais vai esquecer do dia, tempos atrás, em que recebeu os exames definitivos que detectavam a existência de miastenia grave, um distúrbio neuromuscular que deixa o doente com fadiga e exaustão do sistema muscular.

Os problemas físicos estavam abalando seu lado espiritual. Ou poderia ser também que essa doença estivesse sendo causada por problemas espirituais. Não se sabe. O certo é que a doença fazia Zélia sofrer muito e ir em busca de curadores, médicos do espírito. Ela fez de tudo para encontrar uma forma de ficar melhor. Foi quando passou a freqüentar a doutrina espírita de Allan Kardec. "Linda a doutrina. Extremamente conhecedora, dando a mim a condição de compreender muito do que faltava, mas ainda não era tudo."

Em 1999, Zélia conheceu o Vale do Amanhecer e de lá nunca mais saiu. Foi iniciada no Templo Mãe, assim chamado o templo localizado em Planaltina (DF), onde vive hoje em dia com seu marido e suas filhas. Lá descobriu que os trabalhos realizados no dia-a-dia eram o complemento de tudo aquilo que havia buscado e o local onde poderia praticar tudo que havia aprendido durante sua longa caminhada.

"Passamos uma vida estudando. Entramos em uma escola primária, logo depois vem uma secundária, a faculdade e por fim nos tornamos profissionais, colocando em prática tudo o que aprendemos. Só nos sentimos completos quando temos a real condição de praticar, configurando a profissionalização real e a afirmação daquilo que somos."

Zélia fez a faculdade da vida e agora o Vale do Amanhecer seria o lugar para praticar, se profissionalizar diante de Deus e encontrar seu sentido evolutivo. "Aqui realmente encontramos o nosso transcendental, aquilo que de uma forma ou de outra deixamos pra trás e por isso tivemos que voltar para rever, no sentido de reverter todos os erros cometidos e ter condição pra nos aconchegar nos braços de Deus."

Vinda do Maranhão, 44 anos atrás, Zélia é médium de incorporação, chamado no Vale de apará. "Alma livre, evoluída! É o mestre que rompe o véu da Ciência, dos preconceitos, que transporta o transcendente, perscruta a alma, descreve com clareza e precisão", assim escreveu Tia Neiva sobre o apará, médium que incorpora as entidades espirituais, durante os rituais, para ajudar um paciente. É, portanto, o emissor dos mundos espirituais, o porta-voz da espiritualidade, de onde vem o amparo, as provisões e as revelações.

No Vale do Amanhecer são inúmeros os símbolos espalhados pela comunidade que têm a função de informar o jaguar de sua transcendência, de sua missão e da sua conexão com o divino. Um dos símbolos que representam o apará, por exemplo, é um triângulo vermelho, com um livro branco aberto no centro identificado como o santo evangelho, e a meia-lua lilás, azul ou prateada. Esses símbolos podem ser vistos nas indumentárias e adornos dos médiuns.

Ao longo do tempo de seu trabalho como apará, Zélia diz ter aguçado sua sensibilidade. "Se antes percebíamos a mudança do tempo ao nosso redor, na doutrina passamos a perceber o simples bailar das asas da borboleta ou um pequeno alfinete caindo ao chão. Só mesmo a fé e o amor pra entendermos com exatidão tais acontecimentos."

Enfim ela conseguiu entrar em contato com seu eu mais profundo, com seu transcendental. Também passou a se conhecer melhor e a ter mais condições de descobrir onde está cometendo os erros e como consertá-los. "Ao chegar ao Vale do Amanhecer aprendi a lidar com nossas faixas cármicas. Lembrando sempre que temos de pagar o nosso ceitil. Pai Seta Branca disse uma vez que 'nenhuma folha de árvore cai sem que se perceba. Terás de pagar ceitil por ceitil do teu débito. Porém, se procurar se manter em harmonia e integridade diante de ti mesmo, o teu fardo não te será tirado, mas te será aliviado, e as tuas dores cessarão'. Aqui não aprendemos a fugir de nossas dores, e sim que temos obrigação em pagar o nosso ceitil em cumprimento às nossas promessas transcendentais."

Zélia me disse que no Vale do Amanhecer não existem fórmulas para ser feliz. Lá cada um aprende a conduzir a vida sem que haja alguém vigiando, condenando, ou oferecendo grandes milagres para tirar das costas o fardo. Lá se aprende a forma correta de carregar esse fardo.

E assim como Zélia, muitos adeptos, em sua maioria de classes média baixa e pobre, seguiram para o Vale em busca de esperança, de uma vida melhor no futuro e de sua evolução espiritual, que, dizem, será alcançada ainda no terceiro milênio. E seguem os passos do que diz Carmem Cavalcanti em seu livro *Xamanismo no Vale do Amanhecer*, pois "a vontade de levar uma vida onde inexistam a dor e o sofrimento tem como expressão máxima a transferência de uma felicidade não alcançada no tempo de agora para um futuro, sagrado, mítico".

Para não julgar

Outubro de 1985. Neiva, sentada em sua cama de solteiro no quarto da Casa Grande chamado sétimo, respira por um tubo de oxigênio. Seus pulmões enfraqueciam mais e mais a cada dia.

Sabendo disso, ela passou a se encontrar constantemente com os médiuns Trinos Tríada Arpázios, seus futuros sucessores. Juntos eles estavam gravando em fitas e registrando em textos, cartas e depoimentos a história da doutrina. Além de documentos históricos, esses registros serviriam como conteúdo das aulas de formação daqueles novatos que estavam chegando ao Vale do Amanhecer. Ela queria deixar tudo pronto antes de desencarnar para que seu legado não fosse embora com ela e desse por fim tudo o que havia construído com tanta dificuldade e amor a pedido de Pai Seta Branca.

Nesse momento entra no quarto o teólogo e antropólogo José Vicente César, e o grupo sai para que ele possa conversar com Tia Neiva. Ao sentar ao seu lado, padre César, como era conhecido, entrega nas mãos de Neiva uma carta vinda do Vaticano, na Itália, enviada pelo papa João Paulo II. Após saber pela mídia e notícias do Vaticano da existência do Vale do Amanhecer e do trabalho de Tia Neiva, o papa pediu ao padre César que fizesse um trabalho antropológico no local para que ele pudesse conhecer melhor a doutrina.

Foi assim que, alguns anos antes desse encontro, o padre chegou ao Vale com um sorriso largo estampado no rosto e foi muito bem recebido por todos. Durante alguns meses, José Vicente César conviveu com ninfas e jaguares e acompanhou o dia-a-dia de Tia Neiva, da qual ficou muito amigo.

O padre ficou impressionado com o fluxo intenso de visitantes que passam todos os dias na comunidade em busca de ajuda espiritual.

Conheceu e participou dos rituais nos locais sagrados da comunidade, como o Templo do Amanhecer, onde acontecem os trabalhos de Desobsessão e de Cura Espiritual. Lá viu também, entre outras, a sala da Linha de Passes com bancos coloridos onde o público fica sentado enquanto recebe, por meio de médiuns que ficam com as mãos sobre suas cabeças, a bênção das entidades neles incorporadas.

Percebeu ainda que, apesar de viverem tão perto da capital nacional, muitos não têm tanto contato com os acontecimentos econômicos e políticos do país. Vivem como numa cidade do interior. Descobriu, ainda, em conversas entre os amigos que ia conquistando, que é proibida a ingestão de bebidas alcoólicas e o uso de drogas.

Tempos depois, padre César envia seu trabalho ao papa João Paulo II e fica aguardando um comunicado do Vaticano. A resposta veio por carta assinada pelo próprio papa, que abençoava Tia Neiva e o trabalho realizado por ela.

Naquele instante no quarto, com padre César, Neiva leu a carta e num passe de mágica sua história passou como um filme em sua mente. Lembrou de seus tempos de menina em Propriá, seu casamento, o nascimento de seus quatro filhos, sua ida para Goiás à procura de ganha-pão para sua família após a morte do marido, o trabalho na construção de Brasília como caminhoneira, as visões, o período que ficou no sanatório curando a tuberculose, sua ida à Serra do Ouro, os ensinamentos de Umahã e a construção do Vale do Amanhecer, de onde nunca mais saiu.

Com lágrimas de desabafo nos olhos, lembrou de sua família católica, seus pais, seus tios padres e freiras, todos muito devotados a Deus e aos santos. Lembrou de quantos seguidores conseguiu orientar e das milhares e milhares de pessoas que apareciam todos os dias em busca de socorro espiritual.

Durante toda sua existência na Terra, Neiva já havia passado por momentos horríveis, visto situações inimagináveis. Mas todo dia se sentia uma pessoa melhor quando conseguia ajudar qualquer ser humano que aparecia por lá. Todas essas lembranças vieram ao ler a carta, um documento vindo do Vaticano, uma bênção do papa João Paulo II.

Dias depois, já recomposta, Neiva reuniu jaguares e ninfas e contou a eles sobre a carta recebida. De cabeça erguida, olhar de raio X, como se falasse também aos espíritos presentes, Neiva se orgulhou do que para ela era um grande mérito, como se acabasse de receber um aval de que seguia realmente os ensinamentos de Jesus. E lembrou de outros representantes do mundo religioso que lhe deram aprovação, como Chico Xavier, padres e grandes umbandistas do seu conhecimento.

A fala fraca e o corpo cansado não minimizavam a força de seu olhar de pássaro, altivo, livre e leve, e que se tornara mais intenso quando Neiva disse aos presentes para que nunca julgassem outras religiões. Nas aulas ela sempre ensinou que deveriam respeitar todas elas como a todos os que as praticavam. Lembrou que em sua doutrina existe muita influência de outras religiões e que Jesus ensinou que na casa de seu pai existem muitas moradas.

Neiva disse a seus adeptos que um dia as religiões iriam se unir, formando uma só. Não seria pelas suas mãos, pois não haveria tempo para isso. Mas pelas mãos de futuros missionários que farão a união dos povos em um só pensamento.

Para o povo da doutrina, a carta mostra que o papa João Paulo II reconheceu nos trabalhos de Neiva o valor inestimável em prol da caridade e do amor ao próximo. O padre César teria todos os argumentos católicos para não compreender aquela doutrina, que mistura a umbanda, o espiritismo, as religiões indígenas, africanas e orientais – sincretismo nunca antes existente no Brasil. No entanto, cedeu aos encantos da comunidade que conheceu e da qual se despedia após o encontro emocionado com Tia Neiva.

Faculdade Mediúnica

O ano de 1960 está começando na Serra do Ouro. Após dia árduo de trabalho na plantação, os moradores da comunidade voltam para casa, mas Neiva prefere ficar mais um pouco para ver o pôr-do-sol. Queria ficar sozinha, momento raro na sua rotina diária. Muitas vezes ela esperava a madrugada chegar, trazendo o silêncio e a solidão, para estudar e vivenciar sua espiritualidade.

Caminhando pelo terreno, chegou no alto de um pequeno morro de onde via a linha do horizonte por todas as direções. Uma brisa fresca, quase fria, que chamava a noite, bateu em seu rosto e a fez se sentir melhor. Desde cedo estava com um estranho mal-estar, uma sensação de aperto em seu corpo.

Ali, olhando a região, sentiu seu corpo ficar dormente e uma forte dor de cabeça a fez baquear. Resolveu sentar e encostar-se num tronco de árvore. Quase inconsciente, Neiva viu se aproximar um velho de barba, vestido com uma capa longa de mangas largas e capuz.

— Salve Deus! De hoje em diante traz a força de uma raiz.

Era Pai Seta Branca que aparecia à sua frente. Sentou-se ao seu lado. Com a mão direita abriu uma tela no ar e mostrou Neiva sentada em uma almofada no alto de uma montanha ao lado de Umahã, o mestre tibetano, clarividente como ela, com o qual iria ter aulas para se preparar para sua futura missão.

— Mas para entrar no plano iniciático você terá que fazer as pazes com todos aqueles que um dia disseram ser seus inimigos — disse Seta Branca. Surpreendeu-se quando ouviu ele dizer que Umahã era um homem também encarnado e que iriam se encontrar por meio do transporte consciente. Ora Neiva se deslocaria em espírito para o Tibete, ora o mestre iria até a União Espiritualista Seta Branca (Uesb), nome dado ao grupo da Serra do Ouro. Sabia que não seria fácil, pois o desgaste físico era intenso.

Antes de se mudar para a Serra do Ouro, Neiva já estava dominando as técnicas de transporte em desdobramento. Ali sentada, embaixo daquela árvore frondosa, lembrou da primeira vez que se transportou para um plano extraterrestre, dois anos antes. Ela ainda morava no Núcleo Bandeirante, então Cidade Livre.

Era uma tarde de 1958. Neiva estava em casa, deitada na cama, pensando nas contas da casa que tinha para pagar. Olhando para o teto pensou no que iria fazer. Nesse instante, vibrações que aumentavam e diminuíam, aumentavam e diminuíam tomaram sua mente e seu corpo. De repente, a cabeça começou a rodar e o corpo a sacudir como se algo tivesse sido arrancado de dentro dela. Seu espírito havia sido arrancado. "Senti que era o encontro com o extra-sensorial. Somente algo me segurava. Apesar das minhas faltas com ela, Mãe Yara era minha salvação." E rodando no ar ficou diante de uma luz opaca. Não se via nada ao redor. Ao se aproximar da luz ouviu uma voz dizer:

— Faculdade Mediúnica de transporte em desdobramento.

— Sim! — Confirmou outra voz. — Desdobramento!

Neiva pensou "se dessa vez foi desse jeito, da próxima me arrancarão os bofes". Começou a sentir muita ânsia, até que chegaram os médicos e ela foi se acalmando. Aos ouvidos só conseguia escutar alguém dizendo repetidamente "transporte em desdobramento". Era Mãe Yara ao seu lado.

Neiva viu uma linda paisagem e árvores caminhando. Boquiaberta apontou. Mãe Yara, lendo todos seus pensamentos, colocou as mãos na testa dela e disse "não tem árvores". Neiva olhou e realmente não viu mais nada. Nesse instante se tocou que estava conversando em pensamentos com Mãe Yara. "Que loucura, ouvia e era ouvida pela força do pensamento." Ela passeou por lugares de outras dimensões que nunca tinha visto. E conheceu os espíritos que a acompanhariam ao longo de sua jornada.

Pai João de Enoque também a ajudava em seus desdobramentos. Instrutor de Neiva durante todo seu desenvolvimento, Pai João está em terceiro lugar na escala hierárquica das entidades espirituais da doutrina. Acima dele estão Pai Seta Branca e sua alma gêmea, Mãe Yara. E lá no topo, acima de todos, está Jesus Cristo.

Espíritos dotados de poder e bondade extraordinários para o povo da doutrina, os Ministros são os próximos da escala do grupo espiritual, logo abaixo de Pai João. Ao lado dos Ministros seguem as Guias Missionárias, espíritos que incorporam nas médiuns mulheres e têm poder para gerir alguns rituais, e os Cavaleiros.

Os Cavaleiros têm uma importante missão para os que vivem no Vale do Amanhecer, pois cabe a eles capturar espíritos das trevas que estiverem perdidos na Terra, como os obsessores e os cobradores, e os levar para serem doutrinados em ritual do Templo do Amanhecer.

Os médicos do espaço vêm a seguir com a responsabilidade de reger os trabalhos de cura do Vale. Na seqüência têm-se os caboclos, que em outras encarnações teriam sido indígenas, e também os pretos-velhos, que foram escravos na época da colonização brasileira.

Ao aprender o desdobramento, Neiva passou a viajar pelo vários mundos futuros e passados. E viajando por eles descobriu que em encarnações anteriores tinha a transcendência das profetizas. Já havia sido Nefertiti, uma rainha da XVIII Dinastia do Antigo Egito, esposa principal do faraó Amen-hotep IV, mais conhecido como Akhenaton. Pelos dados históricos, ela viveu de 1550 a 1307 antes de Cristo, sendo uma mulher de grande importância religiosa da época.

Um barulho de coruja pousando na árvore acordou Neiva de suas lembranças. Já estava escuro e ela nem viu quando Pai Seta Branca foi embora. Puxa vida. Ela ainda queria saber quando começariam as aulas com Umahã. Porém, não demorou muito tempo, pois uma semana depois Pai Seta Branca avisou de sua primeira visita ao mestre.

E aos poucos Umahã foi lhe passando todo o conhecimento espiritual que havia adquirido durante sua vivência como monge em sua terra em Lhasa, no Tibete, onde viveu com outros poucos monges até 1979. Neiva se sentia bem ao lado daquele velho monge de aspecto estranho, olhos puxados como os chineses e uma barbicha rala, apesar de muitas vezes se sentir cansada e pouco confortável. Os adeptos do Vale do Amanhecer contam que ela não podia tomar remédios durante esse período e, por isso, sempre adoecia. Também gostava muito de se transportar ao ar livre, debaixo de árvores. Às vezes varava a noite no Tibete, enquanto seu corpo dormia ao relento. Mais ainda. Gostava de fumar seu cigarrinho e sua alimentação sempre foi desregrada. Neiva tinha muito pouco tempo para cuidar de si mesma.

"Raciocínio sem aspereza. Sentimento sem preguiça. Caridade sem pretensão. Conhecimento sem vaidade. Cooperação sem exigência. Devotamento sem apelo. Dignidade sem orgulho. Firmeza sem petulância. Respeito sem bajulice." Estas eram as frases sempre ditas por Umahã e destrinchadas uma a uma durante o longo período de estudos que Neiva teve com o mestre. "Se entenderes estes preceitos e os sentires de verdade, conseguirás ser verdadeira em tudo, pensamentos, palavras e ações. A vontade e o sentido moral iniciam sua obra sem a melodia do fracasso", dizia ele. Também lhe ensinava a diferença entre o bem e o mal nas forças ocultas, a não julgar ou reprovar a conduta dos homens, a não maldizer a poeira da terra, a ter tolerância, interesse e desprendimento pelas crenças daqueles que pertencem a outras religiões e a se libertar dos preconceitos.

Hoje no Vale cada um se preocupa em melhorar como ser humano e a não bisbilhotar a vida pessoal de seu colega adepto – afinal, o que ele faz em casa, longe dos templos, não importa. Porém, um adepto bêbado jamais poderá participar de um ritual dentro do Vale. "Um homem com a mente alterada não dá conta de si mesmo. Umahã estava muito certo quando me disse isso", Neiva falava. E ela sabia muito bem disso, pois já havia vivido o problema do alcoolismo com o marido, que morreu por causa dessa doença.

E cinco anos se passaram, de 1959, quando iniciou o contato com Umahã, a 1964, quando Neiva se formou. Estava capacitada espiritualmente. Agora ela tinha a compreensão e condição de implantar a estrutura compatível para agasalhar as culturas ritualísticas concebidas pelos mentores espirituais e os sistemas técnicos de precisão formalizados no Templo, na Estrela e demais trabalhos. Neiva passa a ser conhecida como Koatay 108: Koatay de originalidade; 108, da quantidade de mantras que facultam o mestrado completo. Já no plano espiritual, Neiva recebeu a consagração. Ela estava orgulhosa, mas com o peito apertado. Sabia a enorme responsabilidade que teria pela frente. A partir de então, Neiva começou a estabelecer as bases conceituais sobre as quais edificaria sua obra, seu universo religioso, e a dar forma e sentido à visão de mundo que seria compartilhada pelos que viam nela a porta-voz autorizada dos espíritos.

O mestre havia ensinado tudo que ela precisava saber para iniciar sua maior e mais longa jornada. Dali para a frente não mais se encontrariam, mas ele estaria sempre presente em tudo que ela fizesse. Durante o último encontro emocionado dos dois, Umahã lhe disse que "cada inteligência se caracteriza pelas atribuições que lhe são próprias. Sentirás que a estrada é longa e que se processa a cada passo, lentamente, pelo chão". Ela tinha apenas a terceira série do Ensino Fundamental, mas dispunha de todo o conhecimento necessário em suas mãos. Mesmo com todos os percalços, Neiva estava preparada.

Ao fim do aprendizado com Umahã, ela adquiriu um problema pulmonar que resultou numa tuberculose que iria incomodá-la para o resto da vida. Por causa disso, foi levada em semicoma certa vez para um sanatório em Belo Horizonte, onde ficou três meses cuidando da saúde. No entanto, a doença que criou em seu corpo jamais a deixaria. Seus cuidados físicos não eram sua maior preocupação, já que passava mais de 18 horas por dia trabalhando. Perde-se a conta das vezes que Gertrudes, ou alguém da sua família, saía atrás dela, onde estivesse, para lhe dar um prato de comida. Neiva sentada onde estivesse, dava umas garfadas, largava o prato e voltava imediatamente para o trabalho, pois havia muitas pessoas no templo à sua espera.

Irmã Neiva, como era chamada entre os seus na Serra do Ouro, havia aprendido muita coisa com sua parceira Mãe Neném, que a iniciou nos estudos do mundo espiritual. Todavia, já estava criando sua própria maneira de ajudar as pessoas a partir dos ensinamentos de seus mentores espirituais e principalmente do mestre reencarnado, o tibetano Umahã. Porém, o grupo kardecista que foi com ela e Mãe Neném para a Serra do Ouro não compreendia muitas atitudes de Neiva, que iam além dos princípios do espiritismo de Allan Kardec. E ela dizia apenas cumprir a missão enviada por Pai Seta Branca.

Seus seguidores acreditaram na missão na Serra por terem tido provas da potencialidade espiritual de Neiva — suas visões, profecias — e da ajuda que dava às pessoas. Todavia, não imaginavam que os objetivos maiores da espiritualidade de Neiva iam muito além do que pregava Allan Kardec. E todo esse desentendimento a deixava confusa e a faria mudar mais uma vez o seu destino. Era o momento de Irmã Neiva seguir seu caminho, fazer a sua própria história. Já Mãe Neném continuaria o seu trabalho como sempre o fez. Com isso chega ao fim a Uesb.

Neiva ia voltar para Brasília. Foi a cidade que ajudou a construir e viu nascer. Ali sempre foi feliz e, mesmo com todas as dificuldades, sempre conseguiu vencer. Além do mais, os espíritos já haviam lhe indicado essa região. Para eles Brasília era a cidade do terceiro milênio. Sua energia especial, sua aura mística, seu tom de recomeço faziam da capital uma região favorável ao desenvolvimento do espiritismo.

Quase todos os estudos sobre a história da construção de Brasília fazem referência ao misticismo nela presente. Misticismo que vem de longe, muito longe. Couto é quem nos explica essa história. Começou lá em 1883, quando o italiano Dom Bosco, na noite do dia 30 de agosto, teve um sonho revelado durante uma reunião da ordem dos salesianos, fundada por ele em 1859. O santo, nascido em Becchi, no Piemonte, em 1815, naquela noite foi arrebatado por anjos e viajou com eles em sonho, que parecia ser uma visão. Durante a viagem passou por uma região onde viu surgir uma grande civilização onde Brasília está hoje.

Couto, que foi governador de Brasília no início de 1985, conta que Juscelino, ao saber dessa antiga profecia, sentiu que era mais um sinal de que Brasília deveria ser feita. JK se apegava a todos os motivos que lhe davam a certeza de que faria o certo.

Coincidência ou não, o fato é que após séculos de sonhos e objetivos concretos de se construir Brasília, o tempo propício conspirou a favor de Juscelino. Isso porque desde quando o país ainda era uma colônia portuguesa, se pensava na interiorização e, conseqüentemente, na mudança da capital para esta região.

E assim, mesmo contra os constantes ataques da política de oposição, do Rio de Janeiro, da imprensa, dos formadores de opinião e da sociedade, Brasília foi criada. Após mais de 160 anos de discussão, desde a Inconfidência Mineira, JK encontrou momento mais que propício. Ele não podia perder essa oportunidade.

Após a realização dos trâmites necessários para aprovação do projeto de construção de Brasília, em 1956 é sancionada a lei número 2874, sendo o DF definido com área da ordem de 5,8 mil km², o governo autorizado a estabelecer e construir o sistema de transporte e comunicações e a constituir a Novacap, incumbida do planejamento e execução dos serviços de construção de Brasília, empresa onde Neiva trabalhou a convite de Bernardo Sayão.

Falanges missionárias

Uma mulher magra e frágil. Assim parece ser Zélia Vilarinho à primeira vista, com seus cabelos curtos, encaracolados e castanhos avermelhados e a pele morena da cor de jambo. Tem os olhos esverdeados, tristes e um pouco caídos, que contrastam com sua suavidade e seu sorriso aberto, frouxo, espontâneo, como os de uma criança.

A rua de sua casa, que fica dentro do Vale do Amanhecer, no alto do morro, depois do Solar dos Médiuns, não é asfaltada, assim como parece que até hoje Zélia não encontrou um chão firme para pisar. É feliz, mas a cicatriz entre seus peitos são como tatuagem, o desenho representativo de uma dor existente e sempre presente. O corredor de entrada da casa é de cimento.

Na sala há dois sofás de couro sintético bege, cada um encostado em paredes opostas, cinzas e desbotadas. Na parede, apenas um relógio de plástico imitando madeira em modelo antigo e, embaixo do ponteiro, um desenho de praia. Ao lado de um dos sofás, onde agora está deitada sua única filha, Rafaela, de 21 anos, morena, de cabelos grandes e encaracolados e aparelhos nos dentes, há uma estante pequena onde estão a televisão, o videocassete e várias caixinhas desenhadas em colagem de pequeninas miçangas coloridas.

No outro sofá estamos eu e Zélia conversando enquanto vejo sua filha assistir a um desenho. Diferente de outras filhas de mães adeptas do Amanhecer, Rafaela não se integrou à Doutrina e preferiu seguir o kardecismo. "Eu acho que ela não deve mesmo entrar para o Vale agora, ainda não é o momento. Ela é jovem e precisa adquirir outras experiências para compreender o valor da nossa doutrina", Zélia explica. A filha, ao ouvir seu nome sendo colocado na conversa, inicia um diálogo com sua mãe:

— Eu acho importante o que é feito no Vale do Amanhecer, mas as pessoas aqui não estudam.

— Estudamos, sim. Temos as aulas introdutórias durante sete domingos antes de sermos efetivados na Doutrina. E a iniciação, o mestrado.

E ela tem razão, sim. Segundo Marcelo Reis, historiador e adepto da doutrina, assim que uma pessoa se torna adepta, ou porque se interessou e pediu para se integrar ao Vale, ou porque alguma entidade incorporada o convidou quando esteve em algum ritual como paciente, ela recebe dos mestres instrutores o desenvolvimento doutrinário durante sete domingos. Neste período será revelada a mediunidade do adepto, que poderá ser de um apará ou de um doutrinador, as duas únicas faculdades mediúnicas necessárias para a prática dos rituais do Vale do Amanhecer.

Ao fim do desenvolvimento inicial, o adepto é emplacado, ou seja, recebe uma identificação pessoal que será usada sempre em sua indumentária de trabalho. Se o adepto for um apará, na sua identificação terá seu nome, a sua mediunidade e o nome da entidade espiritual responsável por seu desenvolvimento, que se manifesta por meio de sua mediunidade.

Se ele for um doutrinador, na placa aparecerá seu nome, sua mediunidade e o nome da princesa doutrinária escolhida por ele, de acordo com a que se adequar mais à sua história atual e de outras reencarnações. Ela o acompanhará sempre em seus trabalhos e na sua vida pessoal.

Segundo o historiador, essas entidades espirituais que irão acompanhar os adeptos, também chamadas de mentores, são responsáveis por salvaguardar a trajetória dos religiosos. Eles assistem o médium e sua vida e com ele trabalham em suas linhas mestras. Além dos mentores, os médiuns têm também seus guias espirituais que trabalham especificamente na execução da mediunidade.

Os adeptos também podem escolher a que falange vão pertencer. As falanges missionárias que se organizam em função da missão dos mestres e ninfas dentro do Vale são: Nityamas, Samaritanas, Gregas, Mayas, Magos, Príncipes Mayas, Yuricys Sol, Yuricys Lua, Dharman Oxinto, Muruaicys, Jaçanãs, Arianas da Estrela Testemunha, Madalenas, Franciscanas, Narayamas, Rochanas, Cayçaras, Tupinambás, Ciganas Aganaras, Ciganas Taganas, Agulhas Ismênias, Niatras e Aponaras.

Cada falange tem sua área de atuação específica, que busca determinadas energias no plano astral para uma única finalidade: servir a humanidade. São especialidades que existem no mundo espiritual e que se refletem no plano físico, formando assim a "Hierarquia do Mestrado". As falanges missionárias são escolhidas por afinidade, como a Samaritana, que Zélia escolheu. Além disso, cada falange tem uma líder que se torna responsável pelo grupo. Essa ninfa tem a tarefa de controlar as escalas de trabalho nos rituais, a admissão de novas componentes, o cuidado com as indumentárias. Ou seja, ela controla e zela pela organização da falange que dirige.

Em seguida o adepto passa pela iniciação Dharman Oxinto, que significa Caminho de Deus. Nesta etapa o adepto vai adquirir a conscientização evangélica e, a partir de então, se tornará responsável por tudo que realizar durante sua jornada. Está também preparado para realizar vários trabalhos no Templo do Amanhecer.

E Zélia continua:

— Ao ingressarmos no Vale do Amanhecer somos preparados pra nossa caminhada. É o princípio da conscientização na busca de nós mesmos. É quando são repassados muitos dos ensinamentos deixados por Tia Neiva, aprendemos a lidar com a nossa nova condição, a de médiuns.

— Sim, mas não são todos que fazem isso, mãããããe. Você é uma exceção. A maioria aqui não lê, não se atualiza, só faz o que é obrigação. Só vivem na prática. Muitos precisam de um empurrão constante que aqui não têm.

— Não é verdade. Pois nosso conhecimento não termina aí. Depois tem outras etapas de aprofundamento que o adepto pode fazer pra se especializar e até ter mais responsabilidade.

Marcelo Reis conta que se o médium quiser pode continuar se aperfeiçoando, fazendo novos cursos. Isso porque depois de iniciado ele poderá ter aulas para a Elevação de Espadas, que é "o cruzamento de forças iniciático-evangélicas que projeta no médium, somando-se às forças recebidas no desenvolvimento e na iniciação". A partir desse estudo ele já está mais preparado para assumir a condução de alguns rituais.

A Centúria vem a seguir nas etapas de aperfeiçoamento do adepto dentro da doutrina. Durante esse período são ministradas aulas bem mais aprofundadas, em que o médium conhece suas faixas transcendentais, ou faixas cármicas.

Depois da Centúria vem o curso de sétimo Raio, a capacitação final do médium, quando será chamado de mestre. Tudo que aprende durante toda essa trajetória aplica nos trabalhos em prol dos irmãos que necessitam, tanto encarnados quanto desencarnados.

E Rafaela retruca:

— Mas poucos continuam esse processo. São poucos com alta hierarquia.

— Mas o amor, o auxílio e a caridade ao próximo não são mais desenvolvidos com o estudo e sim com a prática. Não é o esclarecimento que faz essas pessoas ajudarem o próximo.

— Mas elas têm uma responsabilidade. Precisam saber o que estão fazendo. E com estudo é mais fácil esclarecer uma questão, entender o que um paciente está passando.

— Eu já vi caso de pessoa aqui que você nem consegue conversar, pois a pessoa é ruim pra falar, gagueja, perde as palavras, não entende direito o assunto. Mas essa mesma pessoa em um ritual, como apará, você não acredita. Fala com desenvoltura, explica tudo ao paciente. Daí você percebe que não é a mesma pessoa. E é só o que esse adepto precisa fazer, ser um instrumento para que os espíritos desenvolvidos possam ajudar um cliente ou um espírito obsessor aqui na Terra. Da mesma forma é o doutrinador. Ele só precisa ficar atrás do apará e controlar suas ações e reações, saber mediar uma consulta, esclarecer as dúvidas. E isso ele aprende com a prática.

— Não gosto de fazer as coisas sem consciência do que estou fazendo. Acho que a experiência deve caminhar junto do estudo. A grande maioria aqui não é assim.

— Mas você nem conhece direito ainda. Por isso que eu digo que tem a hora certa para entrar pro Vale. É preciso conhecer outras religiões antes pra saber o que quer realmente de seu lado espiritual.

Da cozinha, à qual eu ainda não fui apresentada, vêm um cheirinho gostoso de almoço e o som do arrastar do chinelo, o barulho da colher mexendo nas panelas, a batida das portas dos armários se fechando. Vêm também o tilintar dos talheres sendo tirados da gaveta, o chuá chuá da água jorrando da torneira. Minha barriga começa a roncar após duas horas e meia de conversa e aquele cheiro inebriante que me levava voando em direção ao seu encontro, como nos desenhos animados que Rafaela voltou a ver após aquele diálogo. E Zélia, como se tivesse percebido a direção dos meus pensamentos, gritou:

— Ivaniiiii. Venha se apresentar. Até agora você não saiu dessa cozinha.

— Quem é ela? — perguntei.

— É minha companheira.

E lá vem uma mulher aparentando ter uns quarenta e poucos anos, de cabelos curtos e brancos, olhos azuis e sorriso sincero e jovial. Me abraça e pergunta se estou com fome, pois já já a comida ficará pronta e parece boa, apesar de não ter sido feita pela Zélia, famosa pelo seu tempero.

À medida que converso com Zélia percebo que sua fragilidade é apenas física. Ela batalha para viver com sua doença incurável, a miastenia grave, que lhe causa limitações, mas não a impedem de tentar ser feliz. E pergunto:

— Você considera sua doença um carma em sua vida?

— Sim. Antes de reencarnar fazemos nossas escolhas, que serão as ações que teremos aqui na Terra para conseguirmos nossa evolução.

— Mas por que sempre temos de evoluir com dor e sofrimento?

— Antes de encarnarmos fazemos nossas escolhas, e nós mesmos é que tornamos elas difíceis. Nós complicamos as coisas. Quando viemos ao mundo como seres físicos temos a condição de escolher fazer bem ou fazer mal, vivemos e nunca somos advertidos por isso, a não ser pela vida que nos oferece de acordo com o que plantamos. Ao desencarnarmos, voltamos aos planos espirituais e nos vemos diante de tudo que esquecemos para trás. 97% do que fomos fica como faixa transcendental, o carma, levamos conosco apenas 3%. E assim temos que voltar, recolher e consertar o que desarrumamos por não saber amar. É como numa escola quando passamos de ano com dependência e temos que refazer o que deixamos pra trás. Eu escolhi ter essa doença pra refazer algo errado do passado. Poderia ter lidado com ela de uma forma mais equilibrada, mas preferi ficar nervosa, agressiva com as pessoas, intransigente. Ser doente me causou vários transtornos, dificuldades. Sofri muitos preconceitos.

Zélia é funcionária aposentada do Ministério da Justiça, onde realizava o trabalho de auxiliar administrativo. Durante os oito anos que trabalhou lá, antes de ser aposentada por invalidez, Zélia teve várias crises da doença. Mais de uma vez passou por momentos constrangedores, como quando perdeu a força do corpo dentro do banheiro e teve de esperar alguém tirá-la de lá porque não tinha forças para andar. Outra vez foi pega andando de quatro pelas escadas ou falando de forma lenta e enrolada, com os olhos caídos. Chegaram a falar mal dela pelas "rádios corredores" do ministério, pois achavam que ela era alcoólatra. Outras vezes, por preconceito, não davam valor ao seu trabalho. Por tudo isso, Zélia muitas vezes brigou, lutou por seus direitos. Até quando não precisava estava sempre na defensiva.

Segundo ela, a miastenia é uma doença genética que se caracteriza por fraqueza acentuada que aparece depois do exercício físico ou mesmo no final do dia, causando a fadiga. Acontece em virtude da produção de anticorpos contra o próprio organismo, mais precisamente contra uma estrutura do músculo chamada de receptor de acetilcolina, que é a região em que o nervo se liga ao músculo. As pessoas mais atingidas por essa doença são as mulheres, com tendência a aparecer entre 20 e 35 anos. "A doença aparece de várias formas. Ela pode gerar fraqueza nos braços, pernas, de tal jeito que você não consegue andar nem segurar nada. Outras vezes você não consegue mastigar e engolir. Também temos falta de ar e a voz fica lenta e embolada. Na face, a miastenia causa queda das pálpebras e visão dupla. Veja como até hoje meus olhos são caídos. Mas já foi pior. Algumas pessoas têm um desses sintomas. Já eu tenho todos eles."

Zélia tem a forma generalizada da doença. Por isso, teve que fazer uma cirurgia para retirada do timo (glândula que fica na parte superior do tórax e que controla a produção dos anticorpos), que lhe deixou uma cicatriz entre os peitos. De quando em vez também tem de tomar remédios específicos e vários cuidados, como não fazer esforço físico, não se expor muito ao calor e não sofrer alterações emocionais.

— E seu quadro melhorou depois que você entrou para o Vale do Amanhecer? — pergunto.

— Aqui não fazemos milagres. Nenhum paciente se cura de um dia para o outro. Aqui ninguém se levanta da cadeira de rodas ou joga as muletas pro alto e sai andando durante um ritual. Aqui ajudamos um paciente a se curar espiritualmente, a amenizar e a lidar com as doenças causadas por um espírito obsessor, que são muitas. Há casos que não cabe a nós resolver, mas damos alento às pessoas e ajudamos a entender melhor sua missão aqui na Terra. Eu não me curei da miastenia. É uma doença genética que não tem cura. Mas estou aprendendo a lidar melhor com ela. Estou mais em paz, mais tranqüila, mais controlada. Hoje as crises diminuíram, são menos constantes. Sempre faço trabalhos de prisão que me ajudam a me livrar de espíritos obsessores que me deixam mais nervosa, descontrolada, essas coisas.

— Então o Vale do Amanhecer é a parada final em sua longa caminhada.

— Já esteve dentro de um tambor vibrante e cheio de água? Já massageou seu corpo dentro de uma piscina? Aquela vibração? É o que eu senti e continuo sentindo toda vez que participo de algum ritual dentro do Amanhecer. Eu sinto a energia, ela me abastece e me faz acreditar no trabalho deixado pela Tia. Essa mulher é uma pessoa muito especial, uma pena que muita coisa tenha ido embora com ela. A essência ainda existe, mas a magia acabou.

— Por quê?

— Por causa da ganância, do poder e porque o ser humano é o que é. Neiva era a pessoa que levava todos pro bem. Ela contaminava com seu amor. Vou te mostrar nos filmes que tenho o quão simples e poderosa ela era.

O vídeo que assistimos é uma coletânea de entrevistas jornalísticas feitas com Neiva sobre seu retorno a Brasília e sobre a construção do Vale do Amanhecer. Foi quando fiquei sabendo que, em 1964, Irmã Neiva e seus partidários se separam de Neném e vão para Taguatinga, cidade-satélite próxima de Brasília. É o fim da União Espiritualista Seta Branca (Uesb) e o começo das Obras Sociais da Ordem Espiritualista Cristã (Osoec), fundada em junho do mesmo ano.

Neiva e seu grupo se instalam provisoriamente em terreno cedido por um colega dos tempos em que trabalhou em Brasília como caminhoneira. Enquanto ela cuidava de seus filhos, com a ajuda da afilhada Gertrudes, e das crianças abandonadas do orfanato, e de suas crianças que eram deixadas em sua porta desde lá da Serra do Ouro, seus mentores espirituais e seus seguidores a ajudavam a procurar algum lugar definitivo para viver e instalar os templos e tudo que precisava para realizar seu trabalho aprendido com Umahã, Pai Seta Branca e Mãe Yara durante os cinco anos em que ficou na Serra do Ouro.

Foi nesse ano que Neiva conheceu uma pessoa que mudaria para sempre sua história pessoal e a da doutrina que estava se iniciando. Era Mário Sassi, que se tornaria o futuro intérprete e decodificador da doutrina do Vale do Amanhecer e parceiro dela consagrado pelos planos espirituais. Aos poucos foi entrando para a doutrina e tomando lugar ao lado dos doutrinadores e acabou desempenhando papel vital na concretização da doutrina. Era o decodificador das ações e missões de Neiva. O sustentáculo intelectual e aura científica.

Em 1969, Neiva, Mário e adeptos já tinham em mente um lugar aproximado pelas previsões dos mentores espirituais. Seria nas proximidades de Planaltina, outra cidade-satélite do Distrito Federal. Eles aproveitaram um fim de semana para descansar um pouco dos trabalhos e fazer um passeio pela região para ver o que encontravam. Entraram em uma região nos arredores, quando Neiva olhou aquela imensidão de terra batida no meio do cerrado e seu coração palpitou.

No mesmo instante, mais lá na frente da pista em que se encontravam, Tiãozinho, espírito encarregado de ajudá-la a encontrar um lugar para criarem a doutrina de Pai Seta Branca, conhecido como engenheiro sideral que compunha a espiritualidade maior da doutrina, tentava se comunicar com Neiva. Havia encontrado o local. Quando conseguiu lhe avisar, ela já estava no local onde seria o portão de entrada do Vale do Amanhecer.

Era a fazenda Mestre D'armas, de propriedade de Francisco M. Guimarães, que havia autorizado a ocupação do terreno de 22 alqueires goianos, aproximadamente um milhão de km². Ao redor só mato e as formigas, saúvas e seus formigueiros. Não sabia como começar. A clarividente olha ao redor daquela imensidão de terra e se desespera. Só conseguiu ver uma região inóspita, seca, sem água, sem luz, simplesmente nada. Tiãozinho, como que lendo seus pensamentos, disse para não se preocupar, pois ele iria ajudá-la em tudo que fosse necessário.

Assim, durante dias e dias os adeptos acompanhavam Neiva na divisão do terreno para a construção dos templos, da Casa Grande, do orfanato. E cada dia mais confirmavam o poder daquela mulher. Era inacreditável para eles, mas Neiva estava desenhando com um galho de árvore os locais onde seriam realizadas as construções. Ela era guiada por Tiãozinho, que só ela via, e que lhe mostrava com o dedo onde ela devia riscar o traçado no chão.

Enquanto viajamos nos vídeos que contam a história de Tia Neiva, ali no escritório da casa de Zélia, ouvimos a sirene, que nos acorda e faz voltar para o mundo. É a sirene que toca lá nos templos, avisando que vai começar novo ritual. Zélia precisa se arrumar, pois está escalada para o próximo, que já vai começar. Ela veste a indumentária de sua falange missionária. Diz que não é sempre que sai de casa vestida, pois tem medo de ser agredida verbalmente por pessoas de outra religião já existente no Vale do Amanhecer.

Hoje em dia a comunidade ao redor do Vale cresceu, ao contrário do que pretendia Mário Sassi e Tia Neiva, e virou uma cidade-satélite, com comércio, escolas, praças, linhas de ônibus, quadra poliesportiva comunitária, posto policial, área de lazer, cinco mil eleitores e várias instituições religiosas.

Despeço-me de Ivani e de Rafaela e acompanho Zélia até o Solar dos Médiuns. Nos separamos no meio do caminho. Enquanto ela se aproxima de seus colegas, que estão sentados embaixo de uma árvore esperando dar 14h30 para o ritual começar, eu saio para fotografar e passear nos locais onde o turista pode ficar. Vejo de longe ela assinando o caderninho de um prisioneiro. Ela tem um olhar distante.

Aquele sentimento maior

O domingo de 15 de novembro de 1985 acordou silencioso no Vale do Amanhecer. O sol iluminava o caminho daqueles que vinham dos quatro cantos do Brasil para vivenciar aquele momento único. E brilhava intensamente. Parecia querer substituir uma outra luz que se ofuscara. Dentro do Templo do Amanhecer, a escuridão era propícia para aqueles que ali dentro sentiam a perda da grande mãe. Todos queriam ver pela última vez aquela mulher tão especial, que abriu mão de sua vida profissional, de suas crenças religiosas, de laços familiares mais intensos e de todo e qualquer preconceito para cuidar das pessoas e prepará-las espiritualmente para o terceiro milênio.

Neiva Chavez Zelaya morrera há poucas horas, aos 60 anos de idade, de insuficiência respiratória. Nos últimos anos vivia apenas com um terço de um pulmão e diretamente ligada a uma máquina de oxigênio. Chegava a consumir dois litros de ar por hora. Mas trabalhou até quando pôde, cuidando de suas mais de trezentas crianças órfãs, recebendo os pacientes com problemas espirituais, espíritos obsessores que ainda estavam na Terra, a mídia, os turistas e os curiosos. Falava com dificuldade, pausando para respirar. Mas a força de seu olhar era a mesma, e era o que movia aquele lugar.

Ao redor de seu corpo deitado, os quatro homens que iriam sucedê-la na hierarquia maior do Vale: Mário Sassi, seu companheiro, Michel Hanna, Nestor Sabatovicz e Gilberto Zelaya, seu filho, olhavam-na calados. Mesmo preparados por ela, sabiam que seria uma missão hercúlea comandar aquela doutrina. Nos últimos anos de vida adeptos de todo o país já discutiam o destino daquela religião sem Tia Neiva. Cada um chutava a sorte de quem iria substituí-la, de quem iria assumir a responsabilidade por essa gente. Muitos achavam que seria Carmem Lúcia, sua filha mais velha, que já se preocupava com o que esperavam dela e de toda a família após a morte da mãe.

Ao som de choros e lamentações também estavam presentes os outros filhos, netos, parentes e amigos mais próximos, que acompanhavam a fila de adeptos que circulava pelo local elipsoidal para vê-la e se despedir. O velório durou sete dias para que pessoas que vinham de longe pudessem ter um último contato, ou talvez o primeiro. Muitos adeptos nunca a tinham visto, muitos até a evitavam, sentiam medo daquela mulher inexplicável. Porém, nutriam por ela um respeito enorme, afinal, o seu poder era nítido. Sua clarividência, única.

Meticulosa, cuidadosa, perspicaz. Assim os adeptos dizem ser a mulher que foi capaz de pensar, nos mínimos detalhes, em tudo que pudesse vir a acontecer após sua morte, como uma mãe que prepara o filho para a vida, lhe advertindo a todo momento sobre as coisas que vai encontrar e lhe ensinando a se comportar diante das dificuldades. "Todas as mães são assim; carregam em seu instinto a percepção do que é preciso ensinar, sobre o que é preciso ser passado aos filhos para que eles se tornem homens realmente fortes, guerreiros e sábios", conta a adepta Zélia Vilarinho.

No começo da tarde, seus filhos e amigos colocam o caixão com o corpo de Neiva em um carro e seguem em carreata para o cemitério de Planaltina, onde seu corpo material será guardado. A estrada fica engarrafada. O tumulto é grande. Todos querem acompanhar o cortejo fúnebre. É um momento único, definitivo, uma despedida, afinal, os adeptos não costumam "endeusar" restos mortais.

O contato que ficará é o espiritual, e seus escritos, suas fotos, suas palavras, a forma de se vestir, suas falas e tudo que trouxe dos planos espirituais. A adepta Zélia explica que "O espírito é a nossa transcendência, são as nossas idéias, os nossos pensamentos. E isso é a contribuição que damos ao mundo, por isso nunca morremos. Realmente morremos quando nada deixamos de construtivo e assim temos de voltar para arrumar o que quebramos. Mas quando nada quebramos permanecemos vivos na essência do que fomos e seremos sempre guardados no coração daqueles que estiveram conosco em uma jornada, tendo os exemplos que deixamos sempre relembrados e os caminhos por onde percorremos sempre refeitos pelos que nos seguem e nos amam".

Quem a acompanhou em vida diz que em nenhum momento ela se sujeitou a sentimentos como o orgulho, o ciúme, a inveja, a maledicência. Jamais usou indevidamente sua magnitude diante de Deus (mediunidade), não se corrompeu ao falar em nome de Seta Branca, não desrespeitou nenhuma pessoa que se aproximou. "Allan Kardec ensina que devemos observar a obra, para analisarmos o espírito. Porque é através da obra que poderemos discernir se um espírito merece ou não nossa credibilidade. E a obra de Tia Neiva está aí para que todos nós possamos consagrá-la como grande em sua mediunidade", enfatiza a adepta Zélia.

No entanto, alguns adeptos acreditam que muita coisa mudou após a morte de Tia Neiva. Que seus ensinamentos estão se perdendo no meio de um emaranhado de conceitos desvirtuados, preconceitos, desvios ideológicos, interesses de poder. Sentem, ainda, que aquela magia que existia com ela já não existe mais. Outros sentem sua presença espiritual em todos os cantos do Vale.

Mas todos acreditam que seu trabalho primordial continua sendo realizado. No Vale do Amanhecer energias são manipuladas e utilizadas nas pessoas que passam por lá todos os dias com angústias, doenças, vícios. Gente de todas as classes aparecem, do pobre ao rico, do semi-analfabeto ao juiz. Não cobram nada, não exigem nada do paciente. "O auxílio espiritual não escolhe pessoas", dizia Mário Sassi.

E assim, o sol já dava seu adeus à Tia Neiva, deixando sombras de tristezas e alegrias. Enquanto isso, a lua chegava e se embrenhava envergonhada em meio à multidão para ver o caixão que descia em busca de um recomeço. Sim, Neiva iria olhar por eles, agora de um outro lugar. E com a certeza de que fez o melhor que pôde e com a expectativa de que seus filhos jaguares continuassem em sua missão, ou seja, preparar a humanidade para o terceiro milênio. Em sua concepção milenarista, os deixou preparados para o surgimento de uma nova civilização que será vivida em Capela, planeta de onde saíram para cumprir seus carmas, e para onde voltarão, já evoluídos, para viver a felicidade, a justiça e a bem-aventurança.

Hoje o Vale do Amanhecer é comandado pela família de Tia Neiva, seus sucessores legais. Os filhos dela são Trinos Presidentes que decidem, auxiliados por um Conselho de Trinos, os rumos da corrente. Os Templos do Amanhecer existentes pelo mundo – são mais de trezentos mil membros cadastrados em quinhentos templos espalhados pelo Brasil, Japão, Bolívia, Estados Unidos, Alemanha, Itália, Portugal, Uruguai – são administrados por presidentes que devem manter os postulados doutrinários e a disciplina deixados por Tia Neiva. Todos os templos, sem exceção, devem obediência à Coordenação dos Templos do Amanhecer do Distrito Federal, de onde emanam as diretrizes doutrinárias.

Após mais de vinte anos da morte dela o Vale do Amanhecer continua firme e tende a desenvolver-se muito mais neste novo século, à medida que a consciência do homem se expande. Os adeptos seguem com a doutrina até que a missão seja concluída e eles possam voltar para Capela. Hoje, após mais de quarenta anos de existência da doutrina seus adeptos tentam se manter coesos em torno da manutenção da solidariedade germinada um dia pela líder.

Já eu fico aqui tentando imaginar Capela, mas não o vejo objetivado em meu mapa mental. Talvez porque só consigo senti-lo, como se Capela fosse mais que um lugar específico, mas sim o momento futuro em que o ser humano alcançará um estilo de vida mais holístico e ecumênico. O momento em que ele passará a entender melhor o meio ambiente e as conseqüências da sua degradação, tornando-se mais responsável; a conhecer como funciona o seu corpo e por que muitas vezes ele fica doente; a compreender por que existe o arco-íris e por que o céu é azul, e ainda assim não perder o encanto e a poesia; a acreditar que o amor, no fim das contas, é o sentimento maior que faz a vida ter um sentido. O momento quando ele perceber que o sagrado é um princípio unificador, um estado de ser e de se relacionar com o mundo onde a presença de uma energia divina está em tudo e em todos.

Vidas em concreto

PALOMA LOPES

Quando estás vestida
Ninguém imagina
Os mundos que escondes
Sob as tuas roupas.

MANUEL BANDEIRA

Os olhos se curvam para a grandiosa estrutura em forma de curva. De dia, o cinza do concreto contrasta com as cores da vida. De noite, as luzes de cada universo particular se contrapõem à escuridão de um céu de poucas estrelas. Assim, sem entrar e explorar, sem mergulhar neste mundo vertical, parece irresistível especular sobre seu interior: quantas pessoas, quantas casas, quantos sonhos e histórias. A fachada é imponente: sinuosa, feminina, sensual. Atrai as vistas de quem passa, como aquelas mulheres que desfilam pelas ruas e avenidas e ostentam seios fartos e coxas definidas, chamando a atenção dos marmanjos de plantão. "Fiu, fiu", eles entoam – como passarinhos. Se o Copan fosse um ser humano, certamente seria mulher. E sem sombra de dúvidas ganharia milhares de assobios maliciosos.

Tem de tudo

O estado de contemplação que, até então, imperava do lado de fora, agora é subitamente interrompido por cores, imagens, aromas e sensações. Lojas, lojas, lojas, padaria; lojas, lojas, lojas, salão de beleza; lojas, lojas, lojas, videolocadora; lojas, lojas, lojas, igreja – e evangélica, vale dizer. Ah, e também tem restaurantes. Vários. Pizzaria, comida chinesa, *self-service* por quilo. Tem de tudo. As pessoas que circulam pelos extensos corredores cor-de-nada também atraem os olhares. Cidade grande, capital. Gente de todo tipo: magra, gorda, com cabelo engomado, com cabelo em pé. São Paulo, onze milhões de habitantes. Centro histórico, mais precisamente Avenida Ipiranga, nº 200. Edifício Copan, com CEP próprio e exclusivo, designado pela Prefeitura Municipal de São Paulo.

Na calçada, posicionada bem no meio das duas entradas desta cidade vertical, uma banca de jornais comercializa, entre jornais (claro!), revistas, livros de bolso e chocolatinhos, diversos cartões-postais da cidade de São Paulo. Muitos deles estampam a forma sinuosa da famosa fachada, projetada pelo arquiteto Oscar Niemeyer.

A imensidão do concreto armado, vista de baixo, parece querer atingir o céu, e a cor cinza, em conjunto com o reflexo de enormes janelas de vidro, parece proteger as almas que ali habitam. O Copan é um universo à parte: Águas de São Pedro, cidade do interior de São Paulo, possui cerca de dois mil habitantes; Buritizal, outra cidade do Estado, tem uma população estimada em pouco mais de 3.500 mil pessoas. Isso, só para citar algumas. O fato é que neste cartão-postal chamado Copan, cinco mil seres humanos se dividem entre os 1.160 apartamentos do condomínio.

Ao contrário de grande parte dos municípios, porém, que separa os indivíduos economicamente pela localização de suas residências, o Copan possui moradores que recheiam a maioria das classes sociais. Cidadãos ilustres e pessoas comuns; pobres e ricos; trabalhadores e desempregados: ali, tudo cabe; ali, tudo vale. São seis blocos – do "A" ao "F", que possuem apartamentos dos mais variados – minúsculos, pequenos, grandes e enormes. Plínio Marcos, Cauby Peixoto, Mika Lins, Maria Carmina Braga Fusco, Affonso Celso Prazeres de Oliveira. Uns já viveram, outros ainda vivem. Uns são famosos, outros são como eu e você.

"É tipo uma galinha, que bota seus pintinhos embaixo das asas." Dona Carmina, cujos olhos azuis cor de piscina não são menos chamativos do que seus mais de 120 quilos, deixa claro que ama o lugar onde vive. De lá de cima, espia o mundo aqui embaixo. "Quero morrer aqui." Moradora do bloco "B" – constituído apenas por apertadas quitinetes, de 29 metros quadrados –, a senhora de "pouco mais de 70 anos" vive no edifício há quase uma década.

A porta de seu apartamento, localizado no 12º andar, durante o dia vive escancarada – uma maneira de Carmina estabelecer contato com o mundo exterior, já que só sai de casa em situações extremas. "Não saio, não desço", diz. O motivo? O peso. "As pessoas zombam, né, minha filha?" E o lar fica assim, aberto, convidativo para uma tarde de conversinhas daquelas gostosas, com bolo e café preto. Basta estar lá por alguns instantes para ouvir vozes que vêm de fora e musicalizam frases como "oi, dona Carmina", "como vai a senhora?", "e a saúde?". Nem parece São Paulo, cidade cheia de pessoas apressadas e independentes. Nem parece um prédio. Em certos momentos, o Copan mais se assemelha mesmo a uma cidadezinha daquelas onde todo mundo se conhece e deseja "bom dia" quando passa na rua.

O bloco onde vive dona Carmina, o "B", é o mais populoso e aglomera mais da metade dos apartamentos do Copan. Os corredores são extensos, frios, escuros. Parecem túneis. Os moradores são dos mais diferentes níveis sociais, culturais e econômicos. Como não há interfone, o visitante que pretende se dirigir a algum dos apartamentos tem que deixar nome e RG na portaria do bloco. Na hora de subir, ou de descer, provavelmente passará um certo tempo aguardando pela chegada do elevador. Há congestionamento, sobretudo nos horários de *rush*: começo da manhã e final da tarde.

Esse tipo de dor de cabeça, porém, não é uma característica de todos os blocos. Os que possuem apartamentos maiores, como o "C" e o "D", por exemplo, praticamente não enfrentam o problema. Afinal, a demanda de moradores é bem menor – a não ser que a máquina enguice ou aconteça qualquer outra mazela que só quem vive em um prédio antigo é capaz de entender.

Criador e criatura

"O aprendizado da arquitetura não se deve limitar à arquitetura propriamente dita, mas invadir todos os setores da cultura que se entrelaçam e se completam." A frase é do mundialmente conhecido Niemeyer, autor do projeto inicial do Copan. Comunista declarado, o *pop star* da arquitetura costuma afirmar que sua meta, quando projeta alguma obra, é servir a sociedade igualmente, sem distinção de classes.

O projeto é datado de 1952, porém as obras começaram um ano depois, quando a prefeitura concedeu o alvará de construção. Inicialmente, a idéia era levantar um centro turístico nos moldes do Rockfeller Center, em Nova York – o Copan teria hotel com seiscentos apartamentos, salões, restaurantes, lojas, cinema e teatro para 3.500 mil pessoas, além de uma área residencial com novecentos apartamentos.

Após o início das obras, porém, modificações no projeto passaram a ser constantes, para desagrado do arquiteto criador, que então resolveu abandonar o projeto. Hoje, somente a forma sinuosa da fachada é atribuída à Niemeyer; todo o resto é de autoria do também renomado arquiteto Carlos Lemos.

Diz a lenda que o Copan é um assunto considerado tabu para o criador de Brasília. As más línguas contam que ele demonstra extrema repulsa à obra e afirma por aí que, se tiver que passar perto do edifício, desvia o caminho. Conversar com ele sobre o assunto? Impossível: sua secretária pessoal provavelmente já sabe da crise entre criador e criatura e faz voz de pouco-caso quando fica a par de que o assunto a ser tratado é o renegado Copan. Sábias más línguas!

Chama o síndico

Foi-se aquele tempo em que viver no centrão de São Paulo era coisa pra gente sem classe ou sem grana, quando o período de decadência assolou a região – sobretudo no final da década de 1970 e início da de 1980. Na época, o Copan afundou junto e se tornou lar de prostitutas, travestis e traficantes. Clientes faziam filas nos corredores em busca de prazer. A maioria dos moradores era de inquilinos, muitos apartamentos estavam vazios e diversos síndicos tentaram "botar ordem na casa". Em vão.

Nos anos 1990, porém, eis que surge *Seu* Affonso, o homem "linha-dura" que inicia um movimento de revitalização do edifício, juntamente com o processo de valorização do centro histórico encabeçado pela administração municipal de São Paulo. O atual síndico, que vive no Copan há mais de quarenta anos e está no cargo há mais de uma década, é uma espécie de prefeito dessa cidade que está dentro de outra.

Detestado por uns e venerado por outros, *Seu* Affonso – um homem bem-aparentado, dono de cabelos brancos e pele morena – vive pra lá e pra cá. Às vezes circula com um colete à prova de balas. "Não, minha querida, não direi o motivo. Só explico uma coisa: preciso andar assim em algumas ocasiões."

Pudera. O síndico do Copan administra todos os problemas: briga de vizinho, elevador quebrado, falta de luz, falta de água. "Eu uso como princípio assim: se você quer morar aqui, pouco me importa se é travesti, prostituta ou ladrão; se vem pra morar e faz disso a sua casa, então é bem-vindo. Mas aqui tem uma disciplina, e é militar, não se admitem deslizes; esses deslizes custam caro, às vezes um salário mínimo ou mesmo a retirada do morador."

Torre de Babel

Gente de todos os jeitos, de todas as profissões, de todos os gostos. Mar de gente – com direito a ondas. Além dos cerca de cinco mil moradores, pessoas que circulam pela Avenida Ipiranga também usufruem do espaço comercial localizado no andar térreo do Copan – sem contar os cerca de dois mil cachorros que desfilam pelo local, na maioria das vezes no colo de seus donos, obviamente – afinal, *Seu* Affonso foi bastante claro quanto à "disciplina militar".

A babel de material humano característica do Copan, portanto, revela o microcosmo que é esta cidade dentro da outra, refletindo a lógica social. Por isso, o edifício pode ser definido como uma espécie de espelho da sociedade brasileira, devido à diversidade ímpar. Eis uma atraente dualidade: de fora, todos vivem atrás da mesma fachada; de dentro, as diferenças se delimitam quando os moradores entram em um dos vinte elevadores do condomínio. É aí que o mundo escondido por trás das roupas, como diz o poeta, se revela.

Para conhecer este universo particular, é preciso saltar de um trampolim e mergulhar dentro do Copan, sem medo, para descobrir flores que sobrevivem no concreto. Depois, mais um mergulho – desta vez em cada cantinho pessoal, em cada ser humano. Por fim, percebe-se que 01046-924 não é um número de CEP qualquer, mas uma senha para que qualquer cidadão localize exatamente onde está a fachada sinuosa mais famosa do Brasil.

Simplesmente Mulata

AGNALDO JOSÉ

O domingo era o único dia de descanso para Domingos. Ele passava a semana inteira pulando cedo da cama: cinco da manhã. Ia ao pasto, colocava o cabresto no seu burro e colocava-o na carroça. Passava o dia do canavial para o engenho e do engenho para o canavial. Transportava cana-de-açúcar que os empregados de seu pai, Marcelino, cortavam para a fabricação de aguardente e açúcar mascavo. No fim da tarde, ia para a cidade, Santa Rosa de Viterbo, interior de São Paulo, levar a produção do sítio. Era verão de 1935.

Domingos era baixo, magro como uma vara de anzol. Desde pequeno, convivia com um problema sério: um de seus braços era bambo, encostado sempre na perna. Sua mão direita, virada para trás, servia apenas para apoiar alguma coisa que a esquerda pegava. Mesmo assim, fazia todo o serviço que o pai lhe dava: enchia a carroça de cana e cortava lenha apenas com a mão esquerda. Teve que aprender a fazer tudo o que seus irmãos faziam, mesmo com a deficiência. Ele precisava se superar. Não adiantava ficar reclamando das dificuldades. Nem tinha tempo para isso. Precisava batalhar muito para dar conta de tanto serviço que o pai lhe ordenava, diariamente.

Aos dois anos, tivera paralisia infantil.

— Na época, não havia muitos recursos. Os médicos fizeram de tudo para eu ficar curado. Mas... não foi possível. Fiquei assim, com o braço sem força e a mão virada para trás. Lembro-me como se fosse hoje: eu chorava ao ver meus irmãos brincando. Queria fazer a mesma coisa. Eles subiam em árvores para pegar filhotes de passarinhos. Saíam escondidos para a lagoa. Como era gostoso vê-los mergulhando nas tardes quentes do verão. Jogavam futebol. Caçavam cigarras para assustar minha mãe. Minha mãe se escondia e dava tudo o que eles pediam. Ela tinha pavor de cigarras! Ríamos sem parar. Mas minha mãe me segurava em casa.

Assim, crescia Domingos. Ele foi aprendendo com as quedas que a vida lhe dava a ser resistente e corajoso para enfrentar os desafios. Em muitas situações superava o irmão. Ninguém enchia a carroça antes dele. Nem conseguia cortar mais lenha que ele. Só perdia quando o assunto era tirar leite, pois seu irmão puxava as tetas das vacas com as duas mãos e Domingos com uma só.

O sítio dos Coelho

Marcelino Coelho, pai de Domingos, homem severo, filho de imigrantes portugueses, além de cachaça e açúcar, produzia arroz, feijão, milho e mandioca para fazer farinha. Também criava porcos, galinhas e bois. Tinha nove filhos. Dois homens e sete mulheres. O mais novo era Domingos. Contratara vários empregados para auxiliar na lavoura. A demanda era grande. Vendia a produção para os comerciantes da cidade e até para São Paulo. Uma vez por semana, levava pinga, café e açúcar para a estação da Companhia Mogiana de Estradas de Ferro, em Santa Rosa de Viterbo. Os trilhos passavam perto do sítio, em direção a Casa Branca.

O sítio dos Coelho era um dos mais importantes daquela região.

– Havia escola para as crianças dos sítios vizinhos, igreja onde o padre celebrava missa uma vez por mês e telefone. Recordo, certa vez, em que houve missões na capela. Muitos padres ficaram hospedados em casa. Não podíamos dar um "piu" que minha mãe fazia cara feia. Eu era bem pequeno e tinha muita vergonha dos padres. Quando terminava a missa, eles jantavam em casa. Eu corria para o quarto e me escondia debaixo da cama. Meu pai ia lá com uma vassoura na mão e ficava me cutucando. "Sai já daí, moleque. Parece bicho-do-mato." Minha casa vivia cheia de gente. Meu pai era exigente demais, mas fazia o que podia para ajudar as pessoas – conta Domingos.

As casas do sítio eram simples, mas confortáveis. A maior era a de Marcelino. Fogão a lenha, fornos para assar biscoitos e bolachas, chão de cerâmica vinda de Tambaú, cidade vizinha, quartos com várias camas, e uma imensa varanda ao redor.

— Eu gostava de ir num quarto bem grande que ficava no fundo da casa. Ali minha mãe escondia as pencas de banana que meu pai cortava até ficarem amareladas. Tinha de todo tipo, mas minha preferida era a ourinho, uma banana pequena, mais doce que o melado do engenho.

Como Domingos era baixinho, quando ouvia os passos da mãe se aproximando da despensa, abaixava-se rapidamente e nem respirava.

— Ah! Se ela visse alguém comendo as bananas sem ordem dela...!

Os filhos iam se casando e ficando por ali. Marcelino jamais aceitaria um filho longe do ninho. Como as galinhas que ciscavam o dia todo em volta do paiol, queria sua prole debaixo das asas.

— Meu pai construía uma casa por perto quando alguém se casava. Quem namorava meu irmão ou uma de minhas irmãs já sabia: ou ia morar no sítio ou não haveria casamento. Ele não aceitava ver os filhos longe de seu bigode. Controlava tudo!

Domingos não via dinheiro nas mãos. Se precisasse de alguma coisa, pedia ao pai. E como era muito difícil convencer o velho português!

— Ele era muito teimoso. Falava até a boca espumar. Minha mãe ficava a maior parte do tempo calada. Também, meu pai não dava folga para a garganta!

Assim viveu Domingos até os 21 anos, quando conheceu Resplandina, ou Mulata, como, carinhosamente, todos a chamavam.

Quando a viu pela primeira vez, sentiu uma coisa muito estranha: seus horizontes se ampliaram. O sítio tornou-se uma pequena estrela no oceano celeste. Os sentimentos mais escondidos no convés da alma vieram à tona. Domingos percebeu que Mulata seria sua bússola.

O encontro

Mulata não tinha mais o pai perto de si. Havia morrido com queimaduras na maior parte do corpo. Bebia demais. Até que, depois de uma briga com a mulher, pôs fogo na casa de taipa. A mãe de Mulata conseguiu tirá-la do meio das chamas e fugir para a cidade. A viúva arrumara outro marido e deixara a menina, ainda pequena, sob os cuidados de Maria Antônia, a madrinha, dona de pensão na cidade. Servia refeição para as moças que vinham de outros lugares para estudar em Santa Rosa de Viterbo.

Na pensão da madrinha, Mulata foi colocada na cozinha. Fazia de tudo: picava cebolas, descascava alho, fritava batatas e cozinhava carne. Com 14 anos, passou a tomar conta da cozinha. Maria Antônia era exigente e implicante. Fiscalizava cada detalhe do serviço da afilhada. E ai se alguma coisa estivesse fora do lugar!

Quando tudo parecia encaminhado na vida de Resplandina, a mãe foi atrás dela. Queria que a filha a acompanhasse para Cravinhos, região de Ribeirão Preto. A mãe e o padrasto se mudariam para lá. Mulata resistiu, mas não adiantou. Chorou, gritou:

— Eu não quero!

Mas foi.

E não deu certo. Morou em Cravinhos alguns meses. A menina ficava em casa sozinha, cuidando de tudo, enquanto a mãe e o padrasto trabalhavam. Ganhavam muito pouco na roça e Mulata foi emagrecendo a cada dia, pois a comida era pouca para três pessoas. A mãe quis então que ela voltasse para a pensão da madrinha, mas Maria Antônia disse:

— Não. Já ajudei demais.

Mulata ficou sem saber para onde ir.

Enquanto isso, Domingos puxava seu burro para lá e para cá. Às vezes, encontrava a professora da pequena escola que Marcelino instalara no sítio, em parceria com a prefeitura. Não imaginava, porém, que aquela professora levaria sua futura Mulata para morar na escola, onde, além da sala de aula, havia uma casa simples, mas confortável.

Maria Antônia conhecia a professora do sítio de Marcelino e lhe implorou para levar a afilhada para morar com ela.

— Ela sabe fazer de tudo. Cuida da cozinha melhor que eu. Eu garanto. Também é muito educada.

A professora aceitou.

Domingos passava perto da escola várias vezes ao dia. A janela de madeira da casa permanecia sempre aberta. Mulata gostava de ficar ali, espiando o movimento, enquanto o fogão a lenha cozinhava o arroz e a polenta. O carroceiro foi atraído pelo olhar da jovem Mulata, que tinha olhos de jabuticaba. Foi o começo de um amor perene. Eles não imaginavam que esse sentimento duraria setenta anos e traria ao mundo nove crianças.

Marcelino logo percebeu que Domingos queria ficar perto de Mulata. Quando o rapaz desarreava o burro e guardava a carroça debaixo do paiol, tomava um banho apressado para beirar a escola.

— Eu não quero esse namoro, viu, Domingos!!! — berrava o pai, mais alto que o touro do sítio.

O rapaz parecia um corisco. Corria do pai, pois o velho percebera seu coração enfeitiçado pela linda Mulata.

Marcelino não aceitava o namoro porque Resplandina não tinha pele branca. Além do mais, o pai morrera embriagado e a mãe era amasiada. Um escândalo!

— Meu pai achava que Mulata não merecia ser da família. O que seria de mim com uma pessoa daquele jeito?

Domingos sofria. Marcelino não tirava o olho dele. Quando não, mandava um dos filhos sondar se o rapaz estava conversando com Mulata na escola.

Apesar da perseguição do pai, Domingos insistiu no namoro, que durou dois anos. Timidamente, um olhava para o outro e riam. Acenos de mãos. Olhares desconfiados. Romance puro, como o beijo dos joões-de-barro.

A perseguição foi tanta, que Marcelino mandou Mulata de volta para a pensão na cidade. Foi falar com Maria Antônia e obrigou-a a acolher a afilhada em Santa Rosa de Viterbo.

Domingos ficou com a alma nublada. Um dilúvio, maior que o de Noé, caiu na sua casa interior.

Padre filósofo

E o tempo foi passando...

Domingos teve uma idéia: sair bem escondidinho do pai e ver a Mulata. Arreou o burro, colocou sua melhor roupa e logo estava batendo na janela de madeira da pensão. A rua estava completamente vazia. A noite não tinha estrelas. Mulata abriu a janela e mostrou os dentes mais brancos que roupa alvejada. Eles se beijaram no rosto. Tudo parecia bem. Até que....

— Mulata. Você está vendo o que eu estou vendo?

— Sim.

— Tem alguém sondando a gente.

— Psiu! Quieto! É o padre Sócrates. Ele é nosso vizinho e muito bravo.

O padre Sócrates tinha uma barriga como de elefante. Domingos tentou esconder o rosto com a aba do chapéu.

Todo final de semana era assim: Domingos e Mulata namorando na janela, e o padre espiando com olhar de censura. Até que, numa noite de lua cheia, o padre chamou os jovens:

— Mulata, vem aqui com seu namorado.

Domingos aproximou-se com as pernas bambas.

— Você é filho do Marcelino, não é?

— Sim, padre.

— Quero conversar com ele aqui na casa paroquial, no domingo que vem, depois da missa. E você vem também. Certo?

— Sim, padre! — respondeu, querendo esconder a cabeça dentro do paletó.

O domingo chegou logo para Mulata e Domingos. Eles pensaram que seria o fim de tudo.

Na casa paroquial, Marcelino ficou em frente do padre Sócrates.

— Chamei você aqui, Marcelino, porque há muito tempo observo o namoro do seu filho com a Mulata, minha vizinha. Eu acho que você deveria fazer o casamento deles. Eles se amam demais. Parecem dois querubins conversando na janela do céu. É um namoro santo. Eu garanto!

Marcelino falava o que vinha na boca:

— Essa moça, padre, não serve para o meu filho. O senhor sabe a história do pai dela. Bebia mais pinga que água. A mãe dela é amigada. Ela também não é da nossa cor.

— Mas, Marcelino, eu conheço a Mulata desde quando ela veio para a pensão da madrinha. Ela é uma excelente pessoa. Não falta na missa, é trabalhadeira. E o que é mais importante, ama seu filho apesar do problema no braço dele – disse o padre.

O sitiante encheu os olhos de lágrimas. O padre tinha razão.

Chegou o dia 5 de fevereiro de 1937. Mulata de noiva, Domingos de terno, gravata e bigode aparado. Padre Sócrates no altar e, depois da bênção, os jovens com a aliança no dedo. Não houve festa. Apenas um jantar para os padrinhos.

A lua-de-mel aconteceu numa das casas da fazenda, preparada com zelo por Marcelino para ser a morada do filho.
— Mobília simples. A coisa mais chique que meu pai deu pra gente foi um rádio que ocupava quase a sala inteira.
Naquela primeira noite, Domingos sentou-se num banco de madeira que Maria Antônia doara para a afilhada. Ligou o rádio para saber as notícias do governo. Mulata arrumava o quarto e guardava os poucos presentes nas prateleiras da cozinha. De repente, ele gritou:
— Mulata, vem aqui! Corre! Depressa!!!
É que o rádio estava fazendo uma homenagem à noiva, tocando o sucesso de Lamartine Babo:

O teu cabelo não nega mulata porque és mulata na cor.
Mas como a cor não pega mulata, Mulata eu quero o teu amor.

Tens um sabor bem do Brasil. Tens a alma cor de anil.
Mulata mulatinha meu amor. Fui nomeado teu tenente interventor.

Quem te inventou meu pancadão teve uma consagração.
A lua te invejando faz careta porque mulata tu não és deste planeta.

Quando meu bem vieste à terra Portugal declarou guerra.
A concorrência então foi colossal. Vasco da Gama contra o batalhão naval.

Mulata pulou nos braços de Domingos e, antes do primeiro beijo, ela disse:
— Quem mandou a rádio tocar essa música para mim?
Domingos sorriu:
— Foi Deus!
Abraçaram-se fortemente. Nunca haviam se abraçado. Lábios tocaram-se inseguros.
— Eu amo você, minha Mulata.
— Vamos dormir?
Foi a primeira das 25.550 noites que dormiriam juntos.

O conflito chegou

Marcelino queria que o filho, depois de casado, continuasse trabalhando com a carroça da fazenda, levando a produção aos mercados

e à estação de trem de Santa Rosa de Viterbo. Mas, Domingos, com vida nova, queria uma vida nova também no trabalho. Seu pai não lhe deu outra opção:
– Ou você trabalha com a carroça ou vai embora daqui.

Ele bateu o pé e não aceitou a proposta.

Ao ouvir o "não" do filho, Marcelino expulsou-o do sítio. O pai lhe deu prazo curto para se retirar: uma semana.

Antes de o sol separar-se da montanha, Domingos saiu para pedir serviço num sítio vizinho, onde muitos machadeiros cortavam e transportavam lenha. Deram-lhe uma área para desmatar. Pagariam por metro cortado.

O jovem trabalhou apenas um dia. Cortara muitos metros de lenha. Mas seu pai, vendo seu sofrimento, passou por debaixo da cerca, arrependido.

– Filho, volte para casa. Eu preciso de você. Sem sua carroça, meu serviço não anda. Volte!

Domingos, com lágrimas nos olhos, deixou a lenha cortada sem amontoar, subiu na carroça e, em poucos minutos, amarrou o burro na cerca de madeira, próxima ao paiol. Marcelino era bravo, como um cavalo que ainda não usou cabresto. Mas, ao mesmo tempo, parecia um pelicano, capaz de alimentar os filhos com a carne do próprio coração.

Marcelino deu um pedaço de terra para o filho plantar, colher, vender e criar sua família. Assim, Domingos foi desenvolvendo seu trabalho. Marcelino só exigiu uma coisa: o filho não podia parar de puxar a cana para o engenho. Essa era a paga pela terra recebida.

Como Domingos queria dar um futuro melhor para a esposa, passou a trabalhar ainda mais. Não reclamava. Afinal, no pedaço de terra, cedido pelo pai, o milho havia brotado com as primeiras chuvas da primavera. Muitas galinhas com pintinhos circulavam em volta da casa. E até que o porquinho caipira crescesse, no chiqueiro improvisado debaixo da mangueira, Mulata usaria a gordura e a carne que ficavam armazenadas numa lata de vinte litros, no canto da cozinha, doação de Marcelino. Além disso, em cima do fogão, Mulata improvisara um varal de arame. Quem chegava ali, não via o arame, mas lingüiça e pele de porco penduradas.

A liderança

Ano a ano nascia uma criança na casa. Domingos só pensava em trabalhar. Saía cedo e voltava quando o escuro como o breu revelava a presença da lua. A esposa rezava o terço todos os dias. Colocava os filhos ajoelhados no quarto. Rezavam por volta das quatro da tarde. As crianças brincavam muito em volta da casa e ficavam bravas quando a mãe as chamava.

No quarto do casal, havia um pequeno oratório de madeira com uma imagem de Nossa Senhora Aparecida. Na época do Natal, montavam o presépio embaixo do oratório.

Mulata era exigente. Conduzia os filhos apenas com o olhar. Domingos era amoroso com as crianças. Colocava as menores sentadas nos pés e ficava balançando-as. Mas achava que a esposa estava certa:

— Filho é a melhor coisa do mundo, mas se for obediente.

Depois do jantar, Mulata e Domingos pegavam espigas de milho, colocavam numa vasilha, davam-se as mãos e iam ao mangueirão jogar para os porcos e galinhas. Ficavam ali conversando e namorando.

Todos dormiam às oito da noite e levantavam-se depois do canto do galo, porque, apesar de as crianças estudarem na escola do sítio, tinham de pular cedo da cama.

— Deus ajuda quem cedo madruga — dizia Mulata.

Mulata organizava o trabalho da casa com todos os filhos. Cada um tinha um serviço. Eles buscavam água numa mina perto do engenho. Tomavam banho de bacia. Havia um barril na cozinha e as crianças tinham a tarefa de enchê-lo, todos os dias. Se desobedecessem, a mãe batia sem dó. Todos tinham muito medo dela. Mulata fazia as roupas das crianças com sacos de açúcar e as tingia. Eram nove filhos: José Maria, Maria José, Maria Eugênia, Luiz Antônio, Sebastião, Maria Olívia, Marcelino, Maria Regina, Antônio Carlos.

Primeira de uma série

Domingos trabalhou durante muitos anos no sítio do pai, depois do casamento. Mas, qual filhote de pássaro empenado, chegara a hora de alçar vôos mais altos. Pensava que, na cidade de Santa Rosa de Viterbo, a vida seria melhor que na roça, com maiores possibilidades e menos monotonia. As crianças cresceriam e arrumariam um bom emprego. Na cidade também existiam mais recursos médicos. Seu pai falava que isso não daria certo. Mas Domingos teimou. E o pai tinha razão.

A família de Domingos Coelho permaneceu em Santa Rosa de Viterbo por apenas cinco meses.

– Na cidade não havia fartura como no sítio. Na roça, a gente criava galinha, plantava mantimentos, colhia frutas de todo tipo. Não vou mentir: em Santa Rosa, a barriga roncava e muitas vezes a panela estava vazia – confessou Domingos.

Voltar para o sítio do pai não dava mais. O serviço diminuíra demais com a mudança dos seus irmãos casados para outras cidades e fazendas da região. Para agravar a situação, Marcelino e a esposa, já velhos, não conseguiam mais manter tantos empregados. O engenho estava desativado. Não existia mais cana-de-açúcar. A escola fora fechada. Na igreja, não havia mais missa, pois os moradores dos sítios vizinhos deixaram também a terra.

Não demorou muito tempo para Marcelino fechar os olhos para este mundo.

Domingos mudou-se para um sítio no município de Casa Branca. A esperança que tinha no coração era semelhante à fênix: capaz de renascer das cinzas. Plantou algodão, milho e feijão.

– Deus me abençoou.

Foi uma colheita que deixou todo mundo com brilho nos olhos.

Mas a alegria duraria pouco. No fim do ano, José Maria, o filho mais velho, veio visitar Domingos. O moço, já casado, mudara-se para o Paraná. Chamou o pai e toda a família para melhorar de vida. Domingos tinha um bom dinheiro ganho na colheita.

– Fiquei entusiasmado. Iludido. E fui.

Mulata, o marido e os filhos solteiros permaneceram apenas vinte e três dias em Arapongas, no Paraná. Era tudo propaganda enganosa. O clima era bem diferente. Estava muito frio. Mas nunca Domingos pensara que estaria entrando em tamanha fria.

Na fazenda, havia um cafezal com milhares de pés.

– Os grãos estavam todos vermelhinhos, quase no ponto da colheita.

Ele teria uma boa porcentagem quando o café fosse colhido e vendido. Mas aconteceu algo inesperado. Numa manhã, Mulata levantou cedo para coar o café e percebeu que a plantação estava debaixo de gelo. Havia caído uma forte geada durante a madrugada.

— Não sobrou nenhum pezinho de café.

Secara tudo. Era preciso serrar pé por pé, esperar a brota, o crescimento dos galhos, as flores e, enfim, os grãos vermelhos para colher. Demoraria mais de um ano.

Domingos desanimou. Arrumou um caminhão, ajeitou as tralhas, botou a família dentro e voltou para Casa Branca, em busca de uma nova oportunidade.

Depois de receber tantos açoites da vida, Domingos sossegou. Ficou no mesmo sítio em Casa Branca, com a família, até se aposentar com um salário mínimo. Aposentado, decidiu trocar o campo pela cidade. Mulata achou arriscado. Lembrou-se da péssima experiência de anos atrás, quando se mudaram para Santa Rosa de Viterbo. Concordou para não desanimar o marido.

O burro e a carroça

Em Casa Branca, Domingos e Mulata alugaram uma pequena casa num bairro chamado Vila Industrial: cozinha e sala juntas, banheiro, quarto e varanda. Para manter laços com o passado, construíram um fogão a lenha na cozinha. Penduraram algumas fotos amareladas nas paredes e uma do papa João Paulo II.

E os filhos?

— Todos estavam casados e tinham a sua vida.

Viver com a aposentadoria estava sendo difícil.

— Também, não conseguia ficar parado. Graças a Deus eu ainda tinha um animal e minha carroça.

Mas fazer o quê? Domingos pensou... pensou e surgiu uma luz. Andando pelo bairro, viu um depósito de ferro velho. Ele foi até lá. O dono disse ao aposentado que uma coisa que dava dinheiro era papel e que quase ninguém catava na cidade.

Mulata apoiou a idéia.

No outro dia, pela manhã, Domingos arreou o burro, subiu na carroça e desceu para o centro de Casa Branca. Várias lojas colocavam caixas de papelão na rua. Ele parava, descia, pegava caixa por caixa, abria-as e ia colocando na carroça. Aos poucos, foi ficando conhecido nas ruas e muitos passaram a guardar papelão para ele.

— Enchia tanto a carroça que as pessoas riam e brincavam comigo. Mas dava um bom dinheirinho. Pagava o aluguel, comprava remédio, pão, leite e outras coisas.

Domingos passou a ganhar um pouco mais com papelão quando começou a pegar sacos vazios de cal e cimento, nas casas em construção. Dava até duas viagens por dia com a carroça abarrotada. De repente, apareceu uma tosse quase incontrolável.

— Precisa parar com isso, pai. Essa tosse é por causa do cimento e da cal que sobram nas embalagens que o senhor carrega — diziam os filhos.

Mas ele não aceitava palpites em seu trabalho.

— Sei o que estou fazendo. Essa tosse é por causa da poeira aqui do bairro.

Os problemas de saúde foram aumentando, assim como a idade. Domingos já tinha mais de 80 anos e a força dos braços estava minguando, como as águas dos rios no inverno. Teve que parar. Mas Mulata deu-lhe ânimo e coragem para vender a carroça e o burro. Ele precisava descansar. Foi a maior tristeza que o velho sentiu em toda sua vida.

O começo do fim

Certo dia, Mulata, cabelos brancos como as flores do cafezal, passou mal no quarto. O esposo gritou. A filha, Maria Regina, que morava na casa ao lado, correu. Ela desmaiara. Perdera os sentidos. Foi levada ao hospital. Começava ali o seu calvário.

Depois de alguns exames, Domingos levou a esposa para casa. Ela parecia estar melhor. Mas logo começaram a perceber que ela andava esquecendo facilmente as coisas. Confundia os nomes dos filhos. Chamava Marcelino de José Maria e Maria Regina de Maria José. Isso aumentava dia após dia. Levaram-na ao médico, e o diagnóstico: Alzheimer.

Domingos, em pouco tempo, tornou-se Cirineu. Sua Sexta-feira da Paixão duraria três anos e três meses. Ficava com Mulata noite e

dia. Ao lado da cama, num pequeno quarto, numa pequena casa, dedicava à esposa todo amor do mundo.
Mulata não falava. Não o reconhecia mais. E Domingos cuidava dela. Dormia ao seu lado. Bastava dar um suspiro diferente e o velho companheiro corria para acudir. Mulata definhava e Domingos definhava junto. Não desgrudava dela.
O dia da despedida chegou: 14 de dezembro de 2006.

O último beijo

Domingos ficava em volta da cama o tempo todo. Mulata perdera a voz, depois de um ano lutando contra a doença. Não conhecia mais ninguém. O marido conversava com ela, mesmo não obtendo resposta.
— Você está olhando para mim? Você me ama? Você está com fome?
Os filhos pediam para o pai sair do quarto para descansar, mas ele desobedecia.
Mulata ficou quinze dias internada na Santa Casa de Misericórdia de Casa Branca antes de morrer. Todos os dias, Domingos ia vê-la. Lá, chorava o tempo todo, segurando nas mãos da esposa e falando com ela. Antes de sair do quarto, beijava-a e chorava copiosamente.
No dia da morte da esposa, Domingos estava na cozinha. Era por volta das sete da manhã. A enfermeira que cuidava dela mediu a pressão e viu que tudo estava parado. Chamou o médico, mas Mulata havia morrido. Domingos correu ao quarto. Soluçava. Não acreditava. Saiu para a cozinha e tirou a fotografia da mulher que estava pendurada na parede. Abraçou-a e chorou. Dizia:
— Mulata, fique calma. Logo estarei aí com você. Já estou chegando, viu?
E beijava a fotografia.
Mulata fora embora, deixando seu companheiro com as lembranças de setenta natais e setenta carnavais. Setenta anos de convivência, lágrimas e sorrisos.
Hoje, Domingos senta-se na velha poltrona da cozinha. O fogão a lenha está apagado. O chão de vermelhão não brilha com o mesmo brilho do escovão da Mulata. Ele fala devagar, mas o pensamento corre veloz. Viaja de 2007 a 1930 mil vezes mais rápido que a águia sal-

tando do penhasco. Domingos é águia, voando solitário nos penhascos da solidão. O vento da morte desmanchou o ninho onde ele pousava ao chegar a noite. A saudade está secando as águas cristalinas do amor, que há setenta anos correm pelas fendas do seu coração.

Os olhos úmidos de Domingos esperavam sementes de flores. Mas a semeadora, sua Mulata, partiu, levando a esperança para um lugar bem longe. Ele não sabe medir a distância que os separa, mas sabe que Mulata está viva em algum lugar, toda enfeitada para a sua chegada!

O medo em marcha à ré

BRUNO PESSA

Para realizar todas as suas funções, ele depende da ação humana de dar a partida com a chave. Para se locomover e transportar pessoas e objetos, ele depende da habilidade humana para acionar comandos, executar operações e realizar manobras. Para superar a marca dos 100 quilômetros por hora, ele depende da força humana pisando fundo seu pedal direito.

O automóvel não tem vida sem o homem. Estacionado, ele é uma máquina inerte, incapaz de causar os perigos que o manipulador, inapto ou imprudente, é capaz de ocasionar. E quando ganha atividade, age de acordo com os estímulos do comandante, a partir de itens de série e estado de conservação determinados por este. O carro é até mais obediente do que o cachorro adestrado, já que não possui faculdades para, numa situação atípica, voltar-se contra o adestrador.

Esse mesmo veículo de transporte, personagem tão banal do cotidiano urbano, pode adquirir feições sinistras para quem convive com um temor específico. Os que se sentem impotentes para subjugá-lo o enxergam como parafernália indecifrável, fonte de desespero, arma mortal, sinônimo de pavor. Um verdadeiro monstro.

Não se trata de medo de estar no trânsito de uma São Paulo nem de rodar numa BR-116 (a Régis Bittencourt é conhecida como "Rodovia da Morte") ou realizar uma baliza numa avenida caótica. É maior e anterior a tudo isso. É medo de dirigir, fobia disseminada na sociedade, reconhecida pela psicologia e tratada em auto-escolas e clínicas especializadas, presentes em grandes centros do país. Que não se apresenta como medo localizado, de natureza tão-somente técnica, tendo a companhia de sentimentos de inferioridade, humilhação e vergonha. Não por acaso, quando superado, aprimora rotinas, transforma conceitos e revigora a auto-estima de quem se sentia menor do que o resto do mundo.

Advogada quase perfeita

Tudo aconteceu muito cedo na vida de Adriana Aneli Costa Bozzetto, nascida em 13 de abril de 1976. Apenas treze anos depois, já esgotou a edição do seu livro *Jogo da Vida* na 11ª Bienal Internacional do Livro de São Paulo. Nessa época, a paixão pela poesia manifestava-se no papel e nos recitais que a garota paulistana apresentava em várias cidades, para públicos distintos.

Depois de acumular várias viagens de avião por causa dos recitais, resolveu cursar Direito por motivos práticos – "queria algo que me sustentasse". Entrou no Largo São Francisco (USP), uma das referências da área no país. Quando a conheci, em outubro de 2006, trabalhava como pesquisadora de jurisprudência no Tribunal de Justiça de São Paulo. Um mês depois, sua mãe me disse que ela havia sido promovida para assistente de desembargadoria, no mesmo local.

Com 19 anos, Adriana já era casada. E logo vieram as duas filhas, atualmente com 10 (Adriana Elisa) e 8 anos (Marina). Mas nem tudo estava resolvido na mocidade dessa esbelta jovem de olhos verdes-claros, de um brilho penetrante, e cabelos pretos lisos. Embora tenha tirado a habilitação, ela não era capaz de dirigir um carro por medo. Mesmo as pessoas cheias de realizações para contar deparam com obstáculos que parecem intransponíveis. Dirigir foi tão desafiador, para Adriana, que sua vida mudou radicalmente depois que ela se desvencilhou desse bloqueio.

Virou martírio

Encontrei-me com a advogada quando o assunto direção já podia ser tratado com naturalidade e até bom humor. Esperei-a sair do Tribunal de Justiça de São Paulo, cruzamos a Praça João Mendes, no centrão da cidade, e nos dirigimos para um café. Era início de tarde. Deixamos o friozinho e o movimento da terça-feira lá fora e nos acomodamos no aconchegante Kaffeteria, na esquina da Rua da Glória com a Conde do Pinhal.

Adriana estava elegante e animada ao falar de si, movimentando as mãos e balançando os grandes brincos em forma de argolas. Pediu apenas um café, pois já tinha lanchado. Pedi um suco de laranja e um lanche natural de atum, mas minha atenção, a princípio, estava completamente voltada para seu relato.

— Morrendo de medo, tirei carta aos 19 anos. Fiz a prova, pensei que ia ter segurança para dirigir, mas me senti como se tivesse com uma grande ameaça na mão e fosse fazer mal para as pessoas. O tempo foi passando e eu não pegava o carro. Porque bastava uma tentativa e meu marido gritava: "Não, pelo amor de Deus, o que você tá fazendo? Você não pode dirigir assim!". Com aquela histeria toda, você não se sente encorajada. Se você é submissa numa coisa, acaba sendo no resto.

Hoje, ela reconhece como estava se prejudicando ao se manter em posição de inferioridade em relação ao marido, o advogado Eugênio Bozzetto, "excepcional profissional e pai extremado", segundo suas palavras. Até suas apresentações e publicações perderam espaço, ficando apenas retidas na memória.

Como se não bastassem os freios que o marido lhe impunha no dia-a-dia, um susto em alta velocidade afastou ainda mais Adriana do volante.

— Estávamos na estrada, a caminho de São Lourenço (Sul de Minas Gerais), meu marido dirigindo, eu com 23 anos, e minhas filhas bem pequenas, com 1 e 3 anos. De repente ele perdeu o controle do carro sozinho, não sei se por causa da condição da estrada, a gente não soube o que aconteceu. O Citroën Berlingo derrapou, deu três voltas em torno de si e caiu num barranco. Ninguém se machucou, mas levamos um belo susto e acabamos guinchados. Eu gritava como uma louca: "Vou morrer, vou morrer...". Depois disso, disse a mim mesma que não ia dirigir mais. O acidente agravou ainda mais o meu pânico, eu entrava no carro e sentia aquele medo, a perna tremendo. Sentia que não era poderosa o suficiente para controlar uma máquina como aquela...

Sete anos mais tarde, outro fato inesperado interferiria decisivamente no relacionamento entre Adriana e o medo de dirigir. Mas desta vez de maneira inversa. Em abril de 2006, a advogada perdeu Eugênio, em função de complicações cardíacas. Apesar de toda tristeza inerente à viuvez, a conseqüência da morte foi um impulso vital jamais experimentado pela jovem. Adriana enfim despertou para os desafios que lhe aguardavam.

— Sem uma vida familiar preestabelecida e aquele papel de esposa para cumprir, retomei as rédeas da minha vida. De repente, a realidade teve que me buscar: "Agora você tem de cuidar de duas filhas, você vai ter de dirigir, o carro não pode ficar na garagem". Eu tinha duas opções de atitudes para tomar depois da viuvez: parar para chorar, pedindo que cuidassem de mim e me arrumassem um psicólogo, ou ficar de pé e prosseguir. E aí eu pensei: "Se eu conseguir dirigir, eu consigo qualquer coisa na vida".

Assim, cerca de dois meses após o falecimento do marido, Adriana procurou a unidade da Vila Mariana da Auto-Escola Javarotti, especializada em capacitar portadores de deficiência para o trânsito. Pensava ela: "Se eles têm paciência e condições de ajudar pessoas com esse grau de dificuldade, podem me ajudar também".

O início da virada

A voz suave de Adriana revisita fatos negativos com segurança. A desenvoltura com que reflete sobre suas experiências revela uma pessoa carismática, de fácil comunicação. Relembrar o reencontro com a direção rendeu até algumas risadas.

— Na primeira aula foi muito difícil, eu não queria ir para o volante, chorei por tudo que passei... E o instrutor com a maior paciência: "Bom, acabou de chorar? Então vamos em frente..." (*risos*). O Nilton foi maravilhoso, realmente teve todo o tato, me passou toda a confiança. É muito importante isso, porque antes de ir para a Javarotti eu tinha tentado uma outra auto-escola, há dois anos. Mas a pessoa não passou confiança, quem é excessivamente técnico nem sempre é bom, não adianta só dizer: "Liga o carro, põe a primeira".

Vencida a "batalha" da primeira aula, Adriana persistiu. Por fazer a pessoa retornar ao dramático ponto de partida, a segunda sessão é considerada a mais dura do percurso, segundo ela. Mas depois de encarar duas, três, quatro aulas, a sensação da desafiante era de que tudo acontecia automaticamente. O desafiado sucumbiu sem oferecer resistência ao cabo de doze aulas, graças à disposição da combatente em partir para o combate com "a cara e a coragem", seja dia, seja noite, faça sol, faça chuva.

— Foi muito tranqüilo perder o meu medo. Às vezes o medo é maior porque você acredita que não vai conseguir, vai ter uma crise de choro quando parar no farol por um segundo e chegar um carro atrás. Você não pode dirigir dizendo: "Não conversem comigo, não conversem comigo", só precisa se preocupar com os quatro carros que te cercam e as motos que atravessam. Ainda tenho dificuldade enorme para fazer baliza, mas isso não me impede de fazer o que quero. O principal, que é você não ver o carro como inimigo, ter controle daquilo que faz, isso eu já tenho.

Saboreando a conquista, Adriana constatou que sua hipótese estava correta. Seus dias voltaram a ter o gosto das aventuras movidas pelo prazer de se fazer o que gosta. Sem temores antecipados. A advogada redescobriu a escritora, a escritora reencontrou os aplausos. Apenas duas facetas de uma mulher que se divide em várias, com semblante de menina alegre.

— Você sente um certo poder, auto-estima, é muito bom. Conseguir vencer esse medo me daria coragem para encarar tudo, sabia disso. Na vida as coisas não são segmentadas, tudo se mescla. Se você tem um medo tão paralisante assim, sempre vai achar uma desculpa pra não fazer nada... E quando você vence, cada momento tem seu sabor. Voltar ao palco foi ótimo, porque mostrei a mim mesma que ainda estava em forma. Na primeira vez que saí sozinha, parei o carro, liguei pra minha mãe e disse: "Mãe, eu con-se-gui!". Não é emocionante? Claro que é!

Depois de me contar toda sua saga para encarar o volante de um carro, ela finalmente deu uso à caneta que segurou durante todo o tempo entre os dedos da mão direita. Ganhei o livro *Todas as cores do amor* com a seguinte dedicatória: "A literatura é a ponte para novos mundos!".

— O medo paralisante é o meu principal tema. O último poema que escrevi, anteontem, chama-se "Purificação". Foi isso que aconteceu: eu fui, desci até o inferno, vivi todas as dores pela última vez e ressurgi.

Insegurança e método

Além da sede localizada em frente à estação de metrô Vila Mariana, onde Adriana se inscreveu com o intuito de superar o seu trauma, a Auto-Escola Javarotti mantém unidades em Tatuapé e Osasco, na região metropolitana. Fundada há quinze anos com o objetivo de habilitar pessoas portadoras de deficiência física, auditiva e nanismo, ela acabou se especializando também em casos de insegurança e medo de dirigir.

— Usamos a mesma técnica para os não-deficientes, pois muitos deficientes sentem essa insegurança após a deficiência, tipo "será que eu consigo dirigir?", ou por causa do acidente ou por causa da própria limitação física. Temos uma estrutura de atendimento, porque o instrutor, além dessa função, tem de aprender a lidar com a parte emocional, as adaptações etc. — afirma a gerente comercial Danielle Barbosa Almeida, 32.

Entre as causas comuns que levam pessoas sem deficiência a procurar a auto-escola, ela cita traumas decorrentes de colisões com vítimas, reprovações em exames práticos, fracassos de parentes próximos e bloqueios internos. Para ela, o fator metrópole também exerce influência.

— Aqui o trânsito é muito complicado, ninguém respeita, ninguém tem mais educação no trânsito. As pessoas ultrapassam sem olhar, se você anda devagar o de trás já buzina, reclama, xinga... Isso acaba inibindo também, só piora.

Certos temores específicos podem ser superados apenas com treinamento repetitivo no trânsito, como a insegurança para mudar de faixa e a reação diante da presença de caminhões. Se o caso é realmente psicológico, o acompanhamento profissional ocorre paralelamente, com indicação da Javarotti. Cada aula custa R$ 27 e o pacote com dez sai por R$ 200, sem contar os honorários do psicólogo, quando necessário.

— A gente tem tido bons resultados, numa média de dez a vinte aulas, mas depende da pessoa. Orientamos os alunos a fazerem duas aulas por semana, o que pode variar conforme o *feedback* do instrutor. Porque uma coisa é a gente aqui no balcão, recepcionando, outra é o instrutor lá no carro. Como ele sente melhor o caso da pessoa, orienta a gente e o aluno sobre como deve ser feito.

Segundo Danielle, a maioria das pessoas que chegam à Javarotti já possui a habilitação, mas por diversas causas nunca mais dirigiu com regularidade. Predominam as mulheres, entre 20 e 35 anos, com um histórico de tentativas fracassadas de encarar o volante, casos nos quais a impaciência dos parentes homens (pais, maridos, irmãos) atrapalha, em vez de servir como ajuda.

Insegurança familiar acentuada, além de passar de pai para filho, também leva os jovens a fazerem mais do que as quinze aulas obrigatórias antes do exame aplicado pelo Detran (Departamento Estadual de Trânsito).

— O jovem acaba travando porque ele quer mostrar ao pai que já sabe dirigir, para ter o carro liberado. E com o instrutor não acontece, ele age normalmente.

A calma como técnica

Mas o que um instrutor precisa fazer para transformar um aluno medroso num motorista tranqüilo?

— Aqui, cada um tem seu jeito de trabalhar. No meu caso, procuro ver primeiro qual o medo do aluno, faço ele conhecer o carro, se acostumar com ele num local bem tranqüilo — como, por exemplo, a Chácara Klabin — e aos poucos vou levando-o para o trânsito. Se a pessoa fica muito tensa você tem de voltar. O essencial é o jeito de falar, o instrutor transmitir segurança para o aluno — aponta Alexandre Carregan Faria, 37, há pouco mais de um ano na auto-escola.

Para que a pessoa reconheça melhor os erros que comete, os instrutores da Javarotti têm por hábito evitar usar ao máximo os pedais de controle localizados à frente do banco do passageiro. Depois de certo tempo, a pessoa identifica onde errou e o que deveria ter feito, corrigindo a si própria.

Chega um momento em que o aluno executa corretamente os movimentos e não mais se altera emocionalmente. Quando ele dispensa a ajuda do acompanhante é porque perdeu o medo, sendo considerado apto. Aí, a orientação para os primeiros percursos fora da auto-escola é avançar no trânsito mais intenso de maneira bastante gradativa. De acordo com Alexandre, o sucesso é conseqüência natural do processo.

— Desde que entrei aqui sempre tive sucesso. Faço muito trânsito, num mês eu atendo em torno de oito casos. A gente passa por um treinamento, mas o mais importante é tranqüilidade, pois trabalhamos com pessoas com seqüelas. Dependendo do seu tom de voz você já está assustando a pessoa. Então o primordial é saber conversar e passar isso para os alunos. Além de ser uma qualificação diferenciada no mercado, a preparação para lidar com deficientes ajuda no tratamento do medo, tanto que as pessoas sem deficiência nos procuram e temos tido bons resultados.

Depois de alcançado o intento, a pessoa costuma ser só gratidão para com os instrutores, que recebem visitas ocasionais de ex-alunos e ganham alguns presentinhos. Para quem é reconhecido, isso significa apenas um trabalho realizado com eficiência. Mas para quem adquire controle total de um veículo, a satisfação não tem preço.

Bloqueio de longa data

Quem sempre contou com um carro à mão pode não imaginar o quão incômodo é realizar determinadas tarefas e deslocamentos cotidianos sem ele. Como levar os filhos às festinhas de aniversário? E se a sessão de cinema acaba após ônibus e metrô pararem de circular? De qualquer jeito, você terá de voltar de uma festa somente na hora em que seu amigo desejar, mesmo se sua vontade era já ter ido ou ficar mais um pouco. Quem consegue viver rodando todo dia de táxi?

Sensação pior do que não dispor desse facilitador chamado automóvel é contemplá-lo na garagem, à sua inteira disposição, e não reunir forças para tirá-lo dali. Medo não do congestionamento, mas medo antecipado de sentir medo. Paranóia? Não, síndrome do pânico.

Lá em casa, sentimos isso de perto. Mamãe foi a vítima.

A professora de Língua Portuguesa Lílian de Lourdes Galante Ravanelli Pessa, atualmente com 48 anos, só tirou carta quando passou dos 30. Dirigir com freqüência, mesmo, somente com 39. Tudo bem que, aos 18, idade considerada padrão para os jovens se habilitarem, isso não faria muita diferença, dada a ausência de carro na família. Mas quando tinha 26, ela e o marido, o engenheiro elétrico Rogério Pilot Pessa, adquiriram o primeiro carro, um Corcel I LDO branco 1977. No entanto, foi exatamente nesse período que se acentuaram as crises de pânico de Lílian. Depois de alguns tratamentos psicoterapêuticos que muito lhe esclareceram a respeito de seus bloqueios, a professora hoje consegue encontrar explicações razoáveis para tal quadro.

Desde a infância, ela já convivia com medos considerados acima do normal para a maioria das crianças. Por falta de atenção, idade avançada e condição financeira limitada dos meus avós, mamãe não sabia nadar nem andar de bicicleta. Segundo ela relembra, várias situações como essas se apresentavam como perigo, na avaliação de seus pais. Constantes bloqueios que a privavam de momentos de convívio social, alimentando grandes temores.

— Fui uma criança bloqueada de tudo, que só podia se mostrar para os outros. Aquilo que era gostoso e arriscado eu não podia. E não é só isso, uma criança que cresce sem aquele amor incondicional de mãe, no meio de pais velhos já pra minha idade, cheios de problemas e doenças. Eu tive primas com a mesma dificuldade financeira que eu, só que elas tinham um amor de mãe imenso, um relacionamento maravilhoso dentro de casa. Ninguém manifestou nada, estão todas bem resolvidas. Então o que foi a causa da minha síndrome do pânico? Foi essa lacuna, um buraco que tem uma pessoa na infância e na adolescência sem o amor de mãe.

Procurando explicações

Tirar carta, segundo as palavras de mamãe, foi horrível. Mesmo depois de casada, com mais de 30 anos, ela tinha muito claro para si que não conseguiria. A síndrome do pânico consolidava essa sensação. Mas a cobrança, dela e dos outros, de ter um carro na garagem, que significa necessidade já que não é luxo, acabou prevalecendo. E ela foi, para falar: "Tirei". Entretanto, como o medo era grande, o carro permaneceu na garagem. Graças também à escola da professora, localizada a menos de cinco minutos de sua residência. Geograficamente do lado.

Embora a cobrança interna nunca cessasse, na cabeça de uma mãe que tinha de enfrentar ônibus com duas crianças enquanto o automóvel da família mofava no prédio, Lílian dirigiu muito pouco nos dez anos entre sua habilitação e nossa mudança da litorânea Santos para a interiorana Ribeirão Preto. Nesse período, vovó ainda morava conosco, e seu temperamento egocêntrico abalava sobretudo o emocional de mamãe, sua única filha e fonte de sustento.

Ribeirão foi o palco da volta por cima de Lílian, o cenário que viu o início da amistosa e definitiva convivência entre ela e os carros que tivemos. Depois que instalamos vovó num lar de idosos, em função de problemas de saúde (depressão, diabetes e freqüentes tonturas) que não tínhamos condições de ajudar a tratar, a professora encontrou a chance de que precisava para se livrar do grande peso que ainda lhe incomodava.

– Quando ela saiu de casa, comecei a olhar um pouco pra minha vida e me equilibrar um pouco mais. Aí veio aquela cobrança de ter de fazer, até porque eu precisava tomar duas conduções para ir ao trabalho, ficava muito exaustivo. Quando chegou a época de renovar a carta, uns oito anos atrás, eu precisava ir a Santos, e fui já com uma certeza muito grande de que eu ia começar a dirigir quando voltasse, foi muito engraçado. Se você falar: "Mas de onde veio essa força repentina?"; não sei, parece que Deus se manifestou dentro de mim. Não quero ser piegas, não escutei vozes, mas tinha dentro de mim algo como: "Faz a tua parte que eu vou fazer a minha", porque eu pedia muito, rezava, tava cansada de tomar condução. O papai viajava e o carro ficava na garagem, aquilo pra mim emocionalmente era horrível, ter de sair às seis da manhã e olhar para ele parado. Então quando voltei desse bate-e-volta em Santos aconteceu esse milagre, não sei se é por aí, mas é como se fosse.

Em poucos dias, Lílian desbravou uma cidade de quinhentos mil habitantes. Rapidamente, dirigia como se tivesse guiado a vida inteira. No seu entender, é como se o véu do medo lhe tivesse caído, não deixando qualquer trauma. Ela ainda encontra dificuldades em certas situações, evitando trânsito intenso e estrada movimentada. Mas bloqueio, não mais: se precisar enfrentar chuva forte numa rodovia de pista simples, em caso de emergência, não pensa duas vezes. Mesmo que fique quase uma hora atrás de um caminhão, a 40 km/h, com as possíveis gozações de quem ficar sabendo...

De mãe para filho

A professora diz não ter conseguido conversar sobre o assunto com sua mãe, dada a dificuldade de vovó em entender a essência da questão, achando que se trataria de alguma acusação pela influência negativa que exerceu. Infelizmente ela não pode mais ajudar, tendo falecido no comecinho de 2007 (parada cardíaca, aos 83 anos). A possibilidade de o medo ser transmitido de mãe para filho ganhou força quando ela rememorou as condições em que eu vim ao mundo e alguns medos que eu demonstrava.

— Tenho a impressão que muita coisa veio de vida intra-uterina, porque a terapia me mostrou que sua avó pode ter me passado algo na gravidez. Acho que essa relação faz sentido porque eu tive a prova com você. Tive uma gravidez difícil, devido a alguns fatores emocionais, e você enquanto criança teve seus bloqueios, que a gente graças a Deus conseguiu vencer, devido a nossa juventude ainda enquanto pais. Você era uma criança extremamente medrosa em todos os sentidos, não tinha iniciativa. Água era um horror, você se sufocava com o chuveiro, se eu punha pra lavar a cabeça você chorava. Conversando com médicos, vi que tudo isso pode ter sido reflexo da minha gravidez difícil.

De fato, me lembro de ter bloqueios em relação a água, mais especificamente piscina, até aprender a nadar, com 14 anos. Cães grandes ainda me assustam, mas menos do que minha mãe. Na adolescência, fui bem tímido, o que me atrapalhava, sobretudo, quando desejava um relacionamento mais íntimo com o sexo oposto. Faz sentido essa hipótese de mamãe. Se bem que os pais podem interferir positivamente, como aconteceu comigo. No caso dela, foi necessário enfrentar tudo praticamente sozinha.

Hoje, Lílian saboreia o gosto da auto-estima, um dos bens mais preciosos de que o ser humano dispõe, nas suas palavras. Depois de encarar o maior dos seus medos, fica mais fácil entender o tema.

— Se alguém falar "eu tenho tal medo", hoje eu tenho cabeça pra orientar a pessoa e dizer "experimenta, faz". O medo é uma coisa que te bloqueia, uma ansiedade muito grande, algo que você não conhece e acha que não conseguirá dominar. É muito comum as pessoas falarem que têm algum medo e já colocarem um escudo, deixando de fazer aquilo. A primeira maneira de você dominar esse medo é quando você admite que tem a limitação e se propõe a enfrentá-la. Aí você já coloca quem está do seu lado a par da sua situação, mostra o seu conhecimento e aceitação, o que facilita receber ajuda.

À flor da pele

Luiz Augusto de Andrade Keller, mais conhecido como Gugu Keller, pode falar sobre síndrome do pânico com a mesma propriedade de um especialista com anos de estudo. Escritor e compositor desde a adolescência, tendo colaborado posteriormente com o autor Cassiano Gabus Mendes em produções da TV Globo, ele passou por essa tormenta quando cursava Direito na Pontifícia Universidade Católica de São Paulo – inclusive, pensou em largar a faculdade por causa dela. Depois de ficar alguns anos sem conseguir sair de casa, estudar ou trabalhar, superou o trauma e escreveu o livro *Síndrome do Pânico*, cuja repercussão lhe rendeu mais uma obra acerca do tema, *Conversando sobre a Síndrome do Pânico* (1996).

O pesadelo pregou sua primeira peça num domingo de novembro de 1986, quando Gugu, então com 21 anos, ia de Mogi das Cruzes para São Paulo, um trajeto de 60 quilômetros que fazia quase semanalmente. Já noite e com chuva, a estrada não o assustava. Mas uma série de sensações incomuns pegaram-no de surpresa: ansiedade, enjôo, taquicardia, suor intenso, respiração ofegante, boca seca. Os sintomas aumentaram a tal ponto que o escritor se viu em estado de terror absoluto, tendo de interromper a viagem e procurar qualquer ajuda. Somente depois que três amigos vieram buscá-lo, "a Coisa" tinha passado, deixando à vítima uma fraqueza imensa e as emoções à flor da pele.

Dias depois, um *check-up* completo nada acusou e Gugu não conseguia conceber que o que havia sentido fosse psicossomático. Com um mistério na cabeça mas totalmente recuperado, retomou sua vida normalmente, incluindo as viagens para Mogi, que encarou sem problemas. Até que, em setembro de 1988, a Coisa veio novamente, quando ele estava dentro de um vagão de metrô, a caminho do Terminal Rodoviário Tietê. Mais uma ação interrompida, uma busca por ajuda familiar e uma estupefação diante do que de repente acontecia com uma pessoa de vida aparentemente normal, sem problemas de saúde e dificuldades emocionais.

Gugu esgotou todas as possibilidades clínicas, submetendo-se aos mais diversos exames. Mas nada. Até que, dias depois da segunda crise, a terceira o acometeu quando ia para a faculdade de carro, no começo de uma manhã como todas as outras. Assim como a quarta, a quinta, a sexta, de nada ajudando as experiências anteriores. Profundamente deprimido, o escritor não tinha mais coragem para ficar sozinho, quanto mais fora de casa, agarrando-se à mãe como se tivesse três anos de idade. Mesmo consciente do seu comportamento absurdo, não tinha forças pra evitá-lo. Ao procurar um psiquiatra, recebeu o diagnóstico correto: a Coisa se chamava Síndrome do Pânico.

Pesquisas posteriores revelaram a ele que uma falha no sistema de neurotransmissores (substâncias responsáveis pela emissão dos impulsos nervosos de uma célula para outra) é tida como a causa da síndrome – como se a mente da pessoa fizesse uma leitura equivocada da realidade, vendo perigo em situações que não representam qualquer ameaça. Ela atinge entre 2% e 4% da população mundial, a maioria mulheres, geralmente entre 20 e 40 anos. O tratamento consiste em doses diárias de antidepressivos, reduzidos gradualmente, que cessam primeiro as crises espontâneas. O fim da sensação de medo se dá aos poucos, conforme a pessoa se expõe gradualmente às situações diante das quais se sentia bloqueada.

Embora o preconceito de Gugu em relação a remédios e sua insistência em ocultar seus fracassos tenham retardado sua cura, em função das recaídas que teve nesse meio tempo, ela finalmente veio depois de anos de batalha. E o escritor que havia pensado em suicídio, nos momentos mais críticos, experimentou um prazeroso alívio, dispondo-se até a viver situações de perigo só para sentir prazer. Coisa que só a verdadeira liberdade faz com as pessoas.

Trauma ao lado

Medo de dirigir não é problema apenas de mulheres, embora elas sejam maioria nesse universo. Ricardo Tomasiello Pedro, bibliotecário do Colégio Marista Arquidiocesano, sofreu o mesmo estigma de Adriana e Lílian. Numa manhã de garoa fina tipicamente paulistana, no final de novembro de 2006, conversamos a esse respeito no seu ambiente de trabalho: uma sala reservada da enorme biblioteca destinada aos alunos do Ensino Fundamental (a partir da 5ª série) e Médio. Ali ele encontra sossego entre papéis e livros, tendo como paisagem compridas estantes. Após organizar sua mesa, o bem-humorado bibliotecário me deu total atenção, só interrompendo para atender o telefone uma vez ou outra.

— Sou paulistano da gema, morador de Santana (Zona Norte), formado em Biblioteconomia. Minha história com o volante começou quando eu tinha 18 anos: minha mãe, que não sabe dirigir até hoje, me disse que eu precisava dirigir. Como meu pai é uma pessoa bastante difícil, ela queria se livrar do único domínio dele, que era o carro. Ela falou com um tio meu, que por sua vez indicou um velhinho "que era ótimo, muuito paciente", o Seu Rubens.

Logo na primeira aula, Ricardo descobriu a propaganda enganosa. A base da Serra da Cantareira (extremo Norte da cidade de São Paulo), espaço amplo e tranqüilo, era ideal para um aprendiz de motorista, que nunca havia engatado a primeira marcha — o máximo que o bibliotecário podia fazer, antes dos 18, era dar a partida no Fusca enquanto seu pai se preparava para sair. Mas a paciência de Seu Rubens estava longe do ideal. Bastou o aluno principiante jogar seu carro (outro Fusca) na direção de um dos barracos da favela, ao pé da serra, para o professor começar a gritar, atingindo um ponto fraco do rapaz, fragilizado sempre que lhe agrediam verbalmente.

O jovem suportou ainda três meses, mas não teve jeito.

— Então teve a fatídica última aula, de baliza, foi em 1994, por volta de agosto. Ele me deu as orientações, tentei duas vezes, mas em ambas derrubei as balizas. Aí ele jogou tudo que usava para fazer o exercício (dois cabos de vassoura e dois discos de freio) dentro do carro e disse: "Vamos embora!". Chegou na porta da minha casa e me insultou feio. Do primeiro grito até esse dia, pegar o carro para mim já era um sofrimento, eu suava frio, passava mal e comecei a odiar o sábado. E pra mim foi realmente a gota d'água, desisti ali, não tinha paciência e achei mesmo que o que ele tinha falado era verdade. Eu sentia grande dificuldade, não fiz nem a prova prática. Entrei em casa e falei para minha mãe que, como foi meu tio que arrumou, ele que deveria se livrar do Seu Rubens.

Segundo Ricardo, dos 18 aos 29 anos esse problema não voltou a incomodá-lo, por falta de tempo e dinheiro para resolvê-lo. Também não parecia necessário, já que a multiplicidade de linhas de metrô e ônibus que serviam toda São Paulo o satisfazia, apesar de obrigá-lo a estar sempre a postos antes da meia-noite, para não perder a volta para casa, mesmo nos finais de semana. Assim foi até a virada de 2004 para 2005, como ele recorda entre algumas risadas.

— Aconteceu uma coisa bastante engraçada: eu e mais três amigos decidimos passar o *réveillon* no mar, e dia 30 de dezembro pegamos um ônibus para Praia Grande (Litoral Sul de São Paulo). Na ida, compramos quatro lugares entre dois grupos de pagodeiros, bastante complicados, que beberam e batucaram a viagem toda. Detesto gente que bebe e os caras tavam bebendo cuba o tempo inteiro. Foram quatro horas de tormento... Quando voltei, falei: "Não, chega, não vou passar por isso de novo". Em 2004 eu tava começando a procurar algo para tentar dirigir, li umas coisas na internet, soube de uma amiga que havia feito aulas e logo no começo de 2005 decidi que estava na hora. Entre as opções que levantei, achei a Cecília Bellina a mais interessante.

Rompendo preconceitos

Embora calmo, Ricardo se mexe bastante enquanto fala, ora movimentando a cadeira giratória para ambos os lados, ora parando e cruzando os braços. Os olhos verde-claros, englobados pelos retângulos dos óculos, combinam com o cabelo loiro encaracolado, mais claro na porção central por ele ter feito luzes (técnica de tingimento capilar). Apesar da barba por fazer, demonstra vaidade. Mas, como ele dizia, acabou optando pela Clínica Escola Cecília Bellina, "pra ver no que dava", até porque a unidade em Santana está "pertíssimo" da sua casa.

— O primeiro contato foi muito bom. Naquele mesmo dia já fiz os exames como todo mundo (médico e psicotécnico) e na semana seguinte o curso do CFC (Centro de Formação de Condutores), a parte formal do Detran, porque naquela unidade tem também a auto-escola. Quem já tem habilitação não precisa passar por isso.

Por semana, o bibliotecário fazia dois tipos de sessões: uma hora de carro e duas de terapia em grupo. Sua primeira reação diante dessa segunda modalidade não foi das melhores.

— Pensei: "O que é isso? Vai ter gente batendo a cabeça na parede? Deve ser uma coisa esquisita" (*risos*). Nas aulas práticas, eles trabalham tudo que é importante pra você dirigir, noção de espaço, e aos poucos fui perdendo o medo. E a terapia foi muito importante, porque você vê que não está sozinho... Tinha gente com medo de caçamba, que não podia ver um cachorro que o carro já desligava, gente que bateu três vezes no mesmo muro com o mesmo carro e mandou arrumar escondido do marido. A gente foi trabalhando problemas do dia-a-dia juntos, houve casos em que o trabalho da auto-escola mudou comportamentos em casa, elevando a auto-estima da pessoa. Tinha de tudo um pouco, gente que chorava todas as semanas, com frustração porque a mãe não sabia entender aquela limitação... O que acontece é que as pessoas não acham o medo da direção uma coisa normal. Todo mundo encara com certa normalidade quem tem medo de pegar elevador, de água, de barata. Já a fobia de dirigir não é bem-vista. E na verdade é uma fobia mesmo, um pavor.

Segundo Ricardo, a metodologia de trabalho da clínica vai ficando clara para os pacientes, bem como objetivos, passos e tarefas do tratamento. No entanto, por mais racional que seja lidar com o medo e entender como é plausível superá-lo no papel, na vida real as coisas nem sempre são tão simples. E se o paciente se sentir preparado para guiar antes da hora? E se o velho medo retornar de repente?

– A psicóloga diz quando você pode pegar o carro, em determinada altura do tratamento. Mas eu peguei o carro antes da hora, sem ela saber, achando que já estava bem. E não é que corri demais numa rua estreita, esbarrei em outro carro e meu retrovisor ficou pelo caminho? Eu tremia... Felizmente tive calma, parei, respirei e segui em frente. Mas se eu tivesse batido pra valer, teria perigo de regredir, porque a psicóloga teria de trabalhar um trauma novo – quando comecei, meu problema tava focado na figura sentada do lado, o instrutor. Quanto mais disciplinado você for, melhor. E persistente, sabendo controlar a ansiedade.

A única ressalva dele em relação ao tratamento recai na quantia que é necessária desembolsar – são R$ 365 por mês, sendo que uma alta (liberação do aluno-paciente) demora, em média, de um ano a um ano e meio.

– Lamento que seja tão caro. Eu consegui fazer porque tenho um salário relativamente bom. Mas nem todos têm essa condição. E também tem de ter carro, próprio ou totalmente a sua disposição.

Diferença enorme

O resfriado não impediu Ricardo de se mostrar bastante esclarecido ao comentar sua trajetória.

— Comparando-me hoje e antes da clínica, a distância é enorme. Eu tinha um bloqueio terrível. Pra mim foi uma experiência valiosa não só pela questão do trânsito, mas também para eu aprender a lidar com outras coisas, não ter vergonha de ter medo, de dizer o que eu sentia, entender que tudo o que encaramos pode ser superado, etc. Eu ainda tô aprendendo a lidar com a coisa...

Ricardo diz ter pouquíssimas fobias e apenas uma assumida: aracnofobia. Embora sinta pavor de aranha, nenhuma situação pública, de multidão, causa nele algum desconforto. Hoje, ele pode escolher a melhor opção de transporte em cada ocasião. Para trabalhar, compensa vir de metrô, embarcando em Santana e descendo na Santa Cruz (Zona Sul), do lado do Colégio Arquidiocesano, para evitar gastos com estacionamento. Nos finais de semana, o carro é o maior companheiro, mesmo em dias que o humor não está muito bom e alguns erros acabam acontecendo.

— Não tem dia que você não tá legal e faz umas barbeiragens? Pára no farol, fica desatento, não dá seta, o pessoal buzina... Não é porque fiz a Cecília Bellina que tenho de estar dirigindo sempre 100%. Obviamente, desde que terminei a auto-escola já passei por algumas situações de estresse no trânsito, e soube lidar bem com elas. O máximo que pode acontecer é eu dar seta, encostar, ligar uma musiquinha, respirar e pronto, não vai ser vergonha nenhuma.

Suas palavras sobre o trânsito de São Paulo de nada lembram uma pessoa outrora impossibilitada de enfrentar o menor dos trânsitos.

— O bicho não é tão feio quanto parece. O problema é nosso modo de encarar, porque a gente fantasia muita coisa. São Paulo é violenta? É violenta. Mas como eles comentam na clínica, ninguém sai de casa a fim de bater o carro, com esse objetivo. As pessoas têm um cuidado mínimo de autopreservação. Quando você tem medo, começa a fantasiar, acha que todo mundo olha pra você, que porque um carro desligou é a desgraça da sua vida, que desliga porque você não sabe. Depois você começa a reparar que o carro desliga com gente de vinte anos de carta.

Na parte final da conversa, Ricardo destacou o profissionalismo da clínica, cujo ambiente em muito se diferencia de uma auto-escola convencional. Concordo com ele, pois foi o que senti quando lá estive.

— Uma auto-escola parece visualmente uma repartição pública, com os funcionários escondidos lá atrás do balcão. Fora os instrutores bem mal-humorados, via de regra mal pagos. O ambiente mais humanizado da Cecília Bellina contribui pra que você se sinta melhor. E eles trabalham muito com o aspecto simbólico. Se o carro morreu, por exemplo, elas perguntam se a gente já foi a enterro de carro... Eles têm cuidado com uma série de coisas. Não percebi nenhuma falha e se tivesse percebido eu teria falado, pois fiquei bem à vontade pra falar. Lá o tratamento é de ponta, outros lugares tentam imitar mas não dá certo.

Uma das últimas ações dos pacientes da clínica, após a alta, é escrever uma carta na qual rememoram suas experiências e agradecem aos que participaram positivamente dela. No final de outubro de 2006, Ricardo é um dos cerca de noventa depoentes que dão fama à tradicional pasta preta, colocada na recepção da unidade de Santana para quem quiser ver e comprovar.

Um grande filão

Uma psicóloga que estuda o medo de dirigir há praticamente trinta anos, tendo fundado uma clínica que, há quinze, já reabilitou em torno de dez mil "ex-medrosos". Credenciais como essas só pertencem a uma pessoa no país. Pelo menos é o que Cecília Bellina, 46 anos, tem notícia até hoje, sem falsa modéstia. Sua biografia atesta o sucesso de um nome que hoje é referência no tema, já acostumado a aparecer nos grandes veículos de comunicação que abordam o assunto. Cecília me recebeu em sua clínica de Santana para contar sua trajetória e o modo como trata, com enorme sucesso, de um distúrbio tão peculiar.

— Trata-se de um ramo da psicologia totalmente novo. Quando jovem, aprendi a dirigir com meu pai, de uma forma bem segura. No colegial (hoje chamado de Ensino Médio), eu percebia que várias amigas minhas tinham essa insegurança, ganhavam carro e não conseguiam dirigir. Eu olhava pra elas e dizia: "Mas como? Pode deixar que eu te ajudo". Comecei a fazer isso por amizade e pelas pessoas que eu queria ajudar, isso foi no Paraíso (Zona Sul de São Paulo). Aí vinham pais e mães me procurar, pois naquela época as mulheres estavam começando a querer dirigir, e a coisa foi se tornando maior.

Com o tempo, Cecília foi percebendo que nem sempre aprender a dirigir era "mamão com açúcar". No curso de psicologia – "gostando de gente desse jeito, não tinha como fazer outra coisa" –, começou a mergulhar no assunto. Assim como 99% dos estudantes que se formam sem capital para investir no próprio negócio, ela teve de correr atrás de emprego. Mas acabou indiretamente na área, fazendo seleção de motoristas e operadores para uma construtora no setor de RH. Depois de doze anos, largou tudo e foi em busca do seu sonho.

– Minha primeira cliente foi assim: eu tinha o carro, anunciava no jornal e ia na casa dela. Fui indo, até que uma hora minha agenda foi ficando complicada, a pessoa me ligava e eu falava: "Ah, pois não, daqui a uns dois anos eu atendo a senhora...". Começou a ficar inviável, ninguém espera dois anos por um tratamento. Depois me juntei a uma auto-escola, numa parceria, e por fim vim para meu próprio espaço e contratei minha primeira psicóloga. Hoje somos uma equipe de dezessete.

Cecília Bellina não se reveza como psicóloga e instrutora, mas alia as duas competências no seu trabalho. Ela segue a psicologia comportamentalista, que prega o enfrentamento do medo pela própria pessoa. Porém, quando se trata de direção, é necessário somar capacidade técnica com equilíbrio emocional diante de uma atividade de risco. A incorporação do grupo terapêutico, no qual os pacientes trocam experiências ao longo do tratamento, começou a partir do próprio interesse deles em ouvir os relatos dos outros. Como o índice de desistência caiu, em função do comprometimento que cada um assumia perante o grupo, as sessões coletivas foram adotadas definitivamente.

– Tudo que precisamos é que a pessoa não desista e tenha um objetivo. Sabemos como é duro ela enfrentar o medo, algo muito sofrido e ruim. Então eu pus psicóloga no grupo e o instrutor no carro, que todo mundo olha e acha que é instrutor mas na verdade não é. Eles têm o cargo de acompanhantes terapêuticos e na verdade são assistentes da psicóloga, fazendo a minha parte no carro. Porque se eu ficasse no grupo e no carro, ficaria um preço exorbitante, a um custo muito alto. Então a gente começou a treinar esse pessoal que chamamos de ATs, que hoje devem ser uns quarenta. Gosto mais desse novo método. Se eu tenho um diagnóstico patológico, como síndrome do pânico, é a psicóloga que vai no carro. Tem pessoas que começam com a psicóloga e quando evoluem passamos pro AT. Mas de um modo geral, hoje não abro mão do grupo, que funciona como Alcoólatras Anônimos e Vigilantes do Peso, só que menor e mais profissional, porque esses outros nem sempre têm psicólogos.

O período de tratamento é variável, mas costuma oscilar entre seis meses e um ano. Nas onze clínicas que comanda hoje, nos Estados de São Paulo, Rio de Janeiro e Minas Gerais, Cecília conta com cerca de 650 clientes-pacientes em treinamento.

Por que acontece?

O mesmo espaço físico da Rua Jovita, em Santana, abriga a Clínica Escola Cecília Bellina e a Auto-Escola Persona. Mas o cenário lembra uma clínica, não pelo aspecto de hospital, mas pela preocupação com bem-estar. Recepção com secretária, sofás, água e café, salas com confortáveis cadeiras de vime para as sessões terapêuticas. Decoração *clean*, com quadros de temas naturais, tapetes e vasos com plantas altas. Cecília agora comenta as causas do medo de dirigir.

– O que identifico de mais comum são características de personalidade, pessoas que tendem ao controle absoluto das coisas, obsessivas pelo acerto, o que a gente chama de perfeccionismo. Se, para ela, errar é o fim do mundo, errar de maneira exposta fica pior ainda. E no volante, pra você aprender você se expõe, diferente de um computador na sala de sua casa. Já é o primeiro drama. Segundo: além dessa exposição, a instituição chamada auto-escola não é séria. O que se tornaram as auto-escolas no Brasil? Especialistas em ensinar a passar no exame, não em ensinar a dirigir, o que infelizmente são coisas bem antagônicas. As quinze aulas obrigatórias do Detran, que deveriam ser no mínimo quinze, são encaradas como um pacotão fechado, vendidas com desconto e tudo. Juntando o perfeccionismo, a exposição e uma aprendizagem que no Brasil não é levada a sério, temos a tríade perfeita pro medo. E tem mais uma variável, a quarta: a população com quem essa pessoa convive está muito acostumada a criticar o motorista. Basta sair com o carro e ele desligar no meio do trânsito para o outro parar e gritar: "Pô, vai aprender! Vai lavar roupa! Vai não sei o quê!". Uma pessoa afetada por todos esses elementos não vai dirigir – enfatiza.

Apenas 10% da população da clínica são ex-acidentados e influenciados por dramas familiares, ao contrário do que a maioria pensa, de acordo com Cecília. Predominam as mulheres, quase sempre porque não foram ensinadas, não querem se expor e têm medo de passar vergonha. Em alguns casos, o medo não é de dirigir, mas da exposição que o dirigir causa. Às vezes o machismo do marido também atrapalha, seja involuntariamente, demonstrando impaciência e irritação, ou voluntariamente, fazendo a cabeça da esposa em campanha deliberada para ela não se aproximar do volante.

Há quinze anos, a psicóloga não diria que a questão do medo poderia depender do trânsito de uma determinada cidade. Hoje, mudou de idéia, principalmente em relação aos perigos de São Paulo e Rio de Janeiro. Sobre Belo Horizonte (MG) e Campinas (SP), cidades onde também atua, ela considera mais tranqüilas, até porque a última normalmente é preferida pelo interiorano mais próximo da capital.

Se para o bibliotecário Ricardo o preço cobrado pela Cecília Bellina é considerado caro, a própria pessoa que definiu o valor não faz o mesmo julgamento.

— A psicologia sofre muito com esse estigma de ser cara, variando o preço mensal conforme o número de semanas. Tentei fugir disso, já que atendo mais classe média baixa e média alta — porque muito rico às vezes não precisa, tendo motorista, e classe baixa não tem carro, não adiantando perder o medo de dirigir. Eu quis deixar bem acessível, por isso cobro tudo incluído no mês, a terapia de grupo, que são oito horas mensais, e as exposições no trânsito (aulas), uma vez por semana. Esse tratamento hoje sai 365 reais por mês, é um preço fechado, não importando as semanas.

— Esse valor tá bem dentro da realidade, acho até barato, pela nossa experiência, seriedade e eficiência. A margem de pessoas que têm alta é de 90%, clínica psicológica nenhuma tem isso. Os 10% restantes são desistentes. É um tratamento com começo, meio e fim, quando a pessoa entra aqui ela sabe disso. Isso é muito bom, porque em relação à psicologia também dizem: "Ah, você vai ficar tratando cinco anos, a vida inteira"... Não, não vai ficar, é isso aqui, tá tudo no papel (Cecília mostra um esquema das etapas do tratamento, rabiscado à caneta numa folha sulfite branca).

Ouvindo um pouco sobre o modo de Cecília trabalhar e obter conclusões de sua atividade, me dou conta de que a receita do sucesso passa pelo modo prático de encarar os fatos, gostemos de admitir ou não. Para quem bate o carro, durante ou depois de finalizado o tratamento, as profissionais da clínica costumam firmar a voz e dizer: "Sabe quem nunca bateu o carro? Quem nunca saiu da garagem. Se sair da garagem numa cidade grande, minha filha, vai bater mesmo".

Passo a passo

Ao lhe perguntar sobre as etapas do tratamento – que ela chama de treinamento, embora envolva uma alta no final –, Cecília pegou caneta e papel, tomou fôlego e procurou elucidar cada atividade e o seu porquê.

– Primeiro a pessoa passa por uma entrevista, na qual a psicóloga vai conhecê-la e ver se ela tá dentro do perfil. Nem sempre é caso de medo de dirigir, de repente é uma depressão muito grande, que ela não tá entendendo e parou de dirigir por causa disso. Depois a levamos para o carro, para uma chamada avaliação – não gosto desse nome, mas não arrumei outro. Eu preciso saber o que essa pessoa sabe de direção, num lugar calmo. Tendo o perfil psicológico e a parte técnica, vou juntar e ver o que ela precisa.

Geralmente ela vai para uma etapa chamada reaprendizagem, pois não sabe dirigir ou dirige com insegurança, o que também não adianta. É reaprendizagem porque parto do princípio de que quem tem carta sabe dirigir, movimentar o carro, ou pouco ou muito – se bem que tem pessoas habilitadas que não reconhecem os três pedais do veículo. Essa reaprendizagem ocorre com o grupo terapêutico em paralelo. Depois disso o aluno já está preparado para o enfrentamento, pois domina todos os comandos básicos, treinados nos campos fechados (ruas de pouco movimento). E o grupo continua como combustível importante, sempre bombeando apoio e estímulo.

Tem uma hora que ela diz ao grupo: "Ah, é tão bom sair com o acompanhante, não sinto mais ansiedade. É gostoso, outro dia fui pro aeroporto e quando vi já estava lá". Pelo que essa pessoa fala, ela já perdeu o medo. Aí ela vai para as tarefas, fazendo percursos cujo grau de dificuldade aumenta gradualmente. De uma volta no quarteirão passa pra duas, três, depende do bairro. Se a pessoa diz: "Posso comprar pão durante a tarefa?" Não pode, é tarefa! O comprar pão significa estacionar, dar chance pro vizinho te olhar, não é por aí... Eu costumo dizer pra sair de lugar algum e chegar a lugar nenhum, na hora que preferir.

Em certo momento, a pessoa já tira o bairro de letra e quer unir as tarefas aos itinerários cotidianos, como supermercado, padaria, faculdade, etc. Nessa fase, ela senta com a psicóloga e lista seus dez objetivos finais, cumprindo-os por ordem e sendo liberada para os demais conforme relata, no grupo, que deu conta dos anteriores. Quando ela chegar aqui na clínica, pode escrever a carta e comprar o bolo, que ela tá pronta. No quinto objetivo a pessoa já está vindo com o carro. Então é muito comum você chegar aqui e estar cheio de carro de cliente, de sábado principalmente.

Mais um cliente bem-sucedido de Cecília, Ricardo, confirma que o dia da alta realmente é um evento, e não só para quem está comemorando.

— É uma comemoração que acontece na sessão de sábado, na última meia hora, quarenta minutos. A pessoa que tá recebendo alta leva comes e bebes, convidados, lota a sala. É legal, é o máximo da realização pra pessoa, porque elas falam: "Agora você pode se virar sozinho" — diz ele.

Vencido o medo de dirigir, fica bem mais fácil superar outras limitações. Palavras da própria Cecília.

— A pessoa não aprende a enfrentar só o medo de dirigir, aprende a lidar com medo, com ansiedade. Então se ela nunca mudou de emprego porque tinha medo, ela sai daqui forte, decidida a mudar, porque aprendeu a enfrentar o novo e os outros. Quando você não acredita em você, deixa que as coisas passem pela sua frente e não estica a mão porque tem medo. É isso que a gente faz, te ajuda a agarrar as oportunidades, mas de uma maneira muito séria, que dá certo.

Equiparando seus clientes ao resto dos motoristas, Cecília Bellina segue vencendo o medo de maneira inquestionável. Capacidade profissional e empenho do paciente parecem ser os remédios fundamentais para se chegar à sonhada "alta veicular", recolocando-se em pé de igualdade com o resto do mundo.

Autores
(na ordem em que aparecem)

Isabel Vieira: "Paulista de Santos, criada em Campinas, vivi em São Paulo, capital, até 2006. Hoje moro em Natal (RN). Cursei Letras e Jornalismo. Em vinte anos de trabalho na Editora Abril, fui repórter de *Quatro Rodas* e editora de *Capricho* e *Claudia*. Sou autora de vinte livros de ficção juvenil, entre eles *Em busca de mim*, *E agora, Mãe?* e *A balada da lua azul*".

Lorena Tovil Schuchmann: "Jornalista, moro em Porto Alegre. Em quinze anos de profissão, trabalhei no Rio Grande do Sul e em São Paulo. Fui apresentadora, editora e repórter em emissoras de TV, produtoras de vídeo e agências de notícias. Apesar da experiência em muitas funções, foi no Jornalismo Literário que reencontrei 'minha casa' dentro do jornalismo".

Márcio Seidenberg: "O primeiro caminho surgiu em 1995, num curso de Eletrônica. Lá, descobri que queria fazer jornalismo. Fui contratado por uma empresa, como técnico, ao mesmo tempo em que vibrei por estar na lista dos aprovados da Cásper Líbero. Assim, a carreira se desenhou: um trilho ia para o computador, outro para o texto. Quero me aventurar, sem limites, pelo universo da reportagem. Meu próximo trabalho será uma viagem pessoal, por entre trilhos, onde, anos atrás, meu avô e eu estivemos".

Luciana Taddeo: "Sou paulistana, nascida em 1983. Desde alfabetizada, utilizo a escrita como válvula de escape. Essa característica e a paixão por livros me levaram a fazer Jornalismo na Faculdade Cásper Líbero. Mas, ao longo do curso, constatei que o que realmente importa vai muito além dos resumos de uma notícia. Por essa razão, ingressei no curso de pós-graduação da ABJL, onde comecei a aprender a construir narrativas".

Manuela Martini Colla: "Tenho 27 anos e trabalho como jornalista há dez. Atualmente, divido o dia-a-dia entre o setor de *marketing* de uma grande empresa de autopeças, os livros de Jornalismo Literário e os discos de *rock*. Trabalhei em jornais e assessorias de imprensa. Consumo cultura em doses antibióticas e, da mesma forma, amo contar histórias sobre pessoas".

Julienne Gananian: "Nasci e já vivi um quarto de século em São Paulo, mas meus quatro avós vieram da Armênia. Já passei por TV, impresso e assessoria. Depois de um tempo, perdida na profissão, descobri o Jornalismo Literário. Neste 2007, sou assessora de imprensa da Emirates, companhia aérea sediada em Dubai, e estou finalizando um livro sobre a imigração armênia no Brasil, projeto em parceria com o LEER/USP (Laboratório de Estudos sobre Etnicidade, Racismo e Discriminação)".

Patrícia Baptista: "Sou formada em Jornalismo pelas Faculdades Integradas Alcântara Machado (1997) e concluí, em 2007, o curso de pós-graduação em Jornalismo Literário pela ABJL. Atuo como jornalista desde 1996. Já trabalhei em rádio, jornal e televisão. Atualmente, sou repórter e apresentadora da TV Educativa de Jundiaí (SP). Estou sempre em busca de novos conhecimentos, experiências e horizontes".

Maria Lígia Pagenotto: "Desde pequena sempre soube que o meu caminho seria o das letras. Jovem, queria mudar o mundo. Talvez por isso tenha entrado na PUC-SP nos anos 1980. Formada em Jornalismo, sempre estive ligada à imprensa escrita – não sem uma boa dose de angústia e questionamento. No curso de pós da ABJL, porém, voltei a acreditar que os jornalistas têm mesmo 'a melhor profissão do mundo'; e que podem, sim, com suas narrativas, contribuir para um mundo mais justo".

Felipe Modenese: "Curso doutorado em Física Biomédica e acabo de me integrar ao grupo de selecionados da 44ª Turma do Treinamento da *Folha de S. Paulo*. Desemboquei no Jornalismo Literário depois de me graduar em Física na Unicamp. Antes disso, redações nos colégios de Botucatu (SP), projetos de Divulgação Científica (fiz especialização no Núcleo José Reis, da ECA/USP) e um desejo intenso de experimentar o real em palavras. Uma de minhas metas, agora, é usar o Jornalismo Literário para abordar temas científicos".

Luciana Noronha: "Me formei em Jornalismo pela Unesp e cursei a pós-graduação em Jornalismo Literário da ABJL. Em 2003, estive na Bolívia. Entrevistei o então líder cocaleiro Evo Morales, que um mês depois lideraria um levante popular naquele país. Passei a estudar a América Latina e, desde então, escrevo histórias que se passam nesta parte do mundo".

Karina Müller: "Sou jornalista e atriz de teatro para crianças. Depois de experimentar o jornalismo de noticiários passei a buscar caminhos para desenvolver habilidades narrativas. Um deles foi a especialização em Jornalismo Literário; o outro foi a produção de textos de viagem. Publiquei *Nas margens do Paraíba: vida, histórias e crenças dos habitantes da beira do Rio Paraíba do Sul* e sou co-criadora do Grupo Caixa de Histórias".

Zé Augusto de Aguiar: "São-paulino, roqueiro, surfista e paulistano (nesta ordem). Tenho 38 anos. Fui corredor de 800 metros quando moleque e estive em todo grande *show* desde o Rock In Rio I. Virei jornalista cultural e esportivo (comecei na *Gazeta Esportiva*, depois cobri quatro Olimpíadas, desde Barcelona/1992). Sou também professor de redação. Cursei a pós *lato sensu* em Comunicação Criativa, da Metrocamp/TextoVivo, em 2005".

Isabel Fonseca: "Nasci em Brasília (DF), onde cresci e me formei em Jornalismo e em Publicidade pela UnB. Me irrito quando tenho de fazer contas, mas posso ficar horas e horas contando e ouvindo histórias. As reais são as de que mais gosto. Sou jornalista nas horas vagas e ocupadas. No intervalo de uma e outra fotografo, acompanho um chorinho com o pandeiro e escrevo poemas".

Paloma Lopes: "Nasci numa tardezinha fria de 1981. Gosto de olhar nos olhos quando converso. Rio com a mesma facilidade com que choro. Me formei em Jornalismo pela PUC-Campinas em 2003 e, dois anos depois, tive a honra de participar da primeira turma do curso de pós *lato sensu* em Comunicação Criativa, da Metrocamp/TextoVivo. Resultado: agora, só quero saber de narrativas da vida real".

Agnaldo José: "Jornalista e pós-graduado em Jornalismo Literário pela Academia Brasileira de Jornalismo Literário (ABJL), turma de Campinas. Sou assessor de comunicação da Diocese de São João da Boa Vista (SP) e apresentador do programa Você Pode Ser Feliz, na TV Século 21. Escrevi um livro-reportagem intitulado *Compostela brasileira* (Loyola, 2006)".

Bruno Pessa: "Tenho 25 anos, sou paulista de vários cantos e hoje estou na capital. Formado em Jornalismo pela Unesp, já escrevi para jornal, revista, assessoria de imprensa e internet. Atualmente, tento dar vôos mais altos, na academia, rumo ao Jornalismo Literário, no qual me especializei *lato sensu* na ABJL. É minha terceira participação em coletâneas, e sinto que é o começo para vôos mais altos também na carreira literária".

leia também

BIOGRAFIAS E BIÓGRAFOS
JORNALISMO SOBRE PERSONAGENS
Sergio Vilas Boas

As biografias tornaram-se um dos gêneros de leitura prediletos no Brasil e no mundo. Este livro estuda o modo de operação de jornalistas-biógrafos, resgatando a biografia como valioso campo de estudo. Apoiado em teorias historiográficas, literárias e jornalísticas, o autor demonstra o caráter transdisciplinar desse gênero literário, na medida que combina recursos e conceitos de vários campos de conhecimento.
REF. 10773   ISBN 85-323-0773-6

LITERATURA NOS JORNAIS
A CRÍTICA LITERÁRIA DOS RODAPÉS ÀS RESENHAS
Cláudia Nina

Neste livro delicioso e altamente esclarecedor, Cláudia Nina faz relações entre jornalismo e literatura, aborda o surgimento da crítica literária no Brasil, explica o que é a resenha e como evitar armadilhas na hora de produzi-la e analisa o caderno literário de alguns dos maiores jornais do país. Para estudantes de comunicação e literatura e apaixonados por leitura.
REF. 10371   ISBN 978-85-323-0371-4

PERFIS
E COMO ESCREVÊ-LOS
Sergio Vilas Boas

Livro que reúne perfis biográficos de escritores, publicados pelo autor na Gazeta Mercantil. As biografias servem como tema de discussão sobre formas de retratar vidas em textos escritos. Assim, trata-se de material extremamente didático que, além das informações históricas contidas, apresenta sugestões de como pesquisar, selecionar, utilizar e analisar os fatos relevantes da vida do biografado.
REF. 10721   ISBN 85-323-0721-3

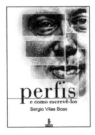

PRAGMÁTICA DO JORNALISMO
BUSCAS PRÁTICAS PARA UMA TEORIA DA AÇÃO JORNALÍSTICA
EDIÇÃO REVISTA
Manuel Carlos Chaparro

Nesta obra, que se tornou um clássico da comunicação no país, Manuel Carlos Chaparro parte do princípio de que não existe objetividade jornalística. Analisando a responsabilidade moral e ética do profissional da notícia, ele estuda o padrão de jornalismo praticado pela *Folha de S.Paulo* e por *O Estado de S. Paulo* e revela ações que instrumentalizam ou manipulam a informação.
REF. 10327   ISBN 978-85-323-0327-1

IMPRESSO NA
sumago gráfica editorial ltda
rua itauna, 789 vila maria
02111-031 são paulo sp
telefax 11 **6955 5636**
sumago@terra.com.br

GRÁFICA